Cybercrime

Edith Huber

Cybercrime
Eine Einführung

Edith Huber
Donau-Universität Krems
Krems an der Donau, Österreich

ISBN 978-3-658-26149-8   ISBN 978-3-658-26150-4 (eBook)
https://doi.org/10.1007/978-3-658-26150-4

Die Deutsche Nationalbibliothek verzeichnet diese Publikation in der Deutschen Nationalbibliografie; detaillierte bibliografische Daten sind im Internet über http://dnb.d-nb.de abrufbar.

Springer VS
© Springer Fachmedien Wiesbaden GmbH, ein Teil von Springer Nature 2019
Das Werk einschließlich aller seiner Teile ist urheberrechtlich geschützt. Jede Verwertung, die nicht ausdrücklich vom Urheberrechtsgesetz zugelassen ist, bedarf der vorherigen Zustimmung des Verlags. Das gilt insbesondere für Vervielfältigungen, Bearbeitungen, Übersetzungen, Mikroverfilmungen und die Einspeicherung und Verarbeitung in elektronischen Systemen.
Die Wiedergabe von allgemein beschreibenden Bezeichnungen, Marken, Unternehmensnamen etc. in diesem Werk bedeutet nicht, dass diese frei durch jedermann benutzt werden dürfen. Die Berechtigung zur Benutzung unterliegt, auch ohne gesonderten Hinweis hierzu, den Regeln des Markenrechts. Die Rechte des jeweiligen Zeicheninhabers sind zu beachten.
Der Verlag, die Autoren und die Herausgeber gehen davon aus, dass die Angaben und Informationen in diesem Werk zum Zeitpunkt der Veröffentlichung vollständig und korrekt sind. Weder der Verlag, noch die Autoren oder die Herausgeber übernehmen, ausdrücklich oder implizit, Gewähr für den Inhalt des Werkes, etwaige Fehler oder Äußerungen. Der Verlag bleibt im Hinblick auf geografische Zuordnungen und Gebietsbezeichnungen in veröffentlichten Karten und Institutionsadressen neutral.

Springer VS ist ein Imprint der eingetragenen Gesellschaft Springer Fachmedien Wiesbaden GmbH und ist ein Teil von Springer Nature.
Die Anschrift der Gesellschaft ist: Abraham-Lincoln-Str. 46, 65189 Wiesbaden, Germany

Vorwort

Computerkriminalität oder Cybercrime ist ein Phänomen der modernen Welt, der Welt der Informationen und Daten. Mit der Einführung und Nutzung der Informations- und Telekommunikationstechnologien hat sich Grundlegendes geändert. Smartphones, Tablets und Computer erleichtern unsere Alltagsgeschäfte, das Arbeiten und das Kommunizieren miteinander, jedoch mit dem Einzug der Technologien in die Unternehmenswelt haben sich Prozesse, Produkte, Organisationen und Geschäftsmodelle verändert. Eine Veränderung mit Chancen aber auch mit Risiken für die Unternehmen genauso wie für jeden Einzelnen.

Innerhalb der vergangenen 25 Jahre hat sich als Antwort auf diese Veränderung eine Cybercrime-Industrie entwickelt, die sich der Schwächen der Nutzer und der Schwachstellen der Systeme bedient, um sich illegal zu bereichern. Diese Entwicklung ist eine Herausforderung für Exekutive, Justiz, Schulen, Firmen und Staaten und letztendlich für jeden Einzelnen, denn jeder kann Opfer von Cybercrime werden. Das hier vorliegende Buch beschäftigt sich mit den Profilen von Opfern und Tätern, den unterschiedlichen Arten von Cybercrime und wie man sich letztendlich schützen kann.

Krems an der Donau, Österreich   Edith Huber

Danksagung

An dieser Stelle möchte ich mich bei all jenen bedanken, die mich bei der Erstellung des Buches unterstützt haben, vor allem Mag. Heike Strumpen für das Lektorat und viele kritsche Reflexionen, Bettina Pospisil, MA für jahrelange gemeinsame Forschungen, Dr. Wolfgang Haidegger, Dr. Otto Hellwig, Gregor Langer, der Firma Integral Markt- und Meinungsforschungs GmbH und Joachim Dostal.

Inhaltsverzeichnis

1	**Einleitung**	1
2	**Von der Online-Kriminalität zu Cybercrime – eine historische Entwicklung**	5
	2.1 Überblick	5
	2.2 Die Entwicklung der virtuellen Gesellschaft	5
	2.2.1 Vom Festnetz zum intelligenten Netz	7
	2.2.2 Das Smartphone und internetfähige Endgeräte	8
	2.3 Telekommunikationsnutzung (Internetnutzung)	10
	2.4 Neue Kommunikationsformen	11
	2.5 Online-Kriminalität	14
	2.6 Cybercrime in Österreich	16
	2.6.1 Cybercrime-Delikte an Unternehmen	17
	2.7 Zusammenfassung	18
	Literatur	19
3	**Cybercrime**	21
	3.1 Überblick	21
	3.2 Das Problem einer eindeutigen Definition	22
	3.2.1 Andere Länder andere Sitten	23
	3.2.2 Unterschiedliche Wissenschaften, unterschiedliche Welten ...	24
	3.3 Differenzierung nach der Art der Attacke	26
	3.3.1 Opportunistische und zielgerichtete Attacken	26
	3.3.2 Räuberische und marktorientierte Attacken	27
	3.4 Zusammenfassung	28
	Literatur	28

4	**Relevante Akteure im Umfeld der Cyber-Kriminalität**		31
	4.1	Überblick	31
	4.2	Die Perspektive der Täter	31
		4.2.1 Hacking	32
		4.2.2 Der Hacker	33
		4.2.3 Die Erstellung eines Täterprofils im Bereich Cybercrime	38
		4.2.4 Delikte	39
		4.2.5 Formation	41
		4.2.6 Motive	42
		4.2.7 Art des Angriffs	43
		4.2.8 Angriffsort	51
	4.3	Die Perspektive der Opfer	51
	4.4	Regulatoren und Government	55
	4.5	Internationale Organisationen in Bezug auf Cybercrime	56
		4.5.1 Die vereinten Nationen	56
		4.5.2 Der Europarat	56
		4.5.3 Arbeitsgruppe der G8 – ‚High Tech Crime'	57
		4.5.4 CERTs – Computer Emergency Response Teams	57
		4.5.5 Privatwirtschaftliche IT-Sicherheitsdienstleister	58
	4.6	Zusammenfassung	58
	Literatur		59
5	**Aspekte der Kriminologie**		63
	5.1	Überblick	63
	5.2	Forensische Psychologie	63
		5.2.1 Täterprofiling	64
	5.3	Kriminologische Theorien in der Soziologie und Psychologie	66
		5.3.1 Die Gesellschaft und die Kriminalität	67
		5.3.2 Lerntheorie im Anwendungsfeld von Cybercrime	68
		5.3.3 Merkmalstheorien von Kriminalität	69
		5.3.4 Etikettierungsansatz – Labelling-Ansatz	69
		5.3.5 Zur Ontogenese aggressiven Verhaltens im Cyberspace	70
		5.3.6 Die moralische Entwicklung nach Kohlberg	71
		5.3.7 Routine activity theory – eine Erklärung für Viktimisierung	71
	5.4	Zusammenfassung	72
	Literatur		72

6 Malware ... 75
- 6.1 Überblick ... 75
- 6.2 Definition ... 76
- 6.3 Methoden und Formen ... 78
- 6.4 Profiling ... 78
  - 6.4.1 Extrinsische Motive ... 78
  - 6.4.2 Intrinsische Motive ... 80
  - 6.4.3 Persönlichkeitsfaktoren ... 81
- 6.5 Business Modell ... 83
- 6.6 Prävention ... 86
  - 6.6.1 Awareness schaffen ... 87
  - 6.6.2 Soziologische Betrachtung ... 88
  - 6.6.3 Psychologische Betrachtung ... 91
  - 6.6.4 Technische Prävention ... 91
  - 6.6.5 Normen, Standards und Gesetze ... 93
- 6.7 Zusammenfassung ... 96
- Literatur ... 97

7 Identitätsdiebstahl ... 99
- 7.1 Überblick ... 99
- 7.2 Definition ... 100
- 7.3 Methoden und Formen ... 101
  - 7.3.1 Identitätsdiebstahl im eigentlichen Sinn – online ... 102
  - 7.3.2 Identitätsdiebstahl im weiteren Sinn – offline ... 104
- 7.4 Profiling ... 105
  - 7.4.1 Opfer ... 105
  - 7.4.2 Die Täter ... 106
- 7.5 Business Modell ... 108
- 7.6 Prävention ... 109
- 7.7 Zusammenfassung ... 110
- Literatur ... 112

8 Cyberstalking ... 113
- 8.1 Überblick ... 113
- 8.2 Definition ... 113
  - 8.2.1 Cyberstalking im engeren Sinne ... 115
  - 8.2.2 Cyberstalking im weiteren Sinn ... 117
- 8.3 Methoden und Formen ... 118
  - 8.3.1 Online versus Offline Cyberstalking ... 118
  - 8.3.2 Wie wird cybergestalkt? ... 119
  - 8.3.3 Arten der Kontaktaufnahme ... 121

8.4	Profiling		122
	8.4.1	Opfer	122
	8.4.2	Täter	125
8.5	Business Modell / Vorgehensmodell		130
8.6	Prävention		132
8.7	Zusammenfassung		132
Literatur			134

9 Kinderpornografie im Internet ... 135

9.1	Überblick		135
9.2	Definition		136
9.3	Methoden und Formen		138
	9.3.1	Verteilung, Produktion und Konsum von Kinderpornografie	138
	9.3.2	Cyber-Grooming	140
9.4	Profiling		140
	9.4.1	Opfer	140
	9.4.2	Täter	142
9.5	Business Modell / Vorgehensmodell		144
9.6	Prävention		145
9.7	Zusammenfassung		146
Literatur			147

10 Cybercrime in Österreich 2006–2016 – Am Fallbeispiel der Stadt Wien ... 149

10.1	Überblick		149
10.2	Einleitung und methodischer Ansatz		149
10.3	Cybercrime-Fälle, bei denen es zu einer Verhandlung vor Gericht kam		151
	10.3.1	Der typische Cyber-Kriminelle	151
	10.3.2	Typ 1: Der Business-Man	152
	10.3.3	Typ 2: Die Hausfrau	152
	10.3.4	Typ 3: Der Perspektivlose	153
	10.3.5	Weitere Trends und Entwicklungen	153
	10.3.6	Wie gestaltet sich der Tathergang (Modus Operandi)?	154
10.4	Cybercrime-Fälle, bei denen es zu keiner Verhandlung vor Gericht kam – die Akten der Staatsanwaltschaft – ungelöste Fälle		158
10.5	Zusammenfassung und Fazit		161
Literatur			162

Einleitung 1

Kaum eine andere Kriminalitätsart hat in den vergangenen Jahren einen derartig hohen Zuwachs und dadurch Medienwirksamkeit erfahren wie die Cyber-Kriminalität, auch bekannt unter dem Begriff „Cybercrime". Ziel dieses Buches ist es, das Thema Cybercrime mit all seinen Facetten darzustellen, die über die bekannten technischen und juristischen Beschreibungen hinausgehen. Dabei werden Verhaltensaspekte der Täter[1] und Opfer von kriminalsoziologischer und kriminalpsychologischer Sicht aus, der Modus Operandi, also der typische Tathergang, sowie die Ansätze einer Präventionsarbeit beschrieben. Dabei sollen auch jene Leser angesprochen werden, die sich bislang wenig mit der Materie beschäftigt haben. Englische Fachbegriffe werden erklärt und erleichtern so den Einstieg in diese Thematik. Der Fokus liegt auf den Entwicklungen in Österreich, aber immer wird ein Blick auf die internationale Entwicklung gelegt. Das Buch ist das Ergebnis von drei Forschungsprojekten,[2] die es sich zum Ziel gemacht haben, evidenzbasierte Daten rund um das Thema Cybercrime innerhalb der letzten zehn Jahre zu erheben und wissenschaftlich zu analysieren.

Das Werk unterteilt sich in mehrere thematische Schwerpunkte. In einem ersten wird die Geschichte der Digitalisierung der letzten 30 Jahre beschrieben. Dabei wird näher auf die Technologieentwicklung von der Schreibmaschine über den PC,

---

[1] Zum Zwecke der leichteren Lesbarkeit wird im Rahmen dieses Buches auf das Gendern einzelner Worte verzichtet. Nichtsdestotrotz ist Cybercrime ein Phänomen, das sowohl Männer als auch Frauen betrifft.

[2] Das Buch kam durch die Finanzierung und Förderung der Projekte „Das Cyberstalking-Verhalten der Österreicher", „CERT-Kommunikation I" und „CERT-Kommunikation II" zustande und wurde innerhalb des Sicherheitsforschungs-Förderprogramms KIRAS durch das Bundesministerium für Verkehr, Innovation und Technologie gefördert bzw. finanziert (http://www.kiras.at/ http://www.bmvit.gv.at/).

© Springer Fachmedien Wiesbaden GmbH, ein Teil von Springer Nature 2019
E. Huber, *Cybercrime*, https://doi.org/10.1007/978-3-658-26150-4_1

bis hin zu Smartphone und IoT-Geräten eingegangen. Unterlegt wird diese Entwicklung mit Daten der statistischen Mediennutzung und Verkaufszahlen. Mit der Digitalisierung[3] hat sich ein neues Kommunikations- und Mediennutzungsverhalten entwickelt, das einen wesentlichen Einfluss auf die Gesellschaft, Wirtschaft und Politik gewonnen hat. Mit dieser Wandlung haben sich für die Kriminalität neue Schleusen geöffnet, die weltweit Schäden in Milliardenhöhen verursachen. In einem weiteren Teil wird Cybercrime als neue Form der Kriminalität näher beleuchtet. Dabei geht es im Wesentlichen um die Schwierigkeit einer gemeinsamen Definition des Phänomens. Je nach Blickwinkel unterscheidet man die technische, juristische, kulturelle und gesellschaftliche Betrachtung der unterschiedlichen Delikte. In diesem Teil liegt der Fokus auf der internationalen Auslegung der Thematik mit dem Ziel, eine allgemein gültige Definition der Phänomenologie zu formulieren. Ein weiteres Kapitel beschäftigt sich mit den typischen Akteuren im Cyberspace. Dabei werden Täter, Opfer und die Rolle der internationalen Organisationen, wie zum Beispiel Europol, ENISA, Bundeskriminalämter, Strafverfolgung etc. näher betrachtet. Im Kontext der Täter- und Opferanalysen werden bestehende kriminologische und psychologische Theorien und Thesen erklärt und ausgeführt, um so die aktuellen internationalen Forschungen in diesem Kontext gegenüberstellen und auswerten zu können. Dies leitet zum nächsten Kapitel über, in welchem internationale Theorien der Kriminologie, Kriminalsoziologie und -psychologie im Kontext der Cyber-Kriminalität vorgestellt und diskutiert werden. Im Anschluss daran wird auf die einzelnen Cyber-Kriminalitätsarten im konkreten eingegangen. Dabei wird der Bogen von Malware (mit all ihren unterschiedlichen Ausprägungen, wie z. B. Viren, Ransomeware, Spyware etc.), über Identitätsdiebstahl bis hin zu Cyberstalking, -mobbing, Verbreitung kinderpornografischer Inhalte im Netz und Vergehen gespannt. Die einzelnen Arten gliedern sich in Unterkapitel, die jeweils als strukturierendes Element eine Definition, die Darstellung der Methoden und Formen, des Profilings und das typisch verwendete Vorgehensmodell (Businessmodell) sowie die Aspekte der Prävention betrachten. Das letzte Kapitel beschäftigt sich mit den Ergebnissen einer wissenschaftlichen Studie, die im Auftrag des österreichischen Bundeskriminalamts durchgeführt wurde, in der die Hellfelddaten der Cyber-Kriminalität von 2006–2016 erhoben und analysiert wurden. Diese Studie ist eine der wenigen evidenzbasierten Studien über das Thema Cybercrime. Die Ergebnisse dieser Studie im letzten Kapitel im Kontext der bestehenden theoretischen Modelle und Ansätze diskutiert.

---

[3] Es gibt keine einheitliche Definition des Begriffs „Digitalisierung". Im Rahmen dieses Buches wird der Begriff in erster Linie als Erstellung, Speicherung, Verteilung und Verarbeitung der digitalen Daten mithilfe moderner Informationstechnik verstanden.

1 Einleitung

Zielgruppen für dieses Buch sind Studenten, Vortragende der Rechts- und Kriminalsoziologie, Polizisten, Juristen und die interessierte Fachwelt. Es war mir ein Anliegen das Thema Cybercrime für ein Publikum aufzubereiten, dass nicht mit den Fachvokabeln der IT-Technik vertraut ist. Darüber hinaus stehen in diesem Buch kriminologische Aspekte der Thematik Cybercrime im Vordergrund und nicht die dazu verwendete Technik. Daher richtet sich das Buch an Personen, die einen Einstieg in diese Materie suchen.

Von der Online-Kriminalität zu Cybercrime – eine historische Entwicklung

2.1 Überblick

Die Kriminalität im Cyber-rRaum bzw. die technischen Angriffe und Manipulationen aus dem Cyber-rRaum auf Wirtschaft, Politik und auch Privatpersonen sind ein weltweites Problem, dennoch müssen gewisse Entwicklungen und Fragestellungen national betrachtet werden. Die juristischen und kulturellen Rahmenbedingungen jedes Landes sind unterschiedlich. Daher müssen die Delikte und damit auch die Klassifizierung zumindest in Bezug auf Cybercrime immer innerhalb dieses kontextualen Rahmens erfolgen. Das gilt auch für die Digitalisierung und den digitalen Wandel. Nachfolgend wird besonders auf die Entwicklung in Österreich Bezug genommen, was aber nicht heißt, dass die Aussagen dieses Buches nur für Österreich zutreffend sind. Im Gegenteil: bewusst wird immer wieder auf die internationale Perspektive verwiesen und Fragestellungen sowie Entwicklungen werden länderübergreifend reflektiert.

2.2 Die Entwicklung der virtuellen Gesellschaft

Wenn man davon ausgeht, dass ökonomische Umbrüche in Politik, Kultur und Gesellschaft mit den Möglichkeiten der Produktion und der Reproduktion zusammenhängen, muss man der Geschichte, der Entwicklung und der Nutzung des Computers, genauer des vernetzten Rechners, Aufmerksamkeit schenken. Computer in ihrer ersten Definition waren: „Recheneinheiten, die auf mechanischer, elektrischer oder elektronischer Basis Rechenoperationen durchführen. Historisch betrachtet gehören bereits die mechanischen und elektrischen, auf Relaisbasis arbeitenden, früheren Rechner zu dem Oberbegriff Computer. Auch vom

Rechenverfahren her müssen neben den Digitalrechnern und den Hybridrechnern die klassischen Analogrechner hinzugezählt werden. Später, in den 40er-Jahren wurden dann Rechner mit Elektronenröhren entwickelt, denen in den 50er-Jahren die Transistorisierung folgte, die in den 60er-Jahren von integrierten Schaltungen (IC) und den Mikroprozessoren abgelöst wurden."(IT-Wissen o. J.) Der Computer ist das Produkt der Moderne, das die technischen Anforderungen der Industrialisierung bewältigen soll. In der Literatur wird er häufig mit der Metapher der Maschine verknüpft. In weiterer Folge allerdings wird dieser klassische Maschinenbegriff aus der Kinematik zusehends durch den Maschinenbegriff der Informatik ersetzt. Das Wort Maschine wird in Folge mit dem Wort Rechner gleichgesetzt. Entscheidend für die Geschichte der modernen Informationstechnologie sind jedoch die Entwicklungen der Kommunikationstechniken, wie die Entwicklung des Telegrafen (1809), des Rundfunks (1920), des Fernsehens (1935) sowie der Satellitentechnik (Huber 2012). Als Geburtsstunde des Computers gilt das Jahr 1944. In diesem Jahr wurde der erste Computer von IBM in Betrieb genommen. Dieser war und ist die Basis und die Referenz für alle weiteren Entwicklungen (Bühl 2000).

In den 1980er-Jahren zog der von Apple geprägte Begriff ‚Multimedia' in die Lexika ein. Der multimediale Computer verband Elemente der Kommunikations- und Informationstechnik mit Elementen der Unterhaltungsindustrie. Es ist davon auszugehen, dass auch zukünftig Entwicklungen im multimedialen Bereich von der Informations- und Kommunikationstechnologie angetrieben werden. Die globale Vernetzung mit und über das Internet ist ein weiterer entscheidender Entwicklungsschritt der Informations- und Kommunikationstechnologie. Die Auswirkungen dieser neuen Konnektivität auf die erlebte Realität der Menschen und auf das Wirtschaftsleben sind aktuell Gegenstand vieler Studien. In Österreich begann die Geschichte des Internets an der Universität Wien. Weltweit bot das Unternehmen IBM Forschungsinstitutionen die Bereitstellung eines Supercomputers – des European Academic Supercomputers – an. Universitäten und Forschungsinstitutionen konnten sich in Form einer Ausschreibung, um diesen Rechner bewerben. Die Universität Wien erhielt den Zuschlag. Die Errichtung einer eigenen Datenleitung von der Universität Wien zum CERN (Conseil Européen pour la Recherche Nucléaire) wurde durch die Post- und Telegraphendirektion für Wien, Niederösterreich und Burgenland als Fernmeldebehörde in erster Instanz am 31. Oktober 1989 durch Zustimmung zur Überlassung einer 64-kbit/s-Mietleitung bewilligt. Die Inbetriebnahme erfolgte allerdings erst am 10. Februar 1990 (Huber 2012; Rastl 2002).

2.2.1 Vom Festnetz zum intelligenten Netz

Neben der fortschreitenden Entwicklung des Internets, erlebte auch die Telefonie eine rasante Entwicklung. In der klassischen Festnetztelefonie basiert die Vermittlung auf einer festen Verbindung zwischen zwei oder mehreren Endgeräten. Das analoge Festnetz nutzt zum Verbindungsaufbau ein Signal, das unterschiedlich lange Stromstöße aussendet (Kochheim 2015). Durch die Digitalisierung der Schaltstellen und der Endgeräte wird die Bildung intelligenter Netze möglich und damit auch Dienstleistungen wie Mehrwertnummern, Sondernummern und die digitalisierte Datenverarbeitung.

Die historischen Wurzeln der heutigen Elektro- und Nachrichtentechnik reichen bis in die zweite Hälfte des 19. Jahrhunderts zurück. 1876 meldete der englische Physiker Alexander Graham Bell (1847–1922) – neben zahlreichen Technikern und Wissenschaftlern – das Patent des Fernsprechapparates an. Bald starteten zahlreiche Experimente, um die Festnetztelefonie von der Standortgebundenheit zu befreien. Ein historischer Meilenstein für dieses Entwicklung fand 1926 in Deutschland statt: Die Deutsche Reichsbahn nahm ein mobiles Funktelefon für die Strecke Berlin – Hamburg in Betrieb. In den 1940er-Jahren kam in den USA der Mobilfunk erstmals kommerziell zum Einsatz, indem er vor allem für den Taxifunk eingesetzt wurde (Kochheim 2015).

Das mobile Telefonie-Zeitalter begann in Österreich in den 1960er-Jahren. Von kommerzieller Nutzung sprechen wir hier nicht. Wir sprechen bei der Beschreibung dieses Netzes von der Post- und Telegraphenverwaltung (PTV), die dieses Netz betriebsintern nutzte und damit alles umsetzte, was zu diesem Zeitpunkt technisch möglich war. Am 5. Mai 1974 war es dann soweit: Das erste kommerzielle österreichische Mobilfunknetz – das *B-Netz* – nahm seinen Betrieb auf. Zielgruppe dieses Dienstes waren in erster Linie Kleinunternehmen, wie Taxi- und Transportfirmen, Montage- und Bauunternehmen und Ärzte. Darüber hinaus wollte man die grenzüberschreitende Kommunikation mit Deutschland fördern. Es gab ein Übereinkommen zwischen den beiden Ländern, welches die Gesprächsgebühren regelte. Ziel war es, die Wirtschaft und vor allem den Tourismus zu fördern, indem keine Gesprächsgebühren erhoben wurden. Österreich war damals eine der beliebtesten Tourismusdestinationen der Deutschen, die gerne ihren Familienurlaub in Tirol, Kärnten oder Salzburg verbrachten. In der 70er Jahren des letzten Jahrhunderts war das Betreiben dieses Dienstes noch sehr kostspielig. Die Funkgeräte kosteten rund ÖS 50.000,- (aktuell umgerechnet ca. 3.700 EUR) und die monatliche Grundgebühr lag bei rund ÖS 700,- (umgerechnet ca. 51 EUR). 1984 entwickelte die Firma Kapsch ein Autotelefon. Die Nutzung des Telefons im Auto wurde als das ‚gewinnbringende Zukunftsmodell' gesehen.

Zu diesem Zweck wurde das *C-Netz* eingeführt. Das *C-Netz* (= Mobilfunknetz) hatte nur eine kurze Lebensdauer, da es schnell an seine technischen Grenzen stieß. Es wurde bis 1997 in das *D-* bzw. in das *A1-Netz*[1] migriert. Zu Beginn der 1980er-Jahre war die mobile Telekommunikation von einer Vielzahl von inkompatiblen Systemen gekennzeichnet, die meist länder- oder herstellerspezifische Merkmale aufwiesen. Doch die Idee eines gemeinsamen Europas ohne Grenzen fand auch in der Mobiltelefonie seine Umsetzung. Zur Vereinheitlichung dieser wurde das *GSM-Netz* (Global System for Mobile Communications) eingeführt. Eines der wesentlichen Merkmale des GSM-Netzes war das uneingeschränkte, länderübergreifende Roaming, das 1989 in Österreich eingeführt wurde. Darüber hinaus war es erstmals möglich, Daten mit einer Geschwindigkeit von 9600 bit/s zu übertragen. Das mobile Internet wurde somit Realität. In Europa war der finnische Mobilfunkausstatter Nokia der erste, der seine Mobiltelefone (Handys) mit den nötigen technischen Voraussetzungen einer mobilen Internetnutzung ausstattete. Der mobile Internetzugang wurde möglich (Döll 2002). Mit diesen technischen Entwicklungen öffneten sich auch Wege für die kriminelle Nutzung, die nun aus dem Cyberspace heraus agieren konnte. Der nächste technische Entwicklungsschritt war die Einführung des Smartphones.

2.2.2 Das Smartphone und internetfähige Endgeräte

Aus der Wirtschaft und von Anwendern kam immer häufiger der Wunsch auf, Funktionen eines Computers auf das Handy zu „übertragen". IBM nahm diesen Anstoß auf und brachte mit *IBM Simon* ein Gerät (als Business Device) heraus, auf dem man E-Mails und Faxnachrichten versenden, einen Kalender, ein Adressbuch verwalten sowie Onlinegames spielen konnte. *IBM Simon* hatte als erstes Gerät einen Touchscreen. 2007 brachte Apple das *iPhone* auf den Markt. Mit ihm gelang Apple der große Durchbruch im Smartphone-Sektor: Das *iPhone* – neben einer Vielzahl anderer Apple-Produkte – löste einen neuen Hype am Telekommunikationsmarkt aus (Steimels 2012). Das Smartphone wurde zum ständigen Begleiter des Menschen. Neben Apple kamen auch andere Smartphone-Anbieter auf den Markt, wie z. B. mit dem Google-Betriebssystem Android. Die Nutzung dieser Geräte hält bis heute ungebrochen an. Neben dem Smartphone gibt es aktuell eine Vielzahl von Endgeräten, die Firmen und Privatpersonen nutzen, um eine mobile Internetverbindung herzustellen. Dazu zählen Laptop/Notebook bzw. Netbook,

---

[1] A1-Netz wurde von der Telekom Austria betrieben.

2.2 Die Entwicklung der virtuellen Gesellschaft

Desktop-PC, Tablet-Computer, Smart-TV, E-Book-Reader oder Spielkonsolen. Für jede Anwendung und Anforderung gibt es definierte Endgeräte, so dass von überall aus der Welt online überall hin kommuniziert werden kann.

Konkret gestaltet sich das Nutzungsverhalten in Österreich so: 2018 nutzen rund 96 % der Österreicher ein Smartphone und 64 % einen Tablett-Computer (MMA 2018). Kaum eine andere technologische Entwicklung hat das Kommunikationsverhalten innerhalb der letzten 30 Jahre so verändert. Nachfolgende Grafik listet die Nutzung mobiler Endgeräte der Österreicher (Tab. 2.1).

Tab. 2.1 Personen nutzen Laptops, Tablets oder Smartphones für den Internetzugang unterwegs 2017, Österreich. (Quelle: ÖSTAT (2018))

Merkmale	Personen mit Internetnutzung in den letzten drei Monaten	Personen nutzen Laptops, Tablets oder Smartphones für den Internetzugang unterwegs		
		zusammen	darunter über	
			Smartphones	Laptops oder Tablets
	in 1000	in % der Personen mit Internetnutzung in den letzten drei Monaten		
Insgesamt	5743,5	842	81,9	32,5
Alter				
16 bis 24 Jahre	869,0	98,1	96,7	46,0
25 bis 34 Jahre	1165,1	94,6	93,1	36,6
35 bis 44 Jahre	1099,2	91,2	90,1	32,2
45 bis 54 Jahre	1266,4	78,0	75,4	28,8
55 bis 64 Jahre	904,6	71,0	66,4	23,2
65 bis 74 Jahre	439,1	56,8	52,8	25,4
Geschlecht. Alter				
Männer	2919,9	84,6	82,0	38,7
16 bis 24 Jahre	444,6	97,5	95,7	47,6
25 bis 34 Jahre	583,2	93,6	92,5	41,5
35 bis 44 Jahre	562,6	92,1	90,8	40,6
45 bis 54 Jahre	637,8	77,3	74,7	38,5
55 bis 64 Jahre	460,4	73,9	68,0	28,5
65 bis 74 Jahre	231,2	60,2	56,3	31,1
Frauen	2823,6	83,8	81,7	26,0
16 bis 24 Jahre	424,5	98,7	97,7	44,3
25 bis 34 Jahre	582,0	95,6	93,8	31,6
35 bis 44 Jahre	536,6	90,2	89,3	23,4
45 bis 54 Jahre	628,5	78,7	76,1	18,9
55 bis 64 Jahre	444,2	68,1	64,7	17,7
65 bis 74 Jahre	207,9	53,0	49,0	19,0

Neueste Trends zeigen die Ausweitung der Technologie in Richtung Internet der Dinge (IoT) und Smart Home. Alles soll zukünftig vernetzt sein, angefangen vom TV-Gerät bis hin zum Auto und der Kaffeemaschine.

2.3 Telekommunikationsnutzung (Internetnutzung)

Der Anstieg von und die Methodenvielfalt der Delikte von Cybercrime sind primär auf die Entwicklung im Telekommunikationssektor und die Digitalisierungsmaßnahmen zurückzuführen. Durch die Marktdurchdringung einzelner Technologien hat unser Leben eine neue Qualität erhalten. Ein ständiges Immer-erreichbar-Sein hat in den letzten Jahren unser Lebens-, Kommunikations- und Medienutzungsverhalten maßgeblich verändert, sodass manche Kritiker bereits von einem gesellschaftlichen Wandel der Kommunikation sprechen (Huber 2012).

Seit 1996 erhebt die INTEGRAL Markt- und Meinungsforschungs-GmbH kontinuierlich Daten über die Telekommunikations- und Internetnutzung. Das Langzeitanalysetool ‚AIM' (Austrian-Internet-Monitor) ermittelt und interpretiert Daten im Jahresvergleich. Betrachtet man die Entwicklung der Internet-Nutzung (nachfolgende Abbildung), so kann man sagen, dass rund vier Fünftel aller österreichischen Privathaushalte online sind. Waren es im Jahr 1996 nur 9 % der Österreicher, die das Internet nutzten, weist der AIM-Monitor für das 2018/4.Quartal bereits 87 % aus (INTEGRAL 2019). Damit liegt Österreich im europäischen Mittelfeld. Am meisten wird das Internet in Dänemark (98 %)[2] und in Luxemburg (97 %) – am wenigsten in Portugal (75 %), Griechenland (73 %) und Bulgarien (67 %) genutzt (Statista 2018). Unabhängig davon bestätigen die Zahlen die rasante Ausbreitung des Internets. In fast allen Lebenswelten, sei es nun Privat- oder Berufsleben, sind Online-Medien nicht mehr wegzudenken (Abb. 2.1).

Auch die Verwendung des Mobiltelefons nahm in den vergangenen Jahren rasant zu. Zählte man in Österreich im Jahr 2000 noch 6,12 Mio. Mobilfunkanschlüsse, so waren es 2018 14,92 Mio (ITU 2018). Das inkludiert natürlich auch die Vielzahl von Tablets und anderen mobilen Endgeräten. Die zunehmende Digitalisierung verändert auch das Kaufverhalten der Konsumenten. Der Einkauf von Büchern, Musik, Reisen bis hin zu Kleidung und allen anderen Gütern und Dienstleistungen erfolgt vermehrt über das Internet. Viele greifen heutzutage lieber zur PC-Tastatur um einzukaufen, als in einen Laden zu gehen und dort vor Ort die Produkte zu kaufen. Waren es im Jahr 1997 nur 1 % der Österreicher, die über das

---

[2] Anteil der Internetnutzer gemessen an der Gesamtbevölkerung.

2.4 Neue Kommunikationsformen

INTERNET-NUTZUNG SEIT 1996

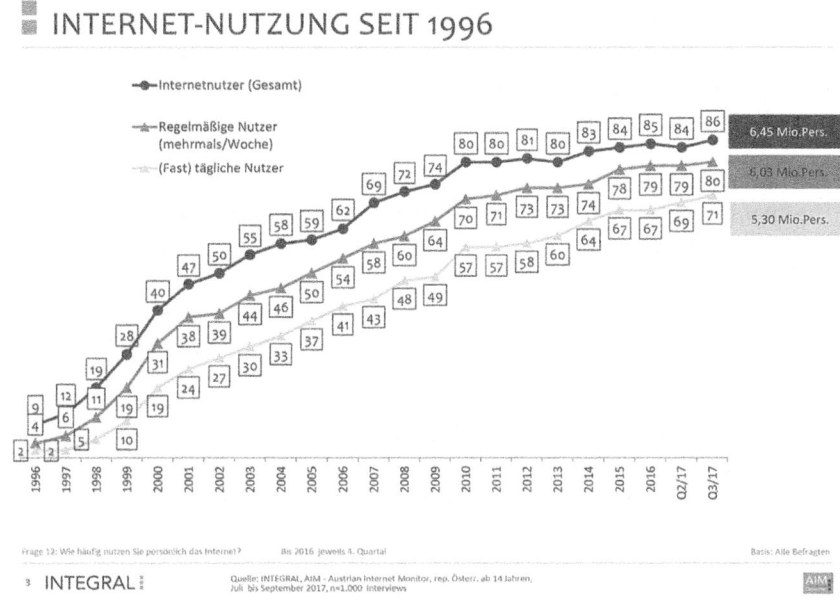

Abb. 2.1 Internet-Nutzung seit 1996 (INTEGRAL 2019)

Netz eingekauft haben, waren es im Jahr 2018 bereits 70 % (INTEGRAL 2019). Die Zahlen sprechen eine klare Sprache.

Unabhängig davon, dass diese Entwicklung negative Auswirkungen für den Einzelhandel hat, ist festzuhalten, dass mit diesem Trend immer mehr Menschen ihre Zahlungsdaten, wie z. B. Kreditkarten- oder Bankkontonummern, Adressen und weitere persönliche Daten, im Netz preis geben. Dies bietet Personen, die sich des Internets aus kriminellen Gründen bedienen, neue Möglichkeiten und grundsätzlich einen Nährboden.

2.4 Neue Kommunikationsformen

Die beschriebene Entwicklung der Telekommunikation öffnete neue Wege zwischenmenschlich Kommunizieren zu können. In der Folge entstanden die digitalen Sozialen Netzwerke. Für eine Privatperson war es plötzlich möglich, viele Menschen erreichen zu können. Damit einhergeht eine Neudefinition der klassische Medien. Diese neue Form der persönlichen Kommunikation, ermöglicht es jedem Einzelnen, seine persönliche Meinung mit einer Community zu teilen (Huber 2012). In der Theorie ging man davon aus, dass diese neue Form der Kommunikation zu einer höheren Partizipation – sprich Teilhabe – der Bürger an der Demokratieentwicklung führen würde. Dies ist aktuell wissenschaftlich widerlegt. Allerdings bereiten die Sozialen Netzwerke der Kriminalität eine weitere Angriffs-Basis.

▶ **Tipp** Auf die Rolle der Sozialen Medien bei der Ausbreitung von Internet-Kriminalität wird in den späteren Deliktsbeschreibungen im Detail eingegangen.

Das mit Abstand beliebteste Soziale Netzwerk in Österreich ist ‚*Facebook*'. Von mehr als 8 Millionen Österreichern hatten im Jahr 2018 3,8 Millionen einen aktiven Facebook-Account (Horizont 2019). Dabei liegt die Altersverteilung bei rund 3 Millionen Usern zwischen 14 – 49 Jahren (Artworx 2018a). Im Vergleich dazu wurden in Deutschland im Jahr 2017 bereits 30 Millionen Facebook-Nutzer gezählt (Artworx 2018a). Über Facebook können die einzelnen Nutzer Profile oder Seiten anlegen und über diese Texte, Bilder oder Videos unter ihren Freunden oder Followern teilen. Über den eigenen Messenger kann man auch chatten. Die Plattform wird sowohl für private, als auch berufliche Zwecke eingesetzt. Im Vergleich zum weltweit größten Sozialen Netzwerk *Facebook* wirkt der Nachrichtendienst ‚*Twitter*', trotz jährlicher Zuwachsraten, noch immer ziemlich klein. 2017 nutzten rund 150.000 Österreicher (Artworx 2018b) und 5,3 Millionen der Deutschen Twitter. Auffallend ist, Twitter ist bei männlichen Nutzer verbreiteter als bei weiblichen Nutzerinnen (Association 2018).

Beliebter als Twitter ist bei den Österreichern ‚*Instagram*'. Diese Foto- und Videosharing-Plattform hatte 2018 in Österreich einen Marktanteil von 0,56 % und konnte auf 840.000 aktive Nutzer blicken. Sie ist vor allem bei jungen Frauen und Influencern beliebt (StatCounter 2018).

▶ **Influencer** Darunter werden Personen verstanden, die einen starken Social-Media-Auftritt haben. Sie sind gekennzeichnet durch eine Vielzahl von Followern und einer ständigen Medienpräsenz.

Es gibt auch Social-Media-Plattformen, die einen besonderen Fokus legen, z. B. auf die Vernetzung im beruflichen Umfeld, wie ‚*LinkedIn*' oder ‚*Xing*'. Auch diese Plattformen zeigen eine stetiges Wachstum an Nutzern. Die größte Videoplattform ist ‚*Youtube*', die von 4,8 Millionen Österreichern genutzt wird. Des Weiteren gibt es Plattformen wie z. B. ‚*Google+*' oder ‚*Pinterest*' (Relations 2018).

Neben den klassischen Sozialen Netzwerken haben sich Online-Chat-Programme entwickelt. Diese Angebote werden nach und nach den Kurznachrichtendienst

2.4 Neue Kommunikationsformen

SMS ablösen. Diese Online-Chat-Programme werden in Form einer App (Application) auf jedes Smartphone installiert und ermöglichen jedem, sobald er online ist, miteinander zu chatten. Dies kann zwischen Einzelpersonen oder in Gruppen stattfinden. Einer der beliebtesten Dienste in Österreich dazu ist, *WhatsApp*' (Relations 2018). Der Instant-Messaging-Dienst ermöglicht den Nutzern ein kostenloses Austauschen von Text-, Bild-, Video- und Sprachnachrichten. Der ursprünglich 2009 in den USA gegründete Dienst wurde 2014 – ebenso wie Instagram – von ,*Facebook*' gekauft (Müller 2016). Dadurch ist es Facebook gelungen, die Marktmacht im Social-Media-Bereich massiv auszubauen. Eine weitere Entwicklung auf diesem Sektor stellt die App ,*Snapchat*' dar. Snapchat versteht sich als ein kostenloser Instant-Messaging-Dienst zur Nutzung auf Smartphones und Tablets. Der Dienst ermöglicht es, Fotos, die nur eine bestimmte Anzahl von Sekunden sichtbar sind und sich dann selbst „zerstören", an Freunde zu versenden. Die App ist vor allem bei Jugendlichen sehr beliebt. Dieser Dienst stellt insbesondere die Exekutive beim der Beweissicherung vor große Probleme, denn durch das Nicht-Speichern von Nachrichten werden kriminellen Absprachen Tür und Tor geöffnet.

Je mehr die Menschen und die Wirtschaft sich untereinander vernetzt, desto größer ist die Wahrscheinlichkeit, dass sie das Ziel eines Angriffes von Cyber-Kriminellen werden. Fast jede Art von Cybercrime-Angriffen wird durch die Nutzung Sozialer Netzwerke erleichtert.

Soziale Netzwerke sind in Hinblick auf Sicherheit im weitesten Sinn und Cybercrime im besonderem Sinn etwas, was alle betrifft. Dies bringt für jeden Nutzer eine neue Art von Verantwortung im Umgang mit Information mit sich. Insbesondere junge Menschen teilen sehr viele Aktivitäten, die online auf unbestimmte Zeit im Internet abrufbar sind. Dies beeinflusst die zukünftige Privatsphäre jedes Einzelnen. Plattformen wie Youtube, WhatsApp und Co werden fast täglich genutzt. Die Vorstellung einer Kommunikation ohne sie, ist für die Mehrheit der jungen Nutzer nicht mehr möglich (Tab. 2.2).

Tab. 2.2 Plattformennutzung der 14–19 Jährigen in Österreich, im 2. Quartal 2017, n = 77 (INTEGRAL 2017)

Plattform	haben die Plattform besucht in %
Youtube	99
WhatsApp	98
Wikipedia	86
Facebook	84
Snapchat	78
Instagram	78
Netflix	44
Spotify	43

> **Exkurs: Verstehen Sie die Welt noch, oder sprechen Sie Denglish?**
> Die Digitalisierung und die Globalisierung führt in die Welt hinaus, – natürlich auf der Basis der Sprache. Getrieben wird die technologische Entwicklung im anglofonen Raum. Daher stammen fast alle Begriffe, derer wir uns bedienen aus dem Englischen. Was tun? Wie Verständigung schaffen? Basis könnte der Duden sein, der das Wort „Fakenews" in die deutsche Sprache „offiziell" aufnahm. IT-Security-Experten und aktive Nutzer haben sich darauf geeinigt, Begriffe im Original, also auf Englisch, zu belassen. Dies führt zu einer nicht unbeträchtlichen Verwirrung bezüglich Grammatik und Rechtschreibung in anderen Sprachen. Folgt man z. B. dem Duden, so spricht man im Singular von ‚Software' und im Plural von ‚Softwares'. Damit wurde grammatikalisch das Wort eingedeutscht, sozusagen ‚germanisiert' und mit der typisch deutschen Endungen versehen. Ob nun jemand im realen Leben das Wort ‚Sofwares' verwendet sei dahin gestellt, denn selbst die Rechtschreibprüfung in Word erkennt das Wort nicht. Diese Art vom Umgang der Einbettung von Fremdwörtern in Sprache, kreiert neue Worte, die den Sprachalltag reicher - aber auch komplexer machen. Man ‚facebookt', ‚whatsAppt', ‚SMSt'.
>
> Auffallend ist, dass nicht alle Worte so in den Sprachgebrauch integriert werden. So sprechen wir im Bereich des Cybercrime von ‚Malware' als ‚Schadsoftware'. Analog zur Entwicklung des Wortes Software müsste man in diesem Fall im Plural ‚Malwares' sagen. Doch das hat der Duden noch nicht aufgenommen. Dafür gibt es witzige Mischkonstruktionen, wie z. B. ‚Bot-Netz. Das englische Botnet wurde zum deutschen Bot-Netz. Das Phänomen der Sprache wird uns weiterbegleiten, da Sprache als kultureller Akt erlernt werden muss. Zur Zeit stellt sich die Frage, ob alle, mit dieser Sprachentwicklung mithalten können. Frage an Sie: Wurden Ihre Kinder schon ‚cybergegroom't?

2.5 Online-Kriminalität

Die moderne Informationsgesellschaft zeichnet sich dadurch aus, dass sie die Möglichkeiten eines optimierten Informationsflusses nutzt, d. h. sie versucht, alle Möglichkeiten der Einbindung zu ihrem Vorteil zu nutzen. Das betrifft Unternehmen wie Privatpersonen gleichermaßen. Ziel ist es, einen Vorteil zu ziehen, um sich ein Stück weit das Leben erleichtern zu können. Das gilt für Einzelpersonen genauso wie für Unternehmen. Immer mehr Aktivitäten, von Entertainment bis hin zum Abwickeln finanzieller Transaktionen, werden ‚medial' abgewickelt. Das eröffnet neue Möglichkeiten für manipulative oder kriminelle Handlungen. Online-Kriminalität kann von Online-Diebstählen über Online-Betrug zu antisozialem

2.5 Online-Kriminalität

Verhalten bis hin zum Hacking führen (Kirwan und Power 2013). Aber ab wann sprechen wir wirklich von Cybercrime? Zur Zeit gibt es keine gültige Definition und Unterscheidung zwischen den Begriffen ‚Online-Kriminalität', ‚Cyber-Kriminalität' und ‚Internet-Kriminalität'. Grundsätzlich versteht man unter Cybercrime alle Straftaten, die unter Ausnutzung der Informations- und Kommunikationstechnik (IKT) oder gegen diese begangen werden.

Nehmen wir als Beispiel Hasspostings. Diese sind zweifelsohne unsozial, nicht nett und oft diffamierend. Aber ist das Schreiben von Hasspostings ein cyberkriminelles Verhalten oder einfach nur eine Facette der freien Meinungsäußerung? Die Experten sind sich einig, dass Handlungsbedarf besteht und man mit Normen, Regeln und Gesetzen darauf reagieren muss. Aber wer ist dafür verantwortlich?

Auf nationaler Ebene ist der Gesetzgeber dafür verantwortlich, einen rechtlichen Rahmen zu definieren. Allerdings macht die Cyber-Kriminalität nicht vor den nationalen Landesgrenzen halt. Jedes Land agiert zunächst in seiner eigenen Gesetzgebung, die Verfolgung des Delikts ist dann oft allerdings global. Eine Herausforderung im Sinne der Strafverfolgung wird es sein, international die Gesetze zu harmonisieren.

Gesetzliche Rahmenbedingungen alleine reichen nicht, um Kriminalität und/ oder Missbrauch im Cyberspace einzudämmen. Im Zuge der Diskussionen, was nun als adäquates Kommunikationsverhalten in Internet zu verstehen ist, wurde eine Netiquette geboren. Cannataci und Mifsud-Bonnici sahen bereits 2007, die Notwendigkeit ein Netz aus legalen Regeln und Maßnahmen zu entwickeln, die unabhängig voneinander sind, sich aber ergänzen sollen (Cannataci und Misfud-Bonnici 2007). Damit ist ein Bündel von Maßnahmen gemeint, die zum Beispiel technische Maßnahmen der betreibenden Firmen vorsieht oder eine Netiquette, die den Umgang im Netz regelt.

▶ **Netiquette** „Der Begriff Netiquette ist ein Kunstwort, das ursprünglich aus den Wörtern Net und Etiquette gebildet wurde. Oftmals sieht man im deutschen Sprachraum auch die vereinfachte Schreibweise Netikette. Die Netiquette steht für die Sammlung von mehr oder weniger genau definierten Verhaltensmaßgeblichkeiten innerhalb des Internet und in einzelnen Diensten. Sie ist, und das wird oftmals missverstanden, kein Gesetzesbuch und nicht immer ein verbindliches Werk, sondern versteht sich eher als Hinweissammlung, wie man im Internet am höflichsten mit seinen Mitmenschen umgeht. Während viele Empfehlungen sehr dienstspezifisch sind (beispielsweise über das Formatieren einer E-Mail), sind andere Empfehlungen durchaus sehr pauschal gehalten und beziehen sich nicht selten auf Empfehlungen, wie man überhaupt in elektronischen Medien miteinander umgehen sollte. Bei all diesen Empfehlungen ist jedoch immer zu beachten, dass immer

„eine Handbreit Wasser unterm Kiel" bei zwischenmenschlicher Kommunikation notwendig ist." (Netplanet o. J.)

Je abhängiger Wirtschaft und Gesellschaft von der digitalen Vernetzung werden, umso mehr erhöhen sich auch die Möglichkeiten der Manipulation und auch des Missbrauchs. Am 8. November 2001 wurde die sogenannte ‚Cybercrime Convention' durch das Ministerkomitee des Europarats verabschiedet, welche ein gemeinsames Vorgehen gegen die Kriminalität vorsieht. Schritt für Schritt werden Initiativen ins Leben gesetzt, die durch die gemeinsame Bestimmung von Werten und Normen sowie dem gezielten Einsatz von Technologie Cybercrime reduzieren soll. Mehr dazu finden Sie im Kapitel Regulatoren und Government.

2.6 Cybercrime in Österreich

Was aber nun bedeutet Cybercrime konkret? Das Wort ‚Cyber' und in Folge der Begriff ‚Cyberspace' bezieht sich auf eine virtuelle Welt. Das Kunstwort bezieht sich auf ‚Cyber' (Kybernetic) und ‚Space' (Raum). Man befindet sich also in einer virtuellen Welt, in der es andere Regeln als in der realen Welt gibt (Fritz 2004). Dennoch müssen wir uns an Regeln und Normen halten, die uns der Gesetzgeber vorschreibt. Bricht man diese Regeln, schlittet man in die Kriminalität ab. Kriminelle Übergriffe aus dem Cyber-Umfeld machen nicht vor Ländergrenzen Halt. Seit 2006 zeichnet die österreichische Kriminalstatistik Anzeigen in diesem Bereich auf. Nach einem leichten Rückgang im Jahr 2014 auf knapp unter 9000 Anzeigen sind die Zahlen ab dem Jahr 2015 wieder gestiegen (Abb. 2.2).

Im österreichischen Rechtssystem werden folgende Deliktsarten bzw. Paragraphen unter dem Bereich ‚Cybercrime' im StGB (Strafgesetzbuch) gelistet: §§ 118a: Widerrechtlicher Zugriff auf ein Computersystem, 119: Verletzung des Telekommunikationsgeheimnisses und 119a: Missbräuchliches Abfangen von Daten, 126a: Datenbeschädigung, 126b: Störung der Funktionsfähigkeit eines Computersystems und 126c: Missbrauch von Computerprogrammen, 148a: Betrügerischer Datenverarbeitungsmissbrauch sowie 225a Datenfälschung. In den vergangenen Jahren kamen noch 207a: Kinderpornographie (Pornographische Darstellung Minderjähriger) sowie 208a: Anbahnung von Sexualkontakten zu Unmündigen (seit Januar 2012) dazu (*StGB – Österreichisches Strafgesetzbuch* 2016). Dabei stellt sich auch die Frage, wie man mit Delikten umgeht, die nicht klassisch dem traditionellen Bereich des ‚Cybercrime', wie z. B. Cyberstalking, Cybermobbing oder Urheberechtsverletzungen, umgeht. Die Anzahl der potentiell laut oben angeführter Definition möglicher Delikte steigt stetig. Eine genaue rechtliche Differenzierung wird immer schwieriger. An dieser Stelle sei auch noch einmal auf die Schwierigkeiten der internationalen

2.6 Cybercrime in Österreich

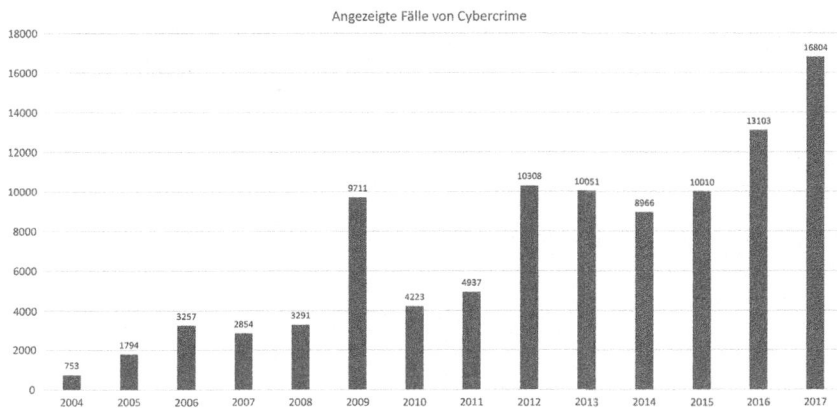

Abb. 2.2 Cybercrime-Fälle Österreich (Bundesministerium für Inneres 2018)

Betrachtung dieses Problems hingewiesen. Was passiert, wenn die Täter im Ausland sitzen? Wie kann ich die kriminelle Handlung beenden, wenn in dem betreffenden Land andere Gesetze gelten. Cybercrime-Delikte werden selten aus der Perspektive der Privatpersonen betrachtet. Vielmehr wird, wenn vom ‚Kampf gegen die Cyber-Kriminalität' in Österreich gesprochen wird, der Fokus auf Unternehmen und Betreibern kritischer Infrastrukturen[3] gelegt. Dieses Problem spiegelt sich auch in den gängigen Statistiken wider. Des Weiteren sind Statistiken trügerisch, da man natürlich betrachten muss, wer hat sie erstellt?

2.6.1 Cybercrime-Delikte an Unternehmen

Nachfolgende Abb. 2.3[4] listet die Arten der Cyber-Angriffe und zeigt, dass die österreichischen Unternehmen im Jahr 2015 am häufigsten von Malware und

---

[3] Kritische Infrastrukturen: Im Sinne der EU-Richtlinie 2008/114/EG ist eine „kritische Infrastruktur" eine Anlage, ein System oder ein Teil davon, die von wesentlicher Bedeutung für die Aufrechterhaltung wichtiger gesellschaftlicher Funktionen, der Gesundheit, der Sicherheit und des wirtschaftlichen oder sozialen Wohlergehens der Bevölkerung ist und deren Störung oder Zerstörung erhebliche Auswirkungen hätte, da ihre Funktionen nicht aufrechterhalten werden könnten (Hill et al. 2007).

[4] Dennoch sei an dieser Stelle erwähnt, dass die Stichprobe nur n = 84 der befragten Unternehmen war. KPMG ist ein Dienstleister und hat natürlich in seinen Umfragen primär seine Kunden im Fokus. Deshalb sei generell bei Statistiken, die von Unternehmen, die z. B. Sicherheitsdienstleistung, -software und dergleichen anbieten, immer die Validität der Daten zu hinterfragen.

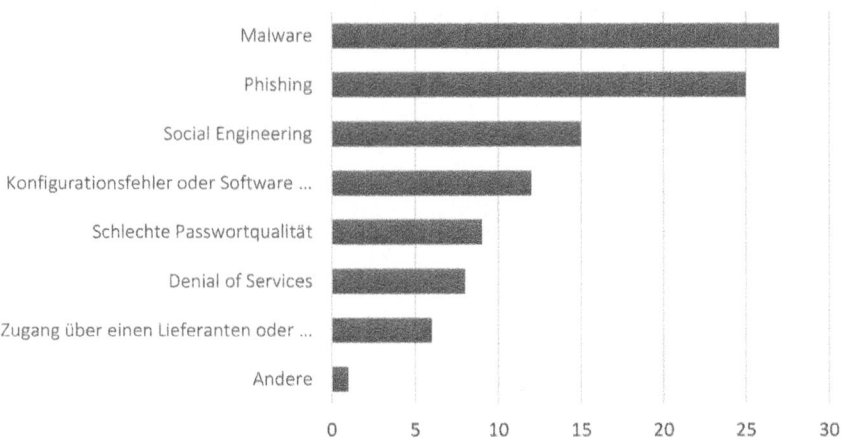

Abb. 2.3 Arten von Cyber-Angriffen auf Unternehmen in Österreich 2015, n = 84, Angaben in Prozent. (Quelle: KPMG 2015)

Phishing-Attacken betroffen waren. Es darf natürlich an dieser Stelle nicht unterschätzt werden, dass Cybercrime mittlerweile zu einem Wirtschaftsfaktor geworden ist. Unternehmen und Betreiber kritischer Infrastrukturen können damit ebenso Opfer sein wie Privathaushalte. Ein Ausfall der IT kann in vielen Sektoren zum Bankrott des Unternehmens führen. Cybercrime darf daher nicht unterschätzt werden und keines Falls als Kavaliersdelikt gelten.

2.7 Zusammenfassung

Mit Beginn des 20. Jahrhunderts fand eine stetige Weiterentwicklung der Information- und Kommunikationstechnik statt. Durch diese Entwicklungen hat auch eine nachhaltige Veränderung unseres Kommunikations- und Mediennutzungsverhalten begonnen. Neben der Einführung von PC, Tablet-Computer und Smartphones bestimmen Soziale Medien wie Facebook, Instagram, WhatsApp und Co die tägliche Kommunikation Vieler. Vernetze und digitale Lebenswelten haben somit einer neuen Form von Kriminalität, nämlich der Cyber-Kriminalität die Türen geöffnet. Dies stellt nun Staaten, Unternehmen und Privatpersonen vor die tägliche Herausforderung sich vor dieser Art der Kriminalität zu schützen. Betrachtet man dazu die aktuelle Kriminalstatistik, so kann man auch in Österreich einen stetig Anstieg der Cyber-Kriminalität feststellen.

Literatur

Artworx. 2018a. Anzahl der Nutzer von Facebook in Österreich in Ausgewählten Monaten von 2013 bis 2017 (in Millionen). https://de-1statista-1com-167jz42be0c97.han3.donau-uni.ac.at/statistik/daten/studie/296115/umfrage/facebook-nutzer-in-oesterreich/, 30.04.2018.

Artworx. 2018b. Anzahl der Nutzer von Twitter in Österreich in Ausgewählten Monaten von 2012 bis 2017 (in 1000). https://de-1statista-1com-167jz42be0c99.han3.donau-uni.ac.at/statistik/daten/studie/296135/umfrage/twitter-nutzer-in-oesterreich/.

Association, American Marketing. 2018. Anzahl der Monatlich Aktiven Twitter-Nutzer in Deutschland im Jahr 2013 sowie eine Prognose bis 2018 (in Millionen). https://de.statista.com/statistik/daten/studie/370490/umfrage/anzahl-der-aktiven-twitter-nutzer-in-deutschland/.

Bühl, A. 2000. *Die Virtuelle Gesellschaft des 21. Jahrhunderts*. Wiesbaden: Springer.

Bundesministerium für Inneres. 2018. Kriminalstatistik 2016.

Cannataci, J., und J. Misfud-Bonnici. 2007. Weaving the mesh: Finding remedies in cyberspace. *International Review of Law, Computers and Technology* 21:59–78.

Döll, K. 2002. *Die Historische Entwicklung der Analogen und Digitalen Mobiltelefonie in Österreich – Der Weg vom Staatlichen Fernmeldemonopol zum Wettbewerb*. Dissertation. Wien.

Doralt, W. 2019. *Taschen-Kodex Strafgesetzbuch 2019, Kodex des Österreichischen Rechts 12., aktualisierte Auflage Stand 01.01.2019*.

Fritz, J. 2004. *Das Spiel Verstehen – Einführung in Theorie und Bedeutung*. Beltz.Weinheim.

Hill, A., P. Briken, und W. Berner. 2007. Pornographie und Sexuelle Gewalt im Internet. *Bundesgesundheitsblatt – Gesundheitsforschung – Gesundheitsschutz*. https://doi.org/10.1007/s00103-007-0114-8.

Horizont. 2019. Anzahl Aktiver Nutzer von Facebook in Österreich von 2013 Bis 2018 (in Millionen).

Huber, E. 2012. *Cyberstalking und Cybercrime – Kriminalsoziologische Untersuchung zum Cyberstalking-Verhalten der Österreicher*. Wiesbaden. Springer.

INTEGRAL. 2017. AIM, 2. Quartal 2017. Wien.

INTEGRAL. 2019. AIM – Austrian Internet Monitor. Wien.

ITU. 2018. Anzahl der Mobilfunkanschlüsse in Österreich von 2000 bis 2017 (in Millionen). https://de.statista.com/statistik/daten/studie/204766/umfrage/anzahl-der-mobilfunkanschluesse-in-oesterreich-seit-2000/.

IT-Wissen. o. J. Computer. IT Wissen. http://www.itwissen.info/. Zugegriffen am 10.12.2018.

Kirwan, G., und A. Power. 2013. *Cybercrime. Cybercrime: The psychology of online offenders*. Cambridge University Press. https://doi.org/10.1017/CBO9780511843846.

Kochheim, D. 2015. *Cybercrime und Strafrecht in der Informations- und Kommunikationstechnik*. München: Beck.

KPMG. 2015. Cyber Security in Österreich. http://de-1statista-1com-167jz42ww004a.han3.donau-uni.ac.at/statistik/daten/studie/552495/umfrage/arten-von-cyberangriffen-auf-unternehmen-in-oesterreich/.

MMA. 2018. Anteil der Smartphone- und Tablet-Nutzer in Österreich in den Jahren 2016 bis 2018. https://de-1statista-1com-167jz42be0c8b.han3.donau-uni.ac.at/statistik/daten/studie/668880/umfrage/smartphone-und-tablet-nutzer-in-oesterreich/.

Müller, C. 2016. WhatsApp Wieder Komplett Gratis: Gründer Verkündet Große Neuerung. *Chip.De*. http://www.chip.de/news/WhatsApp-wieder-komplett-gratis-Gruender-verkuendet-grosse-Neuerung_88282979.html.

Netplanet. o. J. Was Ist Eine Netiquette? http://www.netplanet.org/netiquette/. Zugegriffen am 11.12.2018.

ÖSTAT. 2018. *Personen Nutzen Laptops, Tablets oder Smartphones für den Internetzugang Unterwegs 2018*. Wien. http://www.statistik.at/web_de/statistiken/energie_umwelt_innovation_mobilitaet/informationsgesellschaft/ikt-einsatz_in_haushalten/index.html.

Rastl, P. 2002. 10 Jahre Internet in Österreich. Comment 2. http://comment.univie.ac.at/00-2/2/.

Relations, FR Public. 2018. Socialmedia Kenndaten Österreich. http://www.frpr.at/social-media-radar/.

StatCounter. 2018. Verteilung der Meistgenutzten Social Media Seiten nach Page Views in Österreich in den Jahren 2015 bis 2018. https://de.statista.com/statistik/daten/studie/431593/umfrage/marktanteile-von-social-media-seiten-in-oesterreich/.

Statista. 2018. EUROSTAT 2018.

Steimels, D. 2012. Wie Alles Begann: Die Geschichte des Smartphones. http://www.pcwelt.de/ratgeber/Handy-Historie-Wie-alles-begann-Die-Geschichte-des-Smartphones-5882848.html.

Cybercrime 3

> **Fallbeispiel**
>
> Kurier, am 12.01.2016: „*Cybercrime-Cops stellten Internet-Erpresser. Mit enormer Rechnerkraft konnten die Männer die Online-Auftritte ihrer Opfer zum Absturz bringen. Im Fachjargon nennen wir das DDoS-Angriffe. Die IT-Systeme wurden mit Datenmengen einfach überschwemmt. Um ihre Forderungen zu unterstreichen, legten die Täter die Seiten für eine Stunde lahm. Die Bezahlung wurde dann über die Internet-Währung Bitcoin eingefordert. Ein Bitcoin entsprach bei den Erpressungen 480 Euro, bis zu 50 Bitcoins wurden pro Erpressungsversuch verlangt. Doch die heimischen Firmen meldeten die Angriffe beim Bundeskriminalamt. Sieben Monate später wurde die Cybercrime-Bande in Bosnien verhaftet.*" (Berger 2016)

3.1 Überblick

Je intensiver man sich mit dem Thema Kriminalität beschäftigt, umso mehr wird offenbar, wie vielfältig die Bemühungen sind, zu einer allgemein verbindlichen Definition zu kommen. Der Begriff ‚Delikt' beispielsweise ist immer nur auf der Basis seines Kontextes zu beschreiben, da seine Beschreibung immer abhängig vom jeweiligen Rechtsrahmen des Staats ist. Bei vielen Delikten gibt es kein Missverständnis, was konkret damit gemeint sein könnte. So ist beispielsweise jedem klar, was ein Mord oder ein Autodiebstahl ist. Im Falle von Cybercrime sieht die Sache ein wenig anders aus. Dieses Kapitel bietet einen Überblick über die gängigen Klassifikationen, Phänomenologien und Beschreibungen, bzw. Definitionen bezüglich des Cybercrime.

3.2 Das Problem einer eindeutigen Definition

Wissenschaftssprache ist eine stark standardisierte und formalisierte Sprache. Beherrscht von Definitionen und Theorien, die das gemeinsame Verständnis einer Fragestellung oder der Beschäftigung mit einem Thema erleichtern und leiten sollen. Anders stellt sich die Situation in der Literatur zum Thema Cybercrime dar. Es gibt die unterschiedlichsten Betrachtungsweisen. Bei genauer Analyse wird offensichtlich, dass jede Begriffsbeschreibung von Cybercrime andere Aspekte umfasst, bzw. Sachverhalte anspricht. Einige Definitionen beziehen sich ausschließlich auf den Begriff ‚Computer', dies passt aber nicht mit dem Begriff der ‚Computernetzwerke' zusammen. Andererseits wird der Begriff ‚Cybercrime' oder ‚Virtual-Crime' als ein Begriff verstanden, der nur existent ist, wenn er mit dem Internet im Zusammenhang steht (Morris 2011). Grundsätzlich gibt es drei Möglichkeiten Cybercrime zu differenzieren:

Variante 1: Cybercrime im engeren Sinn (Core Cybercrime bzw. Cyberdependent Crime)
Unter diese Definition fallen alle Delikte, die es in keiner Variante offline gibt. Diese Kategorie von Cybercrime umfasst die Verletzung der Vertraulichkeit, Integrität und Verfügbarkeit von Netzwerken sowie von Geräten, Daten und Services in diesen Netzwerken. Dazu zählt Hacking, Cyber-Vandalismus, Verbreitung von Viren etc.

Variante 2: Cybercrime im weiteren Sinn (Non-cyberspecific Cybercrime bzw. Cyberenabled Crime)
Delikte, die unter diese Kategorie fallen, können auch offline existieren. Dazu zählen Delikte, wie z. B. Kreditkartenmissbrauch, Informationsdiebstahl, Geldwäsche, Vergehen gegen das Urheberrecht, Cyberstalking sowie die Nutzung, Verbreitung und Zurverfügungstellung kinderpornografischer Inhalte usw (McGuire und Dowling 2013).

Variante 3: Verschleierung der Identität
Dies betrifft Täter, die sich einen Online-Avatar zulegen, und die diese Anonymität dazu verwenden, kriminell zu handeln, bzw. Täter, die sich gestohlener Identitäten oder Fake-Identities bedienen (Kirwan und Power 2013). Dazu zählen Delikte, wie z. B. die Verbreitung von nationalsozialistischem Gedankengut in den Sozialen Medien.

3.2 Das Problem einer eindeutigen Definition

▶ **Avatar** „*Ein Avatar (Substantiv, maskulin; der Avatar) ist eine künstliche Person oder eine Grafikfigur, die einem Internetbenutzer in der virtuellen Welt zugeordnet wird, beispielsweise in einem Computerspiel. Bei einem Instant Messenger, insbesondere beim alten AOL-Dienst, sprach man von einem Buddy Icon („Kumpel-Symbol"). […] Das Wort leitet sich aus dem Sanskrit ab. Dort bedeutet Avatāra „Abstieg", was sich auf das Herabsteigen einer Gottheit in irdische Sphären bezieht. Der Begriff wird im Hinduismus hauptsächlich für die Inkarnationen Vishnus verwendet.*" (Wikipedia o. J.)

3.2.1 Andere Länder andere Sitten

Einfluss auf die Definition und das Verständnis hat der jeweils länderspezifische Rechts- und Kulturkreis. Auf dieser Basis definiert jedes Land autonom, welche Vorfälle Cybercrime-Delikte sind oder nicht. Was in einem Land als kriminell betrachtet wird, kann in einem anderen Land als nicht relevant gesehen werden (UNODOC 2013). Kshetri: „*[…] a cybercrime is defined as a criminal activity in which computers or computernetworks are the principal means of committing an offense or violation of laws, rules, or regulation*" (Kshetri 2010, S. 143). Dieser Definition folgend stellt Cybercrime eine kriminelle Aktivität dar, in der Computer oder Computernetzwerke dafür verwendet werden, eine Straftat zu begehen oder gegen Richtlinien und Regeln zu verstoßen. Diese Definition ist nicht unumstritten, denn sie bedeutet in einer strengen Auslegung, dass sobald ein Computer im Laufe eines Kriminalakts verwendet wird, auch ein Cybercrime-Delikt anfällt. Im konkreten Fall würde allein die Verabredung zu einer Straftat über E-Mail als Cybercrime-Delikt einzustufen sein. Daher ist diese Definition nicht gut handhabbar, denn bei vielen Aktivitäten des täglichen Lebens sind Computer und dessen Netzwerke im Einsatz. Das Schreiben von E-Mails, das Online-Shoppen, das Erledigen von Bankgeschäften, das Verfassen von Beiträgen in Sozialen Netzwerken, wie z. B. Facebook und dergleichen, sind ohne technologische Unterstützung nicht denkbar. Die Frage, die sich die Strafverfolgung der Länder stellen muss, lautet, ab wann eine Handlung als kriminell einzustufen ist? Wie kann man in einer vernetzten, anonymen, elektronischen Welt Beweise für kriminelles Handeln sichern? Wie können Ziel, Zweck und Ursprung der Tat verstanden und analysiert werden? Diese und weitere Fragen beschäftigen weltweit die Legislative und die Exekutive. Wenn z. B. Kreditkartendaten von einem Server, der in Nigeria steht, gestohlen werden, ist die europäische Justiz relativ machtlos, dies zu unterbinden. Eine Lösung des Problems liegt noch in weiter Ferne. Europa setzt auf gemeinsame Zusammenarbeit, setzt auf Europol. Zum Thema Cybercrime definiert Europol folgendes:

a. Die Intensität von Cybercrime hängt von kulturellen, juristischen, wirtschaftlichen und regionalen Einflussfaktoren ab;
b. traditionelle Methoden der Verbrechensbekämpfung greifen hier nicht mehr. Elektronische ‚Beweise' verteilen sich oft über mehrere Orte der Welt, was ein Auffinden der Täter erschwert;
c. in einer Welt von Cloud Computing muss sich die Legislative künftig überlegen, welche Beweise zur Verurteilung von Tätern in Frage kommen, damit eine effiziente Strafverfolgung möglich wird;
d. es bedarf einer Harmonisierung der nationalen Rechte, um eine Strafverfolgung im internationalen Umfeld zu erleichtern und
e. die Cybercrime-Prävention muss in allen Ländern im Vordergrund stehen (UNODOC 2013).

3.2.2 Unterschiedliche Wissenschaften, unterschiedliche Welten

Jede wissenschaftliche Fachdisziplin hat eine eigene Fachsprache und eigene Definitionen. Im Fall des Begriffs ‚Cybercrime' spannt sich der Bogen der Definitionen von Technik-, Rechts- und Wirtschaftswissenschaft bis hin zur Kriminologie, Psychologie und Soziologie. Diese Disziplinen haben sich übergreifend nicht auf einen einheitlichen Begriff verständigt, sodass unter dem Begriff ‚Cybercrime' maximal von einer Phänomenologie und nicht von einer Definition gesprochen werden kann. Die Technikwissenschaften beschäftigen sich unter dem Titel ‚Cybercrime' primär mit Phänomen der IT-Security und der Informatik, um durch die Entwicklung weiterer technischer Systeme, uns und unsere Umwelt sicher zu machen. Im Fokus der Forschung steht, bestehende IT-Systeme so gut als möglich vor Cyber-Angriffen zu schützen. In den Rechtswissenschaft geht es um juristische Sachverhalte, die das gesamte Spektrum der strafrechtlichen, IT-rechtlichen, datenschutzrechtlichen und anderer Dimensionen umfassen. Dabei gehen in den letzten Jahren Juristen verstärkt den Fragen nach dem Gefahreneintritt und dem Erfolg der Cyber-Attacke nach. Darüber hinaus bewerten sie den Beginn und die Vollendung des Versuches sowie die vollendete Tat. Die Wirtschaftswissenschaft beschäftigt sich mit den ökonomischen Auswirkungen von ‚Cybercrime' auf Volks- und Privatwirtschaft. 2014 wurden weltweit 42,8 Millionen Cyber-Vorfälle erfasst (Mäder 2015). Diese Zahlen zeigen deutlich, welch Schadenspotential in Cyber-Angriffen liegt und dass Volks- und Privatwirtschaft gezwungen sind, immer neuere Modelle zur Sicherstellung ihres Geschäftsgebaren zu finden. In der Diskussion wurde bislang nur über Vorfälle, nicht

3.2 Das Problem einer eindeutigen Definition

aber Schadenshöhen oder Kosten und Kennzahlen gesprochen. Wann spricht man überhaupt von Schaden, der durch Cybercrime entstanden ist?

In der österreichischen Rechtsprechung z. B. wird an materiellen Gütern nur dann ein Schaden bemessen, wenn diese Güter von der Rechtsprechung als ‚Sache' eingestuft wurden. So ist z. B. ein Hund eine Sache, für die man Schadenersatz geltend machen kann. Wenn der Hund bei einem Autounfall verletzt oder gar getötet wird, kann der Besitzer Schadenersatz anmelden.

Im Falle von Cybercrime-Delikten ist die Schadensbewertung schwieriger. Wenn einem Unternehmen Daten gestohlen oder Daten unbrauchbar gemacht wurden, bestehen rechtlich wenige bzw. sehr eingeschränkte Möglichkeiten den Schaden einzufordern. Volks- und privatwirtschaftlich muss dieser Vorfall noch differenzierter betrachtet werden. Wer trägt die Kosten, die durch einen Cyber-Angriff entstehen? Dazu können zählen z. B. Wiederherstellungskosten, Kosten für Software oder eventuell Hardware, Imageschaden, Kosten für Rechtsberatungen und dergleichen. Evidenzbasierte Studien dazu, die hierzu empirische Kennwerte liefern können, gibt es wenige. Wenn es Studien dazu gibt, muss man hinterfragen, was konkret als Schaden bewertet wird.

In der Kriminologie ist Cybercrime noch eine recht junge Disziplin, der man sich von kriminalsoziologischer und/oder kriminalpsychologischer Seite her nähern kann. Die sozialwissenschaftliche Betrachtung des Themas (also kriminalsoziologisch) legt den Fokus auf die Entwicklungen der Gesellschaft hinsichtlich der Technisierung. Die Digitalisierung der Lebenswelt – besonders durch die neuen Medien – öffnet der Cyberkriminalität neue Türen, um nicht zu sagen, neue Tore. In der Kriminalsoziologie setzt man sich z. B. mit dem möglichen kriminellen Einfluss Sozialer Medien auf die Gesellschaft oder mit den Veränderungen der Kriminalität auf die Gesellschaft und deren Alltagswahrnehmungen auseinander.

Fallbeispiel

Die Zeit, am 8. März 2015: *„Terror-Freunde gründen Facebook-Kopie. Sie [Anm. Autorin: Die Anführer des Islamischen Staats] rekrutieren über die Plattformen Kämpfer für ihren Krieg, Frauen fürs Leben unter der Burka, sie verbreiten Schrecken mit Videos von Hinrichtungen ebenso wie Propaganda und Haushaltstipps für auswärtige Bombenbastler. Und natürlich kommunizieren auch Terroristen untereinander über Facebook, Twitter und Youtube. Ein Mann, der Abu Musab heißt oder sich vielleicht auch nur bei der Wahl seines Pseudonyms vom 2006 liquidierten Terroristen Abu Musab al-Zarqawi inspirieren ließ, versucht jetzt, den digitalen Teil des IS aus der Kontrolle amerikanischer Konzerne zu lösen. Der Mann hat eine Art Facebook für das Terrorregime gegründet.*

> *Es ist im Netz unter 5elafabook.com zu erreichen. „5elafa" ist eine Abwandlung des Wortes Khalifa – beziehungsweise Kalifat – und bezieht sich in dem Fall auf den IS, den Chef-Terrorist Abu Bakr al-Baghdadi als Kalifat ausgerufen hat. (Die Ziffer „5" steht für ein „K", entsprechende Schreibweisen werden im Netz gerne verwendet)."* (Boie 2015)

Die neuen Medien haben unseren Alltag durchdrungen und bieten dabei neue Möglichkeiten der Manipulation. Sie öffnen der Cyber-Kriminalität ungeahnte neue Möglichkeiten. Die gesellschaftliche Bedrohung durch Cybercrime ist aktuell nicht abschätzbar. Damit kommt einer sozial- oder forensisch-psychologischen Betrachtung der Phänomene ein neuer Stellenwert zu. Die Kriminalpsychologie betrachtet dabei das Profil der Tätertypen oder die psychischen Auswirkungen auf die Opfer im Falle einer Cyber-Attacke.

3.3 Differenzierung nach der Art der Attacke

3.3.1 Opportunistische und zielgerichtete Attacken

Die Differenzierung nach der Art des Vorgehens ist ein wichtiges Klassifizierungs- bzw. Definitionselement. Grundsätzlich gibt es die Möglichkeit für den Angreifer zielgerichtet oder opportunistisch vorzugehen. Zielgerichtete Attacken werden in der Regel von technisch sehr gut ausgebildeten Tätern durchgeführt. Beispiel: Täter hacken das E-Banking-System einer Bank und erpressen diese, mit der Drohung die Kontendaten der Kunden zu missbrauchen. Bei opportunistischen Attacken, die mittlerweile auch enorm gefährlich sind, verbreitet eine Software Schadprogramme wie Viren und Würmen wahllos über das Internet. Ziel der Täter ist es, möglichst viele Nutzer zu schädigen, um so den Geschäftsbetrieb zu stören (Kshetri 2010). Diese Schadprogramme können mittlerweile über das Internet frei erworben werden. Bekannte Angriffswerkzeuge sind zum Beispiel IcePack, Mpack und Neosploit (Symantec 2007).

Ein klassisches Beispiel für eine opportunistische Attacke ist folgender Fall: Täter installieren auf einer Website Schadsoftware und stehlen so Log-in und Passwörter von Internetnutzern. Schadsoftware, auch unter dem Begriff ‚Malware' bekannt, ist ein Überbegriff der Klassifizierung von Cyber-Kriminalität. Aus diesem Grund wird ihr daher im Kap. 6 ‚Malware' ausführlich Betrachtung geschenkt.

▶ **Schadprogramme oder auch Malware** *„Unter den Oberbegriff Malware, was eine Wortkreation aus den Wörtern Malicious Software ist, ist bösartige Schadsoftware zu verstehen, die die IT-Sicherheit und die Funktionsfähigkeit von*

Computern und Systemen beeinträchtigt. Dazu zählen im Einzelnen Viren, Trojaner und Würmer, Flooding und DoS- und DDoS-Attacken, Spyware, Spams, Hoaxes, Rootkits usw. Bei Malware handelt es sich immer um Aktivitäten, die vom Benutzer nicht erwünscht sind und durch Robots (Bot) übertragen und verbreitet werden" („IT Wissen, Definition Schadprogramm" 2016)

3.3.2 Räuberische und marktorientierte Attacken

Fallbeispiel

Ö1, am 07.01.2016: *„Für die Karl-Franzens-Universität Graz war die Weihnachtszeit alles andere als still: Ein Hacker hatte in der Zeit zwischen Heiligabend und Neujahr 50 GB an Daten aus dem System gestohlen und ins Netz gestellt. Neben diversen Prüfungsvorlagen finden sich darunter auch Benotungen von Studenten, Bankverbindungen von Vortragenden oder Informationen über die IT-Infrastruktur und Zugriffsberechtigungssysteme."* (Zeller 2016)

Die Differenzierung der Attacken in räuberische und marktorientierte Attacken ist eine der ältesten. Bereits 1971 klassifizierte Glaser räuberische Attacken als illegal, wenn sie *„someone definitely and intentionally takes or damages the person or property of another"* (Glaser 1971). Diese Definition schließt Urheberrechtsverletzungen oder Verletzungen gegen das Copyright mit ein. Bei diesen Tatbeständen verschafft sich der Täter illegal Zugriff auf einen Computer und stiehlt Inhalte. Diese Problematik ist vor allem im Forschungs- und Entwicklungsbereich von hoher Relevanz. Die meisten Innovationsergebnisse werden online gespeichert. Das Stehlen von Wissen kann Einzelpersonen, Firmen, Unternehmen und Staaten einen erheblichen Wettbewerbsvorteil und als Geschädigter einen Wettbewerbsnachteil bringen.

Cyber-Angriffe, die marktorientiert sind, haben es sich zum Ziel gemacht, gestohlene Daten weiter zu verkaufen (Kshetri 2010). Das typische Beispiel ist der Weiterverkauf von gestohlenen Kreditkartendaten. Spätestens hier stellt sich die Frage, wie weit lässt sich der Begriff ‚Cybercrime' spannen? Wo fängt Cybercrime rein ideologisch betrachtet an? Legt man unsere Ursprungsdefinition vom Cybercrime im engeren Sinne zugrunde, ist eine digitale Urheberrechtsverletzung sehr wohl ein Cybercrime-Delikt. Einer der wohl bekanntesten Angriffe in diesem Sinne ist ‚Hacking'. Auf dieses Phänomen wird in den kommenden Kapitel noch eingegangen.

Abschließend ist zu sagen, dass es eine Vielzahl von Differenzierungsmöglichkeiten der Angriffe gibt, die aber aus heutiger Sicht noch keine eindeutige Klassifizierung der Begrifflichkeiten möglich machen.

3.4 Zusammenfassung

Es gibt keine einheitliche Beschreibung, bzw. Definition von Cybercrime. Aktuell geht man von drei Arten der Differenzierung aus, Variante 1: Cybercrime im engeren Sinn (Core Cybercrime bzw. Cyberdependent Crime): Unter diese Definition fallen alle Delikte, die es in keiner Variante offline gibt. Variante 2: Cybercrime im weiteren Sinn (Non-cyberspecific Cybercrime bzw. Cyberenabled Crime): Delikte, die unter diese Kategorie fallen, können auch offline existieren sowie Variante 3: Verschleierung der Identität: Dies betrifft Täter, die sich einen Online-Avatar zulegen und die Anonymität dazu verwenden, kriminell zu handeln, bzw. Täter, die sich gestohlener Identitäten oder Fake-Identities bedienen. Darüber hinaus kann man unter opportunistischen (Attacken, die möglichst viele Angreifer treffen sollen) und zielgerichtete (Attacken, die ein konkretes Opfer im Visier haben) Angriffe unterscheiden. Des Weiteren kann man räuberische (die digitale Beute wird selbst verwendet) und marktorientierten Attacken (die digitale Beute wird verkauft) differenzieren. Zudem unterscheiden unterschiedliche Wissenschaftsdisziplinen die Herangehensweise zu den Cybercrime-Delikten. Aus diesem Grund kann man auch nur von einer Klassifizierung oder einer Phänomenologie und nicht von einer Definition sprechen.

Literatur

Berger, M. 2016. *Kurier*, January 12. http://kurier.at/chronik/oesterreich/cybercrime-cops-stellten-internet-erpresser/174.678.381. 30.06.2018.
Boie, J. 2015. Terror-Freunde Gründen Facebook-Kopie. *Die Zeit*, 08. März. http://www.sueddeutsche.de/digital/propaganda-im-netz-terror-freunde-gruenden-facebook-kopie-1.2383051.
Glaser, D. 1971. *Social devinace*. Chicago: Markham.
„IT Wissen, Definition Schadprogramm". 2016. http://www.itwissen.info/definition/lexikon/Malware-malware.html.
Kirwan, G., und A. Power. 2013. *Cybercrime: The psychology of online offenders*. Cambridge University Press. https://doi.org/10.1017/CBO9780511843846.
Kshetri, N. 2010. *The global cybercrime industry: Economic, institutional and strategic perspectives*. Heidelberg: Springer. https://doi.org/10.1007/978-3-642-11522-6.

Literatur

Mäder, P. 2015. Zwischen Chance und Risiko. www.pwc.de/de/newsletter/finanzdienstleistung/assets/insurance-newsletter-ausgabe-dezember-2015-ger.pdf.

McGuire, M., und S. Dowling. 2013. *Cyber crime: A review of the evidence*. https://www.gov.uk/government/uploads/system/uploads/attachment_data/file/246749/horr75-summary.pdf.

Morris, S. 2011. The future of Netcrime now: Part 1 – Threats and challenges, Home Office Online Reprot 62/04. *The Guardian*, 19. März.

Symantec. 2007. Symantec reports cyber criminals are becoming. http://www.symantec.com/about/news/release/article.jsp?prid=20110907_02.

UNODOC. 2013. *Comprehensive study on cybercrime*. Wien. http://www.unodc.org/documents/organized-crime/UNODC_CCPCJ_EG.4_2013/CYBERCRIME_STUDY_210213.pdf.

Wikipedia. o. J. *Avatar*. Wikipedia. https://de.wikipedia.org/wiki/Avatar_(Internet). Zugegriffen am 12.12.2018.

Zeller, F. 2016. Uni Graz Gehackt. January 7. http://oe1.orf.at/programm/423957.

Relevante Akteure im Umfeld der Cyber-Kriminalität

4.1 Überblick

Das vorangegangene Kapitel beschäftigte sich auf der allgemeinen definitorischen Ebene mit Cybercrime. Im nachfolgenden Kapitel soll sich mit den Akteuren der Cyber-Welt auseinandergesetzt werden. Fragen, wie ‚Wer sind die Täter?', ‚Wer sind die Opfer?' ‚Von welchen Akteuren kann man im Umfeld von Cybercrime sprechen?' oder: ‚Welche Rolle spielen Government und Regulatoren?' stehen bei dieser Betrachtung im Vordergrund. Verfolgt man die Medienberichterstattung, so wird man mit den Worten Hacker, Black-Had, White-Had, Cyber-Terroristen auf der einen Seite und mit Strafverfolgungsbehörden, Interpol, CERTs auf der anderen Seite konfrontiert. Schnell merkt man, dass es um eine Multistakeholder-Landschaft geht, die die verschiedensten Akteure vereint.

4.2 Die Perspektive der Täter

Man kann gleich zu Beginn festhalten, den typischen Cyber-Kriminellen gibt es nicht. Kshertri unterschied 2010 unter dem Täterprofil u. a. externe Hacker, eigene Mitarbeiter im Unternehmen, Gruppen im Sinne der organisierten Kriminalität, Cyber-Terroristen und Staaten als Akteure von Cybercrime-Attacken (Kshetri 2010). Kochheim 2015 differenziert darüber hinaus: „*Cyber-Aktivisten (Hacktivisten), Cyber-Kriminelle, Wirtschaftsspione im Cyber-Raum, staatliche Nachrichtendienste im Cyber-Raum, staatliche Akteure im Cyber-War (Militär), Cyber-Terroristen und Skript Kiddies*" (Kochheim 2015, S. 139). Eine detaillierte Analyse von Tätergruppen und deren Motivation findet sich bei Melissa Hathaway (Hathaway 2010). Ihre Definition scheint jedoch ein wenig veraltet, betrachtet man den

Umstand, dass auch Cybermobbing, -stalking oder die Verbreitung von kinderpornografischen Inhalten immer häufiger vorkommende Delikte werden.

Das Profil der Cybercrime-Täter divergiert stark von den konventionellen Kriminalitätsdelikten. So gibt es zum Beispiel allgemeine Aussagen, wie: Die meisten Hacker in Russland sind jung, hochgebildet und arbeiten unabhängig. Hacker-Kreise agieren aus den ehemaligen Konstrukten des KGB heraus (Giannageli 2008). Dieses Profil gilt jedoch nicht für alle Regionen der Welt bzw. alle Delikte, die dem Bereich Cybercrime zugeordnet werden. Wagt man den Versuch einer Differenzierung der Täter, kann man folgende Teilbereiche unterscheiden: Delikt, Formation,[1] Motiv, Art des Angriffs, Technik und Angriffsort.

4.2.1 Hacking

Cybercrime hat unterschiedliche Ursachen und Ziele und natürlich auch Formen der Ausführung. Eine der bekanntesten darunter ist Hacking. Darunter versteht man im Wesentlichen das Einschleichen und/oder Einbrechen in ein anderes Computersystems. Nun, Einschleichen und Einbrechen sind an sich keine neue Phänomene. Betrachtet man dieses Verhalten unter dem Blickwinkel der Computerkriminalität, so hat es in den vergangenen 30 Jahren vermehrt an Aktualität gewonnen. Man differenziert Hacking in klassisches Hacking und intelligentes Hacking. Klassisches Hacking umfasst das Eindringen in ein Computersystem unter zur Hilfenahme von Programmen. Also eine Person/ein Angreifer dringt mit einer Software in das Computersystem eines anderen ein. Darüber hinaus gibt es das intelligente Hacking (Kochheim 2015). Darunter ist das sogenannt Social Engineering zu verstehen.

▶ **Social-Engineering** *„Der Begriff „Social Engineering" bezeichnet eine Vorgehensweise, bei der die Schwachstelle Mensch ausgenutzt wird. Oft werden dabei Mitarbeiter eines Unternehmens mit einem Trick überredet, die normalen Sicherheitsvorkehrungen zu umgehen und sensible Informationen preiszugeben"* (Rouse 2006).

Mittels Sozialtechniken, wie z. B. Manipulation, und Ausspähen von Informationen nutzen Täter menschliche Schwächen aus, umso zu Informationen zu kommen. Das kann auch offline geschehen.

---

[1] Damit ist gemeint, in welcher Art der Gruppierung die Täter auftreten, z. B. Einzeltäter, Gruppentäter mafiös organisiert, Kollektive etc.

Beispiel: Der Täter hat durch Gespräche mit der Sekretärin ihr persönliches Passwort herausbekommen. Nun kann er sich auf das firmeninterne Computersystem Zugriff verschaffen.

Im Laufe der Zeit hat sich neben den technischen und nicht-technischen Methoden des Hackings eine eigene Industrie entwickelt, die es sich zum Ziel gesetzt hat, Dienstleistungen rund um das Hacken anzubieten. Dazu werden unterschiedlichste Techniken und Methoden genutzt, um gewünschte Informationen zu erhalten. Diese Dienstleistung kann man zumeist über eigene Foren im Darknet erwerben.

▶ **Darknet** Dark Web steht für den Bereich des Internets, den man nicht über Suchmaschinen, wie Google, Bing u. v. m. finden kann. Das Darknet ist ein verschlüsselter Bereich im Deep Web, der es ermöglicht, anonym im Internet zu agieren. Das ist an sich nicht illegal, dennoch kann es für illegale Handlungen genutzt werden.

4.2.2 Der Hacker

> **Fallbeispiel**
>
> Kevin Mitnick: Er durchlief die Karriere vom Hacker zum Sicherheitsberater. Zu Beginn der Ära der Computertechnik machte er sich sein Wissen zu Nutze und brach in die Computersysteme von verschiedenen Firmen, wie z. B. Motorola, der Universität von South California und dergleichen ein. Nach einer langen Haftstrafe (1999) ist er aktuell einer der profiliertesten und am besten bezahlten IT-Sicherheitsberater sowie Autor zahlreicher Bücher (Kirwan und Power 2013).

In den frühen 1950er-Jahren wurden die ersten Fälle von Hacking bekannt und als kriminelles Handeln wahrgenommen. Die damaligen Täter versuchten sich unautorisiert Zugriff auf ein Computersystem zu verschaffen (Kirwan und Power 2013). Mittlerweile gibt es eine Vielzahl an Definitionen, die eine Klassifizierung des Begriffes vornehmen, die vor allem auf die zahlreichen Subkulturen der Hacker-Szene zurück zu führen sind. ,Hacking' war nicht von Beginn als kriminelle Handlung zu verstehen. Die ersten Versuche, den Begriff näher zu erläutern, gehen auf Studenten des Tech Model Railroad Club (TMRC) am Massachusetts Institute of Technology (MIT) in das Jahr 1955 zurück, die das Finden einer kreativen Lösung zu einem technischen Problem als ,hack' bezeichneten. Diese Vorgehensweise an sich ist noch nicht als kriminell zu bezeichnen. In schnellen Zügen entwickelte sich eine Subkultur, die es sich zum Ziel setzte, ‚Schwachstellen' in einem System zu suchen und die Welt damit zu verbessern. Aus dieser Strömung entstanden eine eigene Sprache, ‚hacker-jargon', sowie eigene Vorstellungen von Ethik und Werte (Krömer und Sen 2011).

Erst in den 1960er-Jahren etablierte sich eine kriminelle Szene, die durch Hacking einen finanziellen Gewinn erzielen wollte. Ab diesem Zeitpunkt differenzierte man in zwei Kategorien, nämlich ‚hacking' und ‚cracking', wobei ‚cracking' den kriminellen Teil darstellte (Kirwan und Power 2013). In den 1970er-Jahren machte das Manipulieren von Telefonverbindungen ‚phreaking' verstärkt Schule. Dabei manipulierten die Täter die Telefonleitung so, dass sie vor allem bei Auslandsgesprächen kostenlos telefonieren konnten (Witte 2013; Bässmann 2015). Diese Eingriffe funktionierten solange, bis bei den Telekommunikationsanbietern die Digitalisierung einzog.

Im Zuge der Entwicklung des Hacker-Phänomens wurde es immer undurchsichtiger, was nun ‚gute' oder ‚böse' Hacker waren und man begann die Begrifflichkeiten weiter zu differenzieren. Es entstanden die Begriffe ‚white-hat', ‚black-hat' und ‚grey-hat'. White-hat-Hacker verstehen sich als Personen, die auf der Suche nach Schwachstellen in Systemen sind. Ihr primäres Interesse liegt nicht in der Umsetzung krimineller Ziele, sondern sie wollen die Unternehmen auf Schwachstellen aufmerksam machen. Weltweit agierende Unternehmen, wie z. B. Google, bezahlen mittlerweile dafür, wenn Personen Sicherheitslücken in ihrem System finden. So macht man sich die Fähigkeiten der white-hats auch im Big-Business zu nutze. Im Gegensatz dazu agieren die ‚black-hat-Hacker' mit dem Motiv Schaden anzurichten und unautorisiert auf Systeme zuzugreifen. Dabei können sie Daten stehlen, die Software bzw. ganze Systeme stilllegen können. Das Ziel des Angriffs ist immer der finanzielle Gewinn, über eine Bloßstellung oder eine Erpressung. Grey-hat-Hacker hingegen agieren zwischen gesellschaftlich verantwortlichem und kriminellem Verhalten. Mittlerweile ist eine Vielzahl von Unterbegriffen entstanden, die die Hackerszene beschreiben.

Es entstanden Begriffe wie, z. B. Ethical-Hacker, Skript-Kiddies, Cyber-Punks (Kirwan und Power 2011). An dieser Stelle sei nochmals auf die Skript-Kiddies im Speziellen hingewiesen. Der Name Skript-Kiddies stammt aus der Hacker-Bewegung und beschreibt Personen, die ohne Fachausbildung sich das IT-Wissen selbst beigebracht haben. Sie hacken sich in IT-Systeme und gelten als unberechenbar und werden von der Exekutive als Trittbrettfahrer betrachtet (Kochheim 2015). Die Bezeichnung Skript-Kiddies beinhaltet keine Angaben hinsichtlich des Alters.

Hacktivismus hat sich zu einem neuen Phänomen entwickelt. Heutzutage versteht man darunter eine Kombination aus politischen, ethischen, moralischen oder weltanschaulichen Motiven, die über das Internet und anderen Elementen verbreitet werden. Es handelt sich um gesellschaftlich organisierte Aktivitäten, die dem Cyberwar schon sehr nahe kommen.

▶ **Cyberwar –Cyberkrieg** Dabei handelt es sich um eine kriegerische Auseinandersetzung zwischen Staaten oder Institutionen im virtuellen Raum, die mit Mitteln der Informationstechnologie geführt wird. In der Regel erfolgt der Cyberwar jedoch durch die Manipulation von Computern und Netzwerken. Dazu gehören beispielsweise das Eindringen in fremde Computersysteme, das Ausspionieren von Informationen, Löschen oder Verändern von Inhalten zur Destabilisierung oder zu Propagandazwecken, die Fernsteuerung von fremden Computersystemen, das Einschleusen von kompromittierter Soft- oder Hardware, die fehlerhaft arbeitet und das Stören von wichtigen Diensten und Kommandostrukturen (Schmitz 2017).

Man denke beispielsweise an die Angriffe gegen die Länder Litauen und Georgien 2008. Die Protagonisten waren nicht nur Militärs, sondern auch machtvolle kriminelle Organisationen, Aktivisten, Terroristen und Wirtschaftsunternehmen. Paget unterscheidet des Weiteren drei Arten von Hacktivisten (Paget 2012):

a. **Anonymous:** Diese Hackerbewegung ist aktuell in den Medien die bekannteste. Anonymous steht für ein freies Internet und einen freien Informationsfluss. Sie veröffentlicht Daten, die von vielen lieber verheimlicht werden. Mit ihren Methoden beeinflussen sie auch politische Bewegungen.
b. **Cyberoccupiers:** In dieser Bewegung findet man die wahren Aktivisten. Sie nutzen hauptsächlich das Internet und da vor allem soziale Netzwerke, um Beziehungen aufzubauen und Informationen und Propaganda zu streuen. Oft leisten Sie damit auch politischen Widerstand gegen Machthaber. Sie sehen ihre Arbeit als einen Beitrag zur Stärkung und Wahrung der Demokratie.
c. **Cyberwarriors:** Unter dieser Gruppierung versteht man in erster Linie Patrioten, die sich als ‚Cyber-Armee' zusammenschließen. Sie verunstalten Webseiten und kämpfen mit ‚Cyber-Waffen' gegen andere Gruppierungen, die nicht ihrer Meinung sind.

4.2.2.1 WikiLeaks – Anonymous

Fallbeispiel

WikiLeaks wurde 2006 von dem Australier Julian Assange gegründet. Sein Motiv war eine Plattform zu gründen, die von Staaten verschwiegene Informationen an die Öffentlichkeit zu den Bürgern bringt. So wurde WikiLeaks ein Intermediär zwischen der Öffentlichkeit und Whistleblower, also Menschen, die geheime Informationen nach außen tragen. So wurden zahlreiche als geheim eingestufte Informationen, beispielsweise geheime Dokumente über den Irakkrieg, nach außen getragen (Paget 2012).

Die Bildung von Hackerkollektiven ist eine aktuelle Bewegung. Hackerkollektive finden sich zusammen und haben bestimmte gemeinsame strategische Ziele im Fokus. Beispiele dafür sind WikiLeaks oder Anonymous (Kochheim 2015). WikiLeaks versteht sich beispielsweise als Whistleblowing-Plattform, die es sich zum Ziel gesetzt hat, geheime, staatliche oder öffentliche Dokumente an die Öffentlichkeit zu bringen.

▶ **Whistleblowing** ist englisch und bedeutet sinngemäß „etwas aufdecken". Es werden Hinweise auf Missstände in Behörden, Unternehmen, öffentliche Verwaltungen etc. gegeben. Der Whistleblower ist oft Mitarbeiter oder ehemaliger Mitarbeiter, der Insiderwissen hat. Er informiert zumeist Medien oder direkt die Öffentlichkeit (Tab. 4.1).

Die Aktivitäten von WikiLeaks werden von Behörden wie der CIA oder NSA stark kritisiert. Aber auch WikiLeaks selbst beklagte, zum Opfer von Cybercrime geworden zu sein. So wurden DDoS-Attacken auf die Plattform ausgeübt, die man dem US-amerikanischen Geheimdienst zuordnet. 2010 ordneten die US-amerikanischen Behörden die Sperrung der Domain *wikileak.org* an. Zahlreiche Banken folgten dem Aufruf der US-Behörden und sperrten die Konten von Julian Assange. Das Resultat dieser Aktionen war, dass unzählige Kopien der Website wikileak.org angelegt wurden und nun die Inhalte der Website nicht mehr löschbar sind (Kochheim 2015). Gegen den Gründer – Julian Assange – wurde 2012 ein Haftbefehl ausgesprochen – von schwedischen Behörden wegen Vergewaltigung. Das Verfahren wurde 2017 eingestellt. Aktuell wird in den Medien über eine Auslieferung Julian Assanges nach Amerika diskutiert.

Tab. 4.1 Beispiele für WikiLeaks-Aktivitäten (Paget 2012; „WikiLeaks" 2016)

Jahr	Veröffentlichung
2007	Vernehmungsbücher vom Jahr 2003 vom Gefängnis Guantanamo der US Army
2008	Ein internes Dokument- quasi ein „Geheimbuch" der Scientology-Church
2009	Eine Zusammenfassung der Verhöre des Pädophilen Marc Dutroux aus Belgien
2010	Tagesprotokolle des US Militärs aus dem Afghanistankrieg
2012	E-Mails von syrischen Politikern wurden veröffentlicht
2015	Veröffentlichung von Geheimdokumenten, die belegen, dass Staatsoberhäupter, wie z. B. Angela Merkel bespitzelt werden

4.2 Die Perspektive der Täter

▶ **DDoS-Attacke** (Distributed-Denial-of-Service-Attacke) Dies ist eine spezielle Angriffsart, die bestimmte Dienste einer IT-Infrastruktur blockieren. Beispielsweise kann ein Webshop mit einer DDoS-Attacke angegriffen werden. Dann ist dieser Webshop nicht mehr online und der Inhaber kann während dieser Zeit nichts verkaufen. Die Hacker nutzen oft diese Art der Cyber-Kriminalität, um von ungeschützten Unternehmen Lösegelder zu erpressen.

Zahlreiche Aktivitäten, die WikiLeaks unterstützen, wurden von dem Hackerkollektiv Anonymous durchgeführt. Die Ursprünge von Anonymous liegen im Jahr 2003, wo sich eine Subkultur der Website http://www.4chan.org/ (ein Bildforum aus dem Bereich der Manga-Kultur) bildete. Auf dieser Website kann man, ohne sich zu identifizieren, Bilder posten und kommentieren. Alle Aktivitäten sind daher anonym. Darüber hinaus frequentierten die Mitglieder des Kollektivs häufig die Website https://encyclopediadramatica.se/. Die Website versteht sich als eine Satireplattform, die nach dem Vorbild von Wikipedia agiert. Hier werden Inhalte satirisch und schockierend verrissen.

Im Jahr 2006 startete Anonymous seinen ersten großen Coup, der unter den Namen ‚Habbo-Razzia' bekannt wurde. Koordiniert über 4chan, verwendeten sie Avatare und stellten schwarze Amerikaner in grauen Anzügen in der virtuellen Welt des Habbo-Hotels dar. Als Motiv benannten die Täter Spaß. Eines der Hauptziele von Anonymous seit 2008 ist es, das Geschäftsgebahren der Scienotology-Church zu behindern. Dies geschah z. B. durch die Veröffentlichung von Videos und Dokumenten im Netz (Paget 2012).

2010 richtete die Gruppierung einen Angriff gegen Unternehmen, die gegen Urheberrechtsverletzungen vorgingen. Die Aktion ist unter dem Titel ‚Payback' bekannt. Mittels DDoS-Attacken attackierten die Internet-Aktivisten Websites diese Unternehmen oder Unternehmen, die die Finanzdienstleistungen mit WikiLeaks eingestellt hatten. Betroffen waren bspw. Visa-Card oder Master-Card („‚Anonymous' Meldet Sich Zu Wort" 2010). Neben den Online-Aktivitäten versucht die Gruppe auch sich im realen Leben Gehör zu verschaffen. Sie veranstalten Demonstrationen, bei denen sie mit immer gleichen Masken auftreten. Anlässe für die Proteste waren z. B. Demonstrationen gegen die Scientology-Church oder für WikiLeaks (Paget 2012).

Allgemein kann man sagen, dass Gruppierungen wie Anonymous durchaus ernst zu nehmen sind. Wenn sie sich ein Ziel gesetzt haben, können sie mit gezielten Cyber-Attacken Unternehmen tagelang blockieren und den Betrieb nachhaltig stören. Aktuell kann man die Bedrohung bzw. das Bedrohungspotenzial durch sie nur begrenzt bewerten, da es oft an einem genauen gemeinsamen Ziel fehlt. Nichtsdestotrotz bietet die Vereinigung ein Auffanglager für Skript-Kiddies und

Abb. 4.1 Anonymous. © geralt/pixabay/CCO-Lizenz (Geralt o. J.)

Personen, die unter dem Deckmantel der Anonymität, Anliegen der Gruppe unter der Zuhilfenahme von Cyber-Angriffen verwirklichen wollen. Die Motive können unterschiedlichster Natur sein und bringen die gesellschaftlichen Anliegen einer Cyber-Generation zum Ausdruck (Abb. 4.1).

4.2.3 Die Erstellung eines Täterprofils im Bereich Cybercrime

Die Kriminologie, im Speziellen die Kriminalpsychologie, beschäftigt sich seit Jahrzehnten mit der Erstellung von Täterprofilen. Der Ursprung des Profilings liegt in der Absicht, Gewaltverbrecher besser verstehen und auffinden zu können. Steht das Auffinden von Cyber-Kriminellen im Fokus, müssen unterschiedliche Facetten betrachtet werden. Zum einen muss die Frage beantwortet werden, was konkret unter Cyber-Kriminalität fällt und wie sich die unterschiedlichen Angriffsarten unterscheiden, sodass ein Profil von Tätern erstellt werden kann?

Eine Vielzahl von Autoren hat sich mit der Erstellung eines typischen Hackerprofils beschäftigt. Gute Zusammenfassungen dazu finden sich in den Arbeiten von Kirwan und Power (2013), (UNODOC 2013) sowie Bässmann (2015). Allen gemeinsam ist die Aussage zum Profil von Cyber-Kriminellen, dass es kein einheitliches Profil gibt. Das Profil ist immer individuell vom Delikt, Motiv und von der aktuellen Technologieentwicklung abhängig. War noch vor einigen Jahren der typische Cyber-Kriminelle zwischen 30 und 40 Jahre alt, so stellen aktuell die 14- bis 30-Jährigen den Großteil. Versucht man trotzdem ein allgemeines Bild zu zeichnen, so findet man unter den Kriminellen mehr Männer als Frauen. Das verwundert nicht weiter, weil Männer generell häufiger kriminell werden und auch eine größere Technikbegeisterung aufweisen. Die aktuellen Studien sprechen von einem maximalen Frauenanteil bis zu 24 %. Nimmt man den Ausbildungsgrad der Täter unter die Lupe, so kann man festhalten, dass die Ausbildung durchschnittlich ist. Cyber-Kriminelle haben nicht von Beginn an eine hochqualifizierte Ausbildung im IT Bereich (Huber und Pospisil 2017).

Weitere Studien beschäftigen sich mit dem familiären Hintergrund der Täter. Die Autoren sehen die Cyber-Kriminellen als benachteiligt bzw. problembelastet oder aus dysfunktionellen Familien (z. B. alleinerziehend, Scheidung, Alkoholabhängigkeit, Adoptionen etc.) stammend an (Anderson et al. 2013). Dennoch werden sie in der finanziellen Mittelschicht verortet. Sie sind in einer eigenen Community z. B. Hackerforen gut integriert. Als Kommunikatoren sind sie eher zurückhaltend, der Austausch findet ausschließlich in der Community statt (Kirwan und Power 2011). Die meisten Studien beinhalten keine Spezifizierung innerhalb der Cybercrime-Delikte, wie beispielsweise auf Social-Engineering, Organisierte Kriminalität oder auf Wirtschaftskriminalität, was den Schluss zulässt, dass man sich die Profile, wie vorhin erwähnt, nach Delikt und Technologieentwicklung gesondert ansehen muss. Fasst man die oben zitierten Studien zusammen, so kann man die Täter nach folgender Typologie differenzieren (Tab. 4.2).

4.2.4 Delikte

Eine Unterscheidung nach Delikten gelingt nur im Kontext des jeweiligen juristischen Rahmens der Nationalstaaten. Der Differenzierung liegt die Zuordnung nach dem jeweils gültigen Strafgesetzbuch zugrunde. Hier ist es relativ wichtig, sich alle Paragraphen genau anzusehen, die in einem Land unter dem Sammelbegriff ‚Cybercrime' subsumiert werden. Da diese in jedem Land anders definiert werden, kann man nicht von einem typischen ‚Cyber-Kriminellen' sprechen.[2] Viele Delikte

---

[2] Paragraphen unter dem Bereich ‚Cybercrime' im StGB (Strafgesetzbuch) gelistet: §§ 118a: Widerrechtlicher Zugriff auf ein Computersystem, 119: Verletzung des Telekommunikationsgeheimnisses und 119a: Missbräuchliches Abfangen von Daten, 126a: Datenbeschädigung,

Tab. 4.2 Differenzierung der Täter

Art der Differenzierung	Beschreibung	Beispiel
Delikt	In der Differenzierung nach Delikten geht es um eine strafrechtliche Unterscheidung. Man betrachtet den juristischen Sachverhalt.	Das Durchführen einen DDoS-Attacke, ist im Sinne des jeweilig zutreffenden Paragraphen des Strafgesetzbuches strafbar.
Formation	In welcher Gruppierung die Tater auftreten. Einzeltäter, Gruppentäter oder Staaten.	Russische und chinesische Betrüger schließen sich zusammen und stehlen online Geld von einer Bank in Australien.
Motiv	Mit welchem Motiv begründet der Täter die Tat. Motive sind extrinsischer (z. B. wirtschaftliche, terroristische) oder intrinsischer (z. B. persönlich, Rache) Natur.	Ein Mitarbeiter stiehlt unternehmensinterne Daten vom Laufwerk eines Vorgesetzten und spielt diese der Konkurrenz zu.
Art des Angriffs	Ungerichtete, gezielete und skalpellartige Angriffe	Ungerichteter Angriff: z. B. ein SPAM-E-Mail erhalten; Gezielter Angriff: z. B. einen Konkurrenten ausspionieren; Skalpellartiger Angnff: z. B. massive Schädigung einer IT-Infrastruktur.
Angriffsort	Klärt von wo aus der Angriff organisiert wird. Inland oder Ausland.	Österreichische User laden sich illegal Videos mit kinderpornografischen Inhalt auf ihren PC.

werden jedoch juristisch nicht unter dem Sammelbegriff geführt und finden deshalb keine Erwähnung in öffentlichen Statistiken. In Österreich wäre dies beispielsweise § 107c StGB: *„Fortgesetzte Belästigung im Wege einer Telekommunikation oder eines Computersystems"* (RIS 2015). Sobald der juristische Rahmen geklärt ist, kann man die Cybercrime-Fälle, wie schon in Kap. 2 beschrieben, nach Cybercrime im engeren Sinn (Core Cybercrime bzw. Cyberdependent Crime),

---

126b: Störung der Funktionsfähigkeit eines Computersystems und 126c: Missbrauch von Computerprogrammen, 148a: Betrügerischer Datenverarbeitungsmissbrauch sowie 225a Datenfälschung. In den vergangenen Jahren kamen noch 207a: Kinderpornographie (Pornographische Darstellung Minderjähriger) sowie 208a: Anbahnung von Sexualkontakten zu Unmündigen (seit Jänner 2012) dazu.

Cybercrime im weiteren Sinn (Non-cyberspecific Cybercrime bzw. Cyberenabled Crime) und Verschleierung der Identität kategorisieren.

4.2.5 Formation

Man unterscheidet ganz allgemein Einzeltäter und Gruppentäter. Das begrenzte Wissen der Forschung und der Praxis über Täter im Bereich Cybercrime bezieht sich ebenfalls auf die Strukturen krimineller Gruppen bzw. Netzwerke, die im Cyber-Raum operieren, beziehungsweise von Einzeltätern, die von der Exekutive gefasst wurden. Auch wenn etwa ein Großteil der Befragten im britischen Commercial Victimisation Survey 2012 und 2014 davon ausgingen, dass ihre jüngsten Vorfälle von Online-Kriminalität durch eine organisierte Gruppe Krimineller und nicht von Einzeltätern begangen wurde, liegen dafür keine wissenschaftlichen unabhängigen Bestätigungen vor („British Commercial Victimisation Survey" 2014). Studien aus dem anglofonen Raum gehen davon aus, dass der größte Anteil an Cyber-Kriminalität im engeren Sinn über eine ‚Art von organisierter Kriminalität' stattfindet. Darunter fallen vor allem Delikte, wie zum Beispiel: Erpressung, Geldwäsche, Online-Gaunereien, Kreditkartenfälschung und Online-Betrug (McGuire und Dowling 2013).

Eine eindeutige Aussage, wie Täter bzw. Tätergruppen agieren, ist aktuell nicht möglich. Das hängt zum einen daran, dass es keine eindeutige Regelung gibt, welche Delikte unter dem Sammelbegriff ‚Cybercrime' subsummiert werden. Ein Beispiel dafür – wie das Bild verzerrt werden kann – ist der § 148a StGB, Betrügerischer Datenverarbeitungsmissbrauch. Sobald jemand offline eine Kreditkarte stiehlt, zum Beispiel aus einer Geldbörse, und damit versucht Geld zu beheben, wird der Täter unter diesem Paragrafen angeklagt. Was hat das mit Cybercrime zu tun? Nun, die Frage ist berechtigt und historisch gewachsen. Der potenzielle Einkauf mit der Kreditkarte ist dann betrügerische Datenverarbeitungsmissbrauch, wenn illegal auf ein IT-System – in dem Fall den Bankomaten – zugriffen werden kann. Auf Basis dieser Logik wandern immer mehr Alltagsdelikte, die unter Kleinkriminalität fallen, in den Bereich Cybercrime.

In Österreich werden Cybercrime-Delikte seit dem Jahr 2006 erfasst. Augenfällig ist dabei, dass die Klassifizierung darüber, was tatsächlich Cybercrime ist, stetig neu definiert werden muss. Um nun den Bogen wieder zur Formation zu spannen: Natürlich gibt es im weltweit agierenden Netz der Cyber-Kriminalität mafiaähnliche Strukturen. Auf länderspezifischer Ebene gibt es aber auch Täter, die in Gruppen auftreten, aber eben auch eine Vielzahl von Einzeltätern. Grundsätzlich kann man sagen, je komplexer die Angriffe, desto eher trifft man auf Täter, die in einer Gruppe agieren.

4.2.6 Motive

Die Motive, bzw. die Motivation, die hinter einer Tat stehen, beschäftigen Wissenschaftler und Autoren gleichermaßen. Es wurden schon zahlreiche Wissenschaftsbücher und Romane geschrieben, die diesem Thema nachspüren. Im Allgemeinen unterscheidet die Sozialpsychologie intrinsische und extrinsische Motive.

a. Intrinsische Motive
Die intrinsische Motivation leitet den Täter von seinen persönlichen und eigenen Interessen heraus. Durch die Tat erfährt er eine Befriedigung. Lindberg unterscheidet dabei zwei Arten der intrinsischen Motivation (1) die persönlich Genuss bzw. Spaß bereitende intrinsische Motivation und (2) die intrinsische Motivation, die aus einem gemeinschaftlichen Interesse heraus geboren wird (Lindberg 2001).

1. Die persönlich Genuss bzw. Spaß bereitende Motivation: Diese intrinsische Motivation befeuert Täter, die die Cyber-Attacke nicht wegen eines finanziellen Gewinns durchführen. Der Treiber dieser Motivation ist es, Spaß daran zu haben beispielsweise ein gewisses System technisch zu knacken, oder sich rächen zu können. Es geht also um den Akt der Durchführung, der den Tätern Freude bereitet.
2. Die intrinsische Motivation aus einem gemeinschaftlichen Interesse heraus zielt zwar ebenso wie (1) nicht auf die persönliche Bereicherung ab, es gibt jedoch ein Gruppen- bzw. Gemeinschaftsziel, das diese Motivation begründet (Kshetri 2010). Hier gilt es als Kollektiv aufzutreten und die Ideale und die Ziele des Kollektivs zu vertreten. Als Beispiel dafür sei an dieser Stelle die Flow-Theorie genannt.

Die Flow-Theorie
Csikszentmihalyi entwickelte in den 1970er-Jahren vor dem Hintergrund der Begeisterung für Risikosportarten die Flow-Theorie. Im Zusammenhang mit intrinsischen Motivationen bezeichnet Flow das Gefühl der völligen Vertiefung, des vollständigen Aufgehens und der vollkommenen Begeisterung in einer Tätigkeit, in der alle anderen Bedürfnisse, wie Durst und Erschöpfung, und alles über die Tätigkeit hinaus gehende, nicht wahrgenommen wird (Csikszentmihalyi et al. 2005). Heute findet dieser theoretische Ansatz auch Anwendung, wenn es weit über sportliche Aktivitäten hinausgeht. Intrinsische Motive ein Cybercrime-Delikt zu verüben, können auch über diesen Ansatz interpretiert werden. Die Täter bringen sich in einen Flow-Zustand, der ihnen Befriedigung bringt, die Attacke verübt zu haben.

4.2 Die Perspektive der Täter

> **Fallbeispiel**
> Futurezone, am 18.11.2015: *„Die Hacker-Gruppierung Anonymous verzeichnet erste Erfolge im Kampf gegen die Terror-Organisation Daesh, auch bekannt als IS oder ISIS. Der Twitter-Account OpParis berichtet, dass im Rahmen der gleichnamigen Aktion bereits 5500 Twitter-Nutzer, die im Zusammenhang mit Daesh stehen, gelöscht wurden. Laut der britischen Tageszeitung The Independent wurden zudem auch Listen mit Webseiten, Twitter- und Facebook-Konten von Daesh-Mitgliedern veröffentlicht. Zumindest ein Europäer, der Mitglieder für Daesh anwirbt, wurde laut dem Independent bereits öffentlich von Anonymous enttarnt."* (Redaktion 2015)

b. Extrinsische Motive:
Die extrinsische Motivation hat ihren Ursprung in von außen geleiteten Reizen. Das eigene Handeln wird als Baustein für das Erreichen einer externen Zielstellung gesehen, wie z. B. dem Geld verdienen. Des Weiteren unterscheidet McClelland folgende Grundmotive für die Erreichung von Zielen (McClelland 1987) (Abb. 4.2).

Zusammenfassend ist davon auszugehen, dass das Schädigen eines Dritten bzw. das Erzielen eines finanziellen Erfolges bei den extrinsischen Motiven im Vordergrund steht. Menschliches Verhalten wird in den meisten Fällen von mehreren Motiven heraus gesteuert, so ergeben sich also immer Vorgehensweisen, die durch intrinsisches und extrinsisches Verhalten gesteuert werden (Lindberg 2001). Es gibt beispielsweise Situationen, in denen ein Täter wirtschaftlichen Erfolg hat und trotzdem Spaß daran hat, das Opfer zu schädigen.

4.2.7 Art des Angriffs

Betrachtet man Cybercrime als Angriff, stellt sich schnell die Frage, welche Arten des Angriffs es gibt. Zur Beantwortung der Frage gilt es zwischen Cybercrime im engeren Sinn und Cybercrime im weiteren Sinn zu unterscheiden.

Cybercrime im engeren Sinn
Für eine Betrachtung der Cybercrime-Delikte im engeren Sinn kann man sich an der Darstellung des deutschen BSI orientieren. Das Bundesamt für Sicherheit in der Informationstechnik hat erstmals eine technische Klassifizierung der Cybercrime-Angriffe durchgeführt und unterscheidet in drei Angriffsklassen (Abb. 4.3).

Abb. 4.2 Grundmotive des Menschen nach McClelland (1987)

a. Ungerichtete Angriffe
Unter ungerichteten Angriffen versteht das BSI alle Angriffe, die jeden treffen könnten, wie z. B das Erhalten eines SPAM-E-Mails oder eines Computervirus. Für den Angreifer ist die Zielgruppe unspezifisch. Die Intention hinter dem Angriff ist es möglichst viele Personen zu schädigen. Historisch gesehen, fallen unter diese Art alle Angriffe, die untern dem Begriff ‚Phishing' bekannt geworden sind.

▶ **Phishing-Attacken** *„Phishing bedeutet, dass Daten von Internetnutzern bspw. über gefälschte Internetadressen, E-Mails oder SMS abgefangen werden. Die Absicht ist, persönliche Daten zu missbrauchen und Inhaber von Bankkonten zu schädigen. Der Begriff Phishing ist angelehnt an fishing (engl. für Angeln, Fischen) in Verbindung mit dem P aus Passwort, bildlich gesprochen das Angeln nach Passwörtern mit Ködern. Begriffstypisch ist dabei die Nachahmung des Designs einer vertrauenswürdigen Website."* (Siller 2016a)

1996 wurden die ersten Phishing-Attacken bekannt. Die Technik hinter den Attacken war relativ simpel: die Täter verwendeten E-Mails mit Eingabefeldern oder Links, die zunächst nur zu Webseiten führten, die entweder wie das Original-Portal aussahen, oder ein Formular für Texteingaben hatten. Mittlerweile hat sich die

4.2 Die Perspektive der Täter

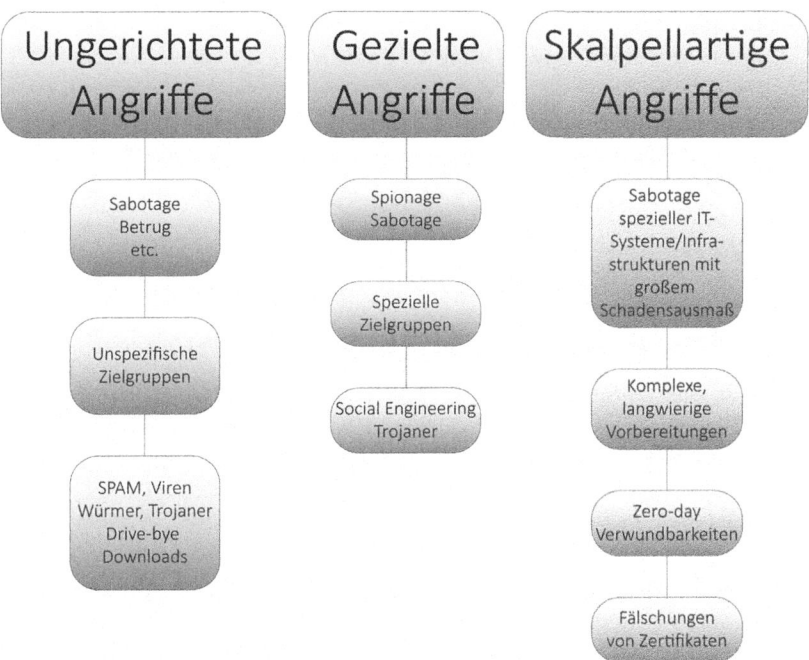

Abb. 4.3 Struktur von Cyber-Angriffen im eigentlichen Sinn (Bundesministerium für Inneres 2015)

Technik weiter entwickelt. Die Täter verwenden heutzutage Malware, um ihre Aktivitäten im Netz umzusetzen. Phishing-Mails sind eine ernst zu nehmende Bedrohung, die vor allem Unternehmen treffen kann. Durch gezielte Aufklärungskampagnen (Awareness) schulen daher viele Unternehmen ihre Mitarbeiter, um Phishing-Mails rechtzeitig zu erkennen. Typische Merkmale von solchen E-Mails sind falsche Absende-E-Mail-Adressen, Rechtschreibfehler im Text oder eine falsche Anrede.

▶ **SPAM** Die Täter senden Massen-E-Mails (SPAM) an zigtausende Personen aus. Zumeist sind es Aufrufe, Personen in Not Geld zu überweisen. Die Beträge sind zumeist klein, doch in der Summe ergibt sich dann ein großer Gesamtschaden. Oft werden dazu missbräuchlich erworbene E-Mail-Adressen verwendet. In vielen Fällen werden dazu die Absendeadressen von Behörden, Banken oder öffentliche Stellen verwendet. Im Folgenden dazu ein abstruses Fallbeispiel über einen nigerianischen Astronauten, der in Russland festsitzt.

Fallbeispiel

„*Subject: Nigerian Astronaut Wants To Come Home*
   Dr. Bakare Tunde
   Astronautics Project Manager
   National Space Research and Development Agency (NASRDA)
   Plot 555
   Misau Street
   PMB 437
   Garki, Abuja, FCT NIGERIA
   Dear Mr. Sir,
   REQUEST FOR ASSISTANCE-STRICTLY CONFIDENTIAL

I am Dr. Bakare Tunde, the cousin of Nigerian Astronaut, Air Force Major Abacha Tunde. He was the first African in space when he made a secret flight to the Salyut 6 space station in 1979. He was on a later Soviet spaceflight, Soyuz T-16Z to the secret Soviet military space station Salyut 8T in 1989. He was stranded there in 1990 when the Soviet Union was dissolved. His other Soviet crew members returned to earth on the Soyuz T-16Z, but his place was taken up by return cargo. There have been occasional Progrez supply flights to keep him going since that time. He is in good humor, but wants to come home.

In the 14-years since he has been on the station, he has accumulated flight pay and interest amounting to almost $ 15,000,000 American Dollars. This is held in a trust at the Lagos National Savings and Trust Association. If we can obtain access to this money, we can place a down payment with the Russian Space Authorities for a Soyuz return flight to bring him back to Earth. I am told this will cost $ 3,000,000 American Dollars. In order to access the his trust fund we need your assistance.

Consequently, my colleagues and I are willing to transfer the total amount to your account or subsequent disbursement, since we as civil servants are prohibited by the Code of Conduct Bureau (Civil Service Laws) from opening and/or operating foreign accounts in our names.

Needless to say, the trust reposed on you at this juncture is enormous. In return, we have agreed to offer you 20 percent of the transferred sum, while 10 percent shall be set aside for incidental expenses (internal and external) between the parties in the course of the transaction. You will be mandated to remit the balance 70 percent to other accounts in due course.

Kindly expedite action as we are behind schedule to enable us include downpayment in this financial quarter.

Please acknowledge the receipt of this message via my direct number 234 (0) 9-234-2220 only.

Yours Sincerely, Dr. Bakare Tunde
Astronautics Project Manager
tip@nasrda.gov.ng
http://www.nasrda.gov.ng/" (Mansholt 2016)

In vielen Fällen schildern die Täter, dass sie Personen wären, die in Not geraten sind und eine Spende erbitten. Viele Betroffene erkennen diese E-Mails und lassen diese durch ihren SPAM-Filter in ihrem E-Mail-Programm blocken. Dennoch gibt es immer wieder Personen, die auf solche Strategien hereinfallen. Gefährlich für die Opfer sind die Fälle, in denen die Betrüger sich angeblich Geld leihen und dieses wieder in Raten zurückzahlen möchten. Diese Rückzahlung findet in der Regel nicht statt (Holt et al. 2015). Spitzenreiter bei den Adressaten dieser SPAM-Mails in Europa ist Frankreich, gefolgt von Deutschland, Großbritannien und Spanien (ContactLab 2011). Die Methode der Phishing-Mails kommt mit den unterschiedlichsten Motiven zum Einsatz. Ein weiteres typisches Beispiel dafür ist, dass Personen aufgefordert werden, auf eine Website zu surfen und ihre Login- und Passwortdaten bekannt zu geben. Der Einsatz immer besser werdender SPAM-Filter in der E-Mail-Software fängt für Unternehmen viele dieser E-Mails ab. Nichtsdestotrotz finden Kriminelle immer wieder Opfer, die auf solche Aufforderungen per E-Mail hereinfallen. Haben die Täter eine spezielle Zielgruppe im Auge, dann spricht man von einem gezielten Angriff, der schon eine intensivere Vorbereitungszeit benötigen kann. Die Absicht dahinter ist zumeist Betrug und/ oder Spionage. Bekanntestes Beispiel dafür ist der Trojaner.

b. Zielgerichtete Angriffe

Fallbeispiel

Futurezone, am 10.02.2016: *„Hacker bespitzeln Firmen und bieten danach Hilfe an – Eine aus Brasilien stammende mafiöse Organisation attackiert gezielt Firmen, um diese danach mit den erbeuteten Informationen zu erpressen. Die Gruppe, die vom Sicherheitshersteller Kaspersky auf den Namen „Poseidon" getauft wurde, soll seit über zehn Jahren tätig sein. Spuren der Schadsoftware, mit der die Gruppe in Firmennetzwerke eindringen konnte, gehen bis ins Jahr 2001 zurück – aus heutiger Sicht praktisch noch Internetsteinzeit. Wie Kaspersky auf dem eigenen Security Analyst Summit bekanntgab, ist es die erste nachgewiesene derartige Cybercrime-Gruppe mit brasilianischen Wurzeln."*
(Stepanek 2016)

Man spricht von zielgerichteten Angriffen, wenn sich der Täter ein bestimmtes Opfer aussucht. Das Opfer kann dem Täter gegenüber bekannt oder unbekannt sein. Ein klassisches Beispiel für diesen Angriff ist: Herr Meier möchte seinem ehemaligen Arbeitgeber schaden, da er ihn entlassen hat. Daher schickt er seiner ehemaligen Kollegin einen Virus. Diese öffnet den Virus, der das ganze IT-Netzwerk der Firma angreift.

c. Skalpellartige Angriffe
Immer häufiger kommen skalpellartige Angriffe zum Einsatz. Diese Angriffsform setzt eine intensive Vorbereitung voraus und möchte zumeist Infrastruktur zerstören.

Die hier vorgestellten bekannten Varianten kann man außerdem in folgende Unterkategorien unterteilen:

i. Angriffe von innen oder von außen

Unterscheidungskriterium ist hierbei, ob aus einer Organisation (beispielsweise ein Unternehmen oder eine Behörde) von innen heraus der Angriff geplant, oder die Attacke von extern erfolgt ist. Wenn ein Angriff aus einer Organisation heraus geschehen ist, so sind es meist Mitarbeiter bzw. ehemalige Mitarbeiter der Organisation, die die kriminelle Handlung setzen, indem firmeninterne Daten weitergegeben werden. Erfolgt der Angriff von extern, so greift der Täter außerhalb der Organisation an, so kann dieser von jeden beliebigen Ort der Welt aus initiiert werden.

ii. Spezifische oder unspezifische Angriffe

Dieser Aspekt betrachtet die Zielgruppe des Opfers genauer. Wird der Angriff auf ein spezielles Ziel zugeschnitten oder erfolgt er „standardmäßig": Zum Beispiel verteilte Attacken (DDoS) können unterschiedlich gestaltet sein:
Standard-Ziel: Mittels eines standardisierten Mechanismus wird eine Gruppe von Rechnern angegriffen, oder
Spezielles-Ziel: Täter haben zum Ziel, einen speziellen Rechner mit einer eigens dafür geschriebenen Schadsoftware anzugreifen (auch als skalpellartiger Angriff bekannt).

iii. Ist das Objekt der Attacke das „Endziel" oder nur ein „Mittel zum Zweck":

Endziel: Der Täter greift mittels einer skalpellartigen Attacke zum Beispiel einen Payment-Server einer Firma an, die einen Webshop betreibt. In dem Webshop sind auch Kundendaten hinterlegt, die Kreditkarteninformationen enthalten. Ziel der Attacke sind diese Karteninformationen.

4.2 Die Perspektive der Täter

Mittel zum Zweck: Es wird eine Rechnergruppe angegriffen, um sie mit Schadsoftware zu infizieren und sie zu einem späteren Zeitpunkt als Plattform für einen Angriff auf das Endziel zu benutzen.

Laut einer Studie von Kaspersky Lab verzeichnen Länder wie China, Südkorea und die USA am häufigsten DDos-Attacken (Lab 2016). Mehr dazu können Sie im Kap. 6 Malware nachlesen.

Cybercrime im weiteren Sinn und Verschleierung der Identität
Bei Cybercrime im weiteren Sinn verhält sich die Situation ein wenig anders. Unter diese Definition werden Attacken subsumiert, bei denen die IKT Mittel zum Zweck sind, also beispielsweise Cybermobbing, Cyberstalking, Kreditkartenmissbrauch, Informationsdiebstahl, Geldwäsche, Vergehen gegen das Copyright. Im Wesentlichen geht es bei den Delikten darum, dass diese auch offline stattfinden können. Die IT dient nur als ‚Werkzeug', die Angriffe online zu verstärken. Ein hochaktuelles Beispiel ist Cyberstalking. Das Delikt Stalking – also die obsessive Belästigung oder beharrliche Verfolgung von einer Person, über einen längeren Zeitraum – gibt es schon länger. Immer schon wurden Menschen belästigt, verfolgt, oder es wurde ihnen aufgelauert. Motive dafür kennt die Literatur zahlreiche. Diese reichen von einer verschmähten Liebe über das Verfolgen eines Stars bis hin zu vielen weiteren Varianten.

Mit dem Internet hat Stalking eine neue Dimension erlangt, denn nun an können die Opfer von überall aus über das Mobiltelefon, SMS, Messenger-Dienste, E-Mails, Soziale Medien udg gestalkt werden. Dies stellt sowohl die Exekutive, als auch die Legislative vor eine neue Herausforderung. In Kapitel „Cyberstalking" wird gesondert darüber berichtet.

Das Spezielle an Cybercrime-Delikten im weiteren Sinn ist, dass die Täter auch sehr gut darin sind, ihre Identitäten zu verschleiern. Dadurch wird es immer schwieriger rein rechtlich die Fälle zu unterscheiden. Ab wann ist Stalking einfach nur eine obsessive Belästigung? Wo beginnen sich die Täter an Hilfsmitteln der Computerkriminalität zu bedienen? Zum Opfer von Cyberstalking kann jeder werden, es trifft Privatpersonen bzw. Unternehmen gleichermaßen. Delikte, die zu diesem Bereich zählen, sind immer zielgerichtet (Abb. 4.4).

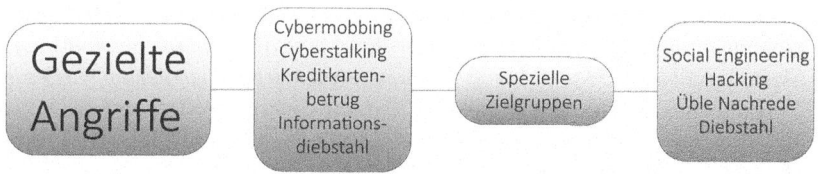

Abb. 4.4 Struktur Cyber-Angriffen im weiteren Sinn und Verschleierung der Identität

Ein weiteres Beispiel für Cybercrime-Delikte im weiteren Sinn der neueren Art sind ‚Skimming – Attacken'. Diese zielen darauf ab – durch eine Art von Trickdiebstahl – an Bank- und Kreditkartendaten zu kommen.

▶ **Skimming** *„(engl. „Abschöpfen") ist ein Begriff für einen sog. Man-in-the-middle-Angriff. Dabei handelt es sich um eine Angriffsform in Computernetzen. Der Angreifer steht dabei i.d.R. virtuell zwischen (meist zwei) Kommunikationspartnern, hat aber mit seinem System Kontrolle über deren Datenverkehr und kann die Informationen nach Belieben einsehen und sogar manipulieren. Bei Skimming sollen illegal Daten von Kreditkarten oder Bankautomaten ausgespäht werden."* (Siller 2016b)

Ausgangspunkt dieses Betruges ist das Vorhaben, eine technische Schnittstelle zur Bank so nachzuahmen, dass der Geldausgabeautomat manipuliert werden kann. Historisch betrachtet funktioniert die Methode ähnlich der bekannten Manipulation eines Einwurfschachtes für Geldbomben bei Banken. Die ‚Geldbombe' dient zum Teil heute noch im Einzelhandel dazu, Tageseinnahmen zu verschließen und sie dann einem Geldtransportunternehmen zu übergeben oder sie in den Nachttresor der Hausbank zu werfen. Schon früh fanden findige Handwerker heraus, wie man den Einwurfschacht durch einen Zwischenschacht so manipulieren kann, dass nicht die Bank, sondern der Täter die Einnahmen bekommt (Kochheim 2015). Mittlerweile werden diese Delikte über IKT ausgeübt. Die Täter spähen zum Beispiel durch Kameras die Daten der Kunden aus. Die Arten des Ausspähens sind vielfältig, zum Beispiel durch Beobachtung, oder über die Anschaffung eines elektronischen Tastaturaufsatzes im Eingabefeld des Geldausgabeautomaten, das Ausspähen der Daten durch Infrarotbildkameras, die Abdruckspuren der Finger auf der Tastatur oder klassisch auf dem Postweg. Wöchentlich kommen neue Methoden dazu, um die Sicherheitssysteme der Banken zu überlisten. An diesem Beispiel lässt sich gut erkennen, dass es sich um ein klassisches Delikt handelt, dass unter Zuhilfenahme der IKT eine neue Dimension gewonnen hat.

> **Fallbeispiel**
> Futurezone am 26.06.2016, *„Tourist findet Bankomat-Attrappe am Wiener – Datendiebstahl am Bankomat ist laut der Wiener Polizei in Wien wieder massiv gestiegen. Ein Tourist fand vor wenigen Tagen eine Attrappe am Stephansplatz. Skimming, also die Manipulation von Bankomaten, ist in Wien derzeit wieder im Steigen. Dieses Jahr wurden schon 27 Fälle bei der Polizei angezeigt. Im Vorjahr waren es gesamt nur 33. Dabei ist Skimming eigentlich schon ein „alter Hut", die ersten Fälle gab es im Jahr 2011. Nun hat aber ein Tourist in Wien in der Wiener Innenstadt bei einem Bankomaten am Stephansplatz vor wenigen*

Tagen die Manipulation eines Geräts bemerkt – und davon ein YouTube-Video gedreht. Das Video hat mittlerweile mehr als 20.000 Aufrufe. Der Tourist, der sich auf YouTube „Ben Tedesco" nennt, hat den Fall mittlerweile auch der Polizei gemeldet." (Wimmer 2016)

4.2.8 Angriffsort

In der Kategorie Angriffsort unterscheidet man, woher die Angriffe kommen: aus dem Inland oder aus dem Ausland. Die vergangenen Jahre haben gezeigt, dass immer mehr Angriffe aus dem Ausland kommen. Eine Vielzahl von IT-Dienstleistungsunternehmen und Software-Hersteller bieten Auswertungen an, die Anzahl und Ausrichtung solcher Vorfälle analysieren. Wissenschaftlich gesehen sind diese Studien jedoch mit Vorsicht zu betrachten, da sie weder repräsentativ, noch im Regelfall mittels einer wissenschaftlichen Methode erhoben worden sind. Nichtsdestotrotz zeigen Sie Trends auf. Beispielsweise kamen laut einer Studie von Kapersky Lab die meisten Angriffe aus dem Ausland aus Asien und Russland gefolgt von Südamerika. Die wenigsten Angriffe kamen aus Schweden, Mitteleuropa, Mittelamerika, Südafrika und Australien. (Namestnikov 2015) Statistiken von Anti-Viren-Software-Hersteller beziehen sich meistens auf Angriffe auf Unternehmensinfrastrukturen. Angriffe auf staatliche Infrastrukturen bzw. Privatpersonen werden nur dann betrachtet, wenn diese eine Anti-Viren-Software in Betrieb haben. Genaue Analysen über die Herkunftsländer der Opfer gibt es wenig. Gründe dafür gibt es viele. Einer der wichtigsten Gründe ist, dass – wie erwähnt – die Dunkelfeldziffer der Opfer sehr hoch ist. Aber lassen Sie uns einen genaueren Blick auf die Opfer werfen.

4.3 Die Perspektive der Opfer

Fallbeispiel

Der Standard am 25.06.2015: *„Mit Trojanern TAN-Codes ausspioniert, 1,2 Mio. Euro Schaden in Österreich Die Strafverfolgungsbehörden sechs europäischer Länder mit österreichischen Ermittlern an der Spitze haben eine Gruppe von Cyberkriminellen zerschlagen. International wurden bisher 60 Beschuldigte ausgeforscht beziehungsweise festgenommen. Das Netzwerk soll durch tausende Betrugshandlungen mindestens zwei Millionen Euro Schaden angerichtet haben, berichtete Franz Lang vom Bundeskriminalamt in Wien. [...] Alle* *österreichischen Banken waren betroffen.* („Cybercrime-Netzwerk zerschlagen: Tausende Straftaten, 60 Beschuldigte" 2015)

Hinsichtlich der Opferforschung im Cybercrime gibt es noch Nachholbedarf. Der Schwerpunkt von Forschung und Entwicklung in diesem Bereich fokussiert auf den Schutz kritischer Infrastrukturen und Unternehmensinfrastrukturen. Es herrscht die Meinung vor, dass jeder Opfer von Cybercrime werden kann, sodass eine Differenzierung nicht nötig ist. Dennoch wäre eine genauere Betrachtung der Viktimisierung notwendig, um aus dem Verhalten der Opfer Rückschlüsse ziehen zu können. An einer späteren Stelle in diesem Buch werden die Cybercrime-Delikte des Straflandesgerichts Wien dargestellt. Vorweg darf an dieser Stelle schon gesagt werden, dass je nach Art des Delikts auch die Opfer unterschiedlich sind. Wissenschaftliche Aussagen über den Prozess der Opferwerdung, Ursachen und dem Umgang mit den Delikten gibt es wenige. Differenziert man die Opfer im Cybercrime, so sieht die klassische Literatur folgende Opfertypen vor: Staaten, Firmen und Privatpersonen sowie insbesondere Betreiber kritischer Infrastrukturen. Der Schutz letzterer wird nunmehr durch die NIS-Richtlinie[3] besonders hervorgehoben (Schischka und Ledinger 2017). Die Anzahl der Anzeigen im Bereich Cybercrime steigt – so die aktuelle Kriminalstatistik – allerdings entspricht die Zahl der Anzeigen noch immer nicht die Realität der Opfer (Bundesministerium für Inneres 2017). Exakte Opferzahlen zu erheben, scheint aus mehreren Gründen schwierig. Einer der Hauptgründe ist, dass nicht alle Fälle von Cybercrime zur Anzeige gebracht werden (Dunkelfeld). Das hat mehrere Gründe: Viele Opfer sind sich nicht bewusst, Opfer geworden sind. Sie nehmen den Schaden einfach hin, ohne sich an die Exekutive zu wenden. Einer weiteren Gruppe ist es zwar bewusst, dass sie Opfer geworden sind, dennoch bringen sie das Verbrechen nicht zur Anzeige. Auch dafür gibt es mehrere Gründe. Einige gehen davon aus, dass der oder die Täter nicht gefasst werden können, also sehen sie auch keine Relevanz darin, die Vorfälle zur Anzeige zu bringen. Andere hingegen empfinden Scham, Opfer dieser Tat geworden zu sein. Sie vermuten, dass ihr Ruf oder ihr Image zerstört werden könnte, wenn sie in der Öffentlichkeit zugeben, dass sie Opfer eines Cybercrime-Delikt geworden sind. Firmen legen oft keinen großen Wert darauf, ihre Vorfälle zur Anzeige zu bringen, weil sie einen möglichen Imageschaden und/oder Reputationsverlust fürchten. Somit kann man klar sagen, dass die Anzeigebereitschaft einzelner Opfer stark variiert.

---

[3] Richtlinie (EU) 2016/1148 des europäischen Parlaments und des Rates vom 6. Juli 2016 über Maßnahmen zur Gewährleistung eines hohen gemeinsamen Sicherheitsniveaus von Netz- und Informationssystemen in der Union, Abl L 2016/194, 1.

4.3 Die Perspektive der Opfer

Eine weitere Problematik in diesem Bereich ist, dass die in der Öffentlichkeit kursierenden Opferdaten zumeist von privaten Dienstleistungsunternehmen, wie z. B. Anti-Viren-Software-Herstellern stammen. Diese Firmen analysieren, wie häufig ihre Software Cybercrime-Attacken gezählt hat. Kenndaten daraus können jedoch kein wissenschaftliches repräsentatives Ergebnis über die Opfer bieten. Somit steht man vor der Herausforderung, dass es keine Längs- und Querschnittstudien über Cybercrime-Opfer gibt, die eine wissenschaftliche Analyse über die Opfer erlaubt. Des Weiteren muss man festhalten, dass manche Delikte, wie z. B. die Urheberrechtsverletzungen, Cybermobbing, Cyberstalking etc. nicht unter den klassischen Delikten der Cybercrime-Kriminalitätsstatistik geführt werden. So kommt es zu Verzerrungen in der Darstellung und Zählung der Opfer. Daraus folgt, dass die Dunkelfeldziffer in den Cybercrime-Delikten relativ hoch ist.

▶ **Hellfeld versus Dunkelfeld** In der Kriminalität unterscheidet man zwischen Hellfeld- und Dunkelfeldziffer. Die Hellfeldziffer beschreibt jene Kenngröße an Kriminalitätsdelikten, die als Straftat der öffentlichen Hand bekannt sind. Die Dunkelfeldziffer hingegen beschreibt jene Zahl an Straftaten, die es gibt, die aber nie zur Anzeige gebracht wurden.

Für die Opfer spielen auch der erlittene Schaden und die Bewertung des Schadens eine Rolle. Der Schaden, der im volkswirtschaftlichen Sinne aus Cybercrime-Delikten beläuft sich auf geschätzte 500 Milliarden Dollar pro Jahr (Forbes 2017). Unternehmen bewerten Gefahren, die aus dem Cybercrime resultieren, als eines der Top Unternehmensrisiken (Platz 5). Insbesondere Datendiebstahl, Industriespionage und erpresserische Angriffe – auch auf Geräte des IoT (Internet der Dinge, z. B. Geräte im Unternehmen, die automatisiert mit dem Internet kommunizieren) – von externen und internen Angreifern werden gefürchtet und führen zu Kosten in Form von technischen und organisatorischen Maßnahmen, Risikomanagement und Cyber-Versicherungen (Allianz 2015). Auch an dieser Stelle sei kritisch hinterfragt, wie es zu diesen statistischen Kenndaten kommt. Die Ermittlung von Werten für digitale Güter kann aber nicht analog zu physischen Gütern erfolgen, da auch im Fall eines Datendiebstahls die Daten meist beim Unternehmen bleiben. Auch andere Schäden (z. B. Diebstahl von geistigem Eigentum, Industriespionage, Software-Piraterie, Reputationsverlust, Einschränkung der Wettbewerbsfähigkeit) sind monetär nur schwer mit Kennzahlen zu belegen. Indirekte, aus Cyber-Delikten entstehende Kosten (Folgekosten, z. B. Wiederherstellung nach einem Angriff, Analyse des Angriffs, Reputationsverlust, Verlust eines Wettbewerbsvorteils) werden häufig höher eingeschätzt als direkte Kosten (direkt durch den Angriff, z. B. Abwehrkosten, Beschädigung von Hardware, erhöhte Bandbreite, höhere Serverauslastung, Personalkosten, Ausfall der Geschäftstätigkeit und Erpressungsgelder).

Über Schäden bei Privatpersonen gibt es kaum empirisches Material, das eine Aussage über den materiellen Schaden ermöglicht. Vor allem bei Opfern aus dem privaten Bereich kommt es auch immer wieder nach der Tat zu psychischen Belastungen. Dies kann sich in ABR (Akute Belastungsreaktionen) oder PTSD (Posttraumatische Belastungsstörungen) zeigen, die stressbedingt bei den Opfern auftreten können. Dies variiert natürlich nach der Art des Verbrechens und der Persönlichkeit des Opfers stark (Kirwan und Power 2013). Diese Auswirkungen lassen sich auch im Falle von Cybercrime-Delikten erkennen. Beispiele sind Angststörungen, Panikattacken, ständiges Unsicherheitsgefühl. Typische Reaktionen der Opfer sind oft Rache oder Selbstvorwürfe.

> **Fallbeispiel**
> *Einer Frau Mitte 40 wird der Computer gehackt und alle persönlichen Daten, wie z. B. Kreditkartennummern, Adressen, Passwörter etc. werden gestohlen. Die Täter nutzen die gestohlenen Daten und kaufen damit Waren im Internet. Alle Freunde, Bekannte und die Polizei geben der Frau das Gefühl, dass sie selbst an der Sache Schuld sei. Wenn sie ein Anti-Viren-Programm installiert hätte, wäre dies nicht passiert. Sie fühlt sich schlecht, hat schlaflose Nächte und traut sich nicht mehr, Handlungen im Internet zu setzen.*

Selbstvorwürfe sind bei allen Opfern von Kriminalität zu belegen. Im Zusammenhang mit Cybercrime ist es nochmals interessanter, denn was geschieht, wenn Firmen oder kritische Infrastrukturen Opfer eines Angriffs werden. Eine Studie von Huber et al. (2015) belegt, dass vor allem der Faktor ‚Reputationsverlust' bei Cybercrime-Opfern besonders hoch ist (Huber et al. 2015). Dies ist darauf zurückzuführen, dass Firmen und Betreiber kritischer Infrastrukturen die Opferwerdung als Schande und Rufschädigung betrachten.

> **Fallbeispiel**
> *Eine österreichische Bank wird Opfer eines Cyber-Kriminellen, der die Bank erpresst, indem er behauptet, Zugriff auf das E-Banking-System der Bank zu haben. Nach Überprüfung der Vorwürfe kann dies auch bestätigt werden. Die Bank zahlt die geforderte Summe und behält gegenüber der Öffentlichkeit Stillschweigen. Zu groß wären die Vorwürfe nicht genug für die Sicherheit getan zu haben. Dies würde der Bank einen massiven Imageverlust bescheren.*

Gerade, wenn Betreiber kritischer Infrastrukturen oder Unternehmen Opfer sind, dauert es nicht lange, dass man sich die Frage stellt, um welche Art von Kriminalität handelt es sich. Eine Differenzierung zwischen Wirtschaftskriminalität und Cybercrime ist nicht mehr eindeutig möglich. Die klassische Definition der Wirtschaftskriminalität beschreibt die Opfer als Personen, die einen hohen sozialen Status und ein hohes Einkommen haben (Chawki et al. 2015). Im Zuge der Ausweitungen des Cybercrimes hat sich dieses Bild verschoben. Opfer werden ebenso Personen, die im öffentlichen Dienst arbeiten oder mit sensiblen Daten umgehen. Es liegt daher nahe den Begriff der Wirtschaftskriminalität insoweit auszuweiten, dass sie mehrere Opfergruppen umfasst als bisher angenommen.

4.4 Regulatoren und Government

Um den Schutz – also die Prävention – zu erhöhen, haben Regierungen weltweit ein Netzwerk aus Behörden und Organisationen aufgebaut, deren Ziel es ist, vernetzt den Kampf gegen Cybercrime zu führen. In Österreich gibt einzelne Einheiten im Bundeskanzleramt, Bundesministerium für Europa, Integration und Äußeres, Bundesministerium für Inneres und im Bundesministerium für Landesverteidigung, die sich diese Aufgaben teilen. Die Mitgliedsstaaten der Europäischen Union haben sich auf eine Richtlinie im Kampf gegen Cybercrime geeinigt. Leitziel der Richtlinie ist die Schaffung einer „Cybersicherheitsstrategie der Europäischen Union – ein offener, sicherer und geschützter Cyberraum". Diese Richtlinie wird unter dem Namen NIS-Richtlinie (NIS-RL) diskutiert.

Kernelemente der NIS-RL ist zum einen die Pflicht jedes Mitgliedstaates eine nationale NIS-Strategie festzulegen sowie zur Benennung von NIS-Behörden und CSIRTs (Computer Security Incident Response Team), deren nationale und internationale Kooperation sowie Sicherheitsanforderungen und Meldepflichten für Betreiber wesentlicher Dienste, das sind Dienste bestimmter gesellschaftlich bzw. wirtschaftlich bedeutender Wirtschaftssektoren, sowie für Anbieter bestimmter digitaler Dienste. Die Ausdehnung des Anwendungsbereichs auf Anbieter bestimmter digitaler Dienste wird damit begründet, dass zahlreiche Nutzer, darunter auch Betreiber wesentlicher Dienste, von diesen digitalen Diensten zunehmend abhängig sind. Die Sicherheitsanforderungen und Meldepflichten sollen eine Kultur des Risikomanagements fördern und sicherstellen, dass die gravierendsten Sicherheitsvorfälle gemeldet werden (Tschohl et al. 2017).

Um IT-Produkte und Dienstleistungen sicherer zu machen, will die EU einen gemeinsamen Rahmen für Sicherheitszertifizierungen schaffen. Der Verordnungsvorschlag der Kommission vom Herbst 2017 hatte zunächst einige Diskussionen ausgelöst. Der daraus entstandene „Cybersecurity Act" trat mit Ende des Jahres 2018 in Kraft (EU 2018). Des Weiteren gilt es eine Vielzahl von Interessengruppierungen, wie z. B. die Regulatoren – RTR (Rundfunk und Telekom Regulierungsbehörde), den Verbraucherschutz, die Wirtschaftskammer, und die Vertretung der Interessen einzelner Gruppierungen, wie zum Beispiel Konsumenten, Firmen, Betreiber, zu vertreten (Hellwig 2015).

4.5 Internationale Organisationen in Bezug auf Cybercrime

Cybercrime-Attacken sind ein internationales – ein globales – Problem. Nationale Regulatoren und Behörden stoßen bald an ihre Grenzen. Um die Kriminalität in diesem Bereich zu reduzieren, bedarf es vielschichtiger Kooperationen. In diesem Kapitel sollen die wesentlichen Organisationen dargestellt werden.

4.5.1 Die vereinten Nationen

In den frühen 1990er-Jahren wurde im Rahmen des achten UN-Kongress die UN Resolution 45/121 verabschiedet, die sich der „Prävention von Kriminalität und das Verfahren gegen deren Kriminelle" verschreibt. Mit ihr wurde auch dem Cybercrime der Kampf angesagt. In den Jahren darauf gab es weitere Anpassungen, die es zum Ziel hatten, sich über die Legislative gemeinsam im Kampf gegen die Cyber-Kriminalität zu verbünden. Die ITU, eine Organisation, die aus diesen Verhandlungen heraus gegründet wurde, entwickelte bis 2009 ein Toolkit für Cybercrime Legislation, das die Aufgabe hatte, Maßnahmen zur internationalen Zusammenarbeit zwischen den Nationen zu entwickeln und Interoperabilitäten zu maximieren. Im selben Jahr zählte die ITU bereits 191 Länder und 700 Organisationen als Mitglieder (EU 2014).

4.5.2 Der Europarat

Seit 1997 beschäftigt sich der Europarat mit dem Thema Cybercrime. Seine Cybercrime-Convention hatte das Ziel, Cybercrime in seine Teile zu zerlegen und zu spezifizieren. Hauptzweck ist laut der Präambel des Europarats die Verfolgung einer gemeinsamen Strafrechtspolitik zum Schutz der Gesellschaft vor Straftaten per Computer. Dies soll insbesondere durch entsprechende gesetzliche Regelungen

4.5 Internationale Organisationen in Bezug auf Cybercrime

und die Förderung der internationaler Zusammenarbeit sicher gestellt werden. Im Laufe der Jahre verschob sich der Fokus auf eine gemeinsame Harmonisierung der internationalen Gesetze gegen Cybercrime. Ab 2009 vertiefte er seine Intentionen und half den Ländern diese Convention national zu implementieren. Mehr als 100 Länder, die aus Mitgliedsländern und Nicht-Mitgliedsländern bestehen, orientieren sich an seinen Empfehlungen und nehmen diese Convention als Rahmenwerk zur Anpassung der nationalen Gesetzgebung (EU 2014). 2014 wurde durch den Rat ein EU Cyber Defence Policy Framework angenommen, das die vorrangigen Aufgaben für eine gemeinsame Sicherheits- und Verteidigungspolitik im Cyberbereich identifiziert und eine verbesserte Kooperation der EU mit dem privaten Sektor wie auch mit der NATO gewährleisten soll. Des Weiteren nahm er 2015 Schlussfolgerungen zur Cyber-Diplomatie vor, die einen gemeinsamen, umfassenden und kohärenten Ansatz zur Bewältigung der sich kontinuierlich verändernden Herausforderungen für die EU Außenpolitik im Cyber-Raum vorsehen (Bundeskanzleramtes 2016).

4.5.3 Arbeitsgruppe der G8 – ‚High Tech Crime'

1996 wurde die ‚High Tech Crime' Untergruppe, eine der fünf Untergruppen, die in der Lyon-Gruppe definiert wurden, ins Leben gerufen. 1997 definierten sie die ‚10 Prinzipien' im Kampf gegen Cybercrime. Ziel dieser Arbeitsgruppe ist es, die technischen Möglichkeiten zu verbessern, um den Kampf gegen High-Tech Kriminalität zu verbessern. 2001 wurden in Bezug auf Cybercrime folgende Schwerpunkte definiert: Datenspeicherung, Datenerhaltung, Bedrohungseinschätzung und -prävention, Schutz der Wirtschaft im Bereich E-Commerce sowie Nutzerauthentifizierung und Training (EU 2014).

4.5.4 CERTs – Computer Emergency Response Teams

Computer Emergency Response Teams (CERTs) sind relativ junge Organisationen, die mittlerweile eine immer wesentlichere Rolle für die IT-Sicherheit von Firmen, Behörden und Staaten spielen. Sie treten in sehr unterschiedlichen organisatorischen Settings und Rollen auf und verstehen sich im Wesentlichen als ‚Internetfeuerwehren'. Im Jahr 1988 wurde das erste CERT als Reaktion auf den „Internet-Worm" geschaffen, das dem Forschungssektor in den USA im Falle von „Computer Security Concerns" als Hilfsorganisation diente. Das erste europäische CERT war das 1992 entstandene holländische SURFnet-CERT (Hellwig 2015).

Die Aufgaben der CERTs werden im RFC 2350 von Brownlee, N. Guttman 1998 definiert, die noch heute ihre Gültigkeit hat. CERTs grenzen sich zum Polizeidienst ab. Ihre Aufgabe besteht darin, ihre Auftraggeber bei Cybercrime-Vorfällen zu unterstützen. CERTs findet man auf nationaler und internationaler Ebene wieder. Diese können sich themenspezifisch oder je nach Zuständigkeit definieren. So gibt es beispielsweise in Österreich das GovCert, welches für die öffentlichen Stellen agiert. Des Weiteren gibt es CERTs im Telekommunikationssektor, Banken, Energie- und Gesundheitsbereich etc. In Europa wurde im Zuge der Digitalen Agenda 2013 von den Mitgliedstaaten gefordert, zumindest jeweils ein nationales CERT zu betreiben. Der EU-Richtlinienvorschlag für Netzwerk- und Informationssicherheit sieht wesentlich erweiterte Anforderungen an nationale CERTs vor. Allerdings wird keine zentrale Meldepflicht für Cyber-Zwischenfälle gefordert, so wie es in den USA für Bundesbehörden der Fall ist (EU 2014; Hellwig 2015).

4.5.5 Privatwirtschaftliche IT-Sicherheitsdienstleister

Parallel zum Anstieg der Cyber-Kriminalität wächst auch das Schutzbedürfnis. So haben immer mehr privatwirtschaftlich orientierte Dienstleister die IT-Sicherheit als Geschäftsmodell entdeckt. Dies spiegelt sich in der aktuellen Anzahl an Be- und Vertreibern von Anti-Virensoftware, wie z. B. Kapersky, Norton oder IKARUS. Diese Firmen entwickeln technische Lösungen für potenzielle Opfer. Eine weitere Kategorie sind Unternehmen die IT-Security-Consulting anbieten. Diese Firmen beraten Unternehmen und Staaten in der Auslegung ihrer Compliance, im Setzen technischer, juristischer und organisatorischer Maßnahmen. Diese Entwicklung hat den Volkswirtschaften Arbeitsplätze und Verkaufsumsätze gebracht, die sich auch auf den Forschung- und Bildungssektor ausgewirkt haben. Noch nie gab es so ein großes Weiterbildungsangebot, das die Sektoren Information Security, IT-Security, Information Security Management und Fachvertiefungen des Sicherheitsmanagement in den Bereichen Informatik und Technik adressiert. Das Geschäft mit der Sicherheit boomt und viele lassen sich für die vermeintliche Sicherheit viel Geld bezahlen.

4.6 Zusammenfassung

In Bezug auf das Phänomen Cybercrime befinden wir uns in einer Multistakeholder-Landschaft Man unterscheidet dabei:

- *Täter*
  Diese können als Einzelpersonen oder als Gruppe auftreten. Die Vorgehensweise der Täter kann darüber hinaus nach den Kategorien Deliktsart, Motivation (intrinsisch versus extrinsisch) und Angriffsort differenziert werden. Zusätzlich hat das deutsche BSI die technischen Arten des Cyber-Angriffs kategorisiert, so können Täter ungerichtet (also ohne ein bestimmtes Opfer im Fokus zu haben), zielgerichtet (auf ein konkretes Opfer ausgerichtet) oder skalpellartig (ein konkretes Opfer mit unterschiedlichen Methoden infiltrieren) vorgehen.
- *Opfer* kann im Cyberspace grundsätzlich jeder werden. Man unterscheidet dabei unter Privatpersonen, Unternehmen und kritische Infrastrukturen.
- *Weitere Akteure in der Cyberwelt* sind die Exekutive, Strafverfolgung, Betreiber, Government, CERTs, Anbieter von Softwarelösungen, Anbieter von IT-Security Produkten und viele mehr.

Literatur

Allianz. 2015. Top ten risks in 2015. *Top Ten Risks in 2015*, no. 8: 14.

Anderson, Ross, Chris Barton, R. Böhme, Richard Clayton, Michel J. G. van Eeten, Michael Levi, Tyler Moore, und Stefan Savage. 2013. Measuring the cost of cybercrime. In *The economics of information security and privacy*, 265–300. https://doi.org/10.1007/978-3-642-39498-0_12.

‚Anonymous' Meldet Sich Zu Wort. 2010. Stern. http://www.stern.de/politik/ausland/die-wikileaks-affaere%2D%2Danonymous%2D%2Dmeldet-sich-zu-wort-3874288.html. 30.04.2018.

Bässmann, J. 2015. *Täter Im Bereich Cybercrime*. Wiesbaden. https://cdn.netzpolitik.org/wp-upload/BKA-Studie_Taeter-im-Bereich-Cybercrime_Eine-Literaturanalyse.pdf, 15.05.2018

British Commercial Victimisation Survey. 2014. https://www.gov.uk/government/uploads/system/uploads/attachment_data/file/505066/crime-against-businesses-2014.pdf.

Bundeskanzleramtes, Cybersicherheitsgruppe. 2016. *Bericht Cyber Sicherheit 2016*. Wien.

Bundesministerium für Inneres. 2015. Die Sicherheit von IT-Systemen Und Digitaler Infrastruktur. 2015. http://rg-berlin-brandenburg.gi.de/fileadmin/user_upload/IT-Sicherheitsgesetz-Vortrag-10072015.pdf.

Bundesministerium für Inneres. 2017. *Kriminalstatistik*. Wien.

Chawki, M., et al. 2015. *Cybercrime, digital forensics and jurisdiction*. Heidelberg: Springer.

ContactLab. 2011. European email marketing consumer report 2011. http://www.de.contactlab.com/paper/download_preview/466/781/email-marketing-report-europa-studie-deutschland-78100.html.

Csikszentmihalyi, M., S. Abuhamdeh, und J. Nakamura. 2005. Flow. In *Handbook of competence and motivation*, 598–608. New York: Guilford Publications.
Cybercrime-Netzwerk Zerschlagen. 2015. Tausende Straftaten, 60 Beschuldigte. http://derstandard.at/2000018007386/Cybercrime-Netzwerk-zerschlagen-Tausende-Straftaten-60-Beschuldigte. Zugegriffen am 25.06.2015.
EU. 2014. Digital agenda for Europe.
EU. 2018. *Regulation of the European Parliament and of the Council*. Brüssel. https://ec.europa.eu/transparency/regdoc/rep/1/2017/EN/COM-2017-477-F1-EN-MAIN-PART-1.PDF.
Forbes. 2017. *Cyber crime costs*. http://www.forbes.com/sites/stevemorgan/2016/01/17/cyber-crime-costs-projected-to-reach-2-trillion-by-2019/#687cbbed3bb0.
Geralt. o. J. Anonymous. https://pixabay.com/de/anonymous-anonymität-kopf-1618911/. Zugegriffen am 18.12.2018.
Giannageli, M. 2008. Are we ready for Russian Mafia's crime revolution? *Sunday Express, Scottish Edition, 3*, 08. Juni.
Hathaway, M. 2010. Power hackers. *Scientific American* 303(4): 16–16. https://doi.org/10.1038/scientificamerican1010-16.
Hellwig, O. 2015. Organisation, Rahmenbedingungen Und Kommunikation Bei CERTs. In *Sicherheit in Cyber-Netzwerken: Computer Emergency Response Teams Und Ihre Kommunikation*, Hrsg. Edith Huber, 23–63. Berlin/Heidelberg: Springer.
Holt, T. J., A. Bossler, und K. C. Seigfried-Spellar. 2015. *Cybercrime and digital forenics*. New York: Routledge.
Huber, E., und B. Pospisil. 2017. *Die Cyber-Kriminellen in Wien. Eine Analyse von 2006–2016*. Krems an der Donau/Hamburg: tredition GmbH.
Huber, E., O. Hellwig, M Huber. et al. 2015. *Sicherheit in Cybernetzwerken – Computer Emergency Response Teams Und Ihre Kommunikation*, Hrsg. Edith Huber. Wiesbaden: Springer.
Kirwan, G., und A. Power. 2011. *Cybercrime: The psychology of online offenders*. https://doi.org/10.1017/CBO9780511843846.
Kirwan, G., und A. Power. 2013. *Cybercrime: The psychology of online offenders*. Cambridge University Press. https://doi.org/10.1017/CBO9780511843846.
Kochheim, D. 2015. *Cybercrime und Strafrecht in Der Informations- und Kommunikationstechnik*. München: Beck.
Krömer, J., und W. Sen. 2011. *Hackerkultur Und Raubkopierer: Eine Wissenschaftliche Reise Durch Zwei Subkulturen*, 2. Aufl. Köln: Social-Media.
Kshetri, N. 2010. *The global cybercrime industry: Economic, institutional and strategic perspectives*. Heidelberg: Springer. https://doi.org/10.1007/978-3-642-11522-6.
Lab, Kapersky. 2016. DDoS-ATTACKEN Im Zweiten Quartal 2016. https://de.securelist.com/analysis/quartalsreport-malware/71742/kaspersky-ddos-intelligence-report-for-q2-2016/.
Lindberg, S. 2001. Intrinsic motivation in a new light. *Kyklos* 54(2/3): 317–342.
Mansholt, M. 2016. Das Ist Die Absurdeste Spam-Mail Aller Zeiten. *Stern*. http://www.stern.de/digital/online/spam%2D%2Ddiese-abzock-mail-verschlaegt-einem-die-sprache-6697116.html.
McClelland. 1987. *Human motivation*. New York: Cambridge University Press.

McGuire, M., und S. Dowling. 2013. *Cyber crime: A review of the evidence*. https://www.gov.uk/government/uploads/system/uploads/attachment_data/file/246749/horr75-summary.pdf.

Namestnikov, Yury. 2015. *Kaspersky Security Bulletin 2015/2016. Entwicklung Der IT-Bedrohungen Im Unternehmensbereich*. https://de.securelist.com/analysis/kaspersky-security-bulletin/70692/kaspersky-security-bulletin-20152016-entwicklung-der-it-bedrohungen-im-unternehmensbereich/.

Paget, F. 2012. *Hacktivism*. http://www.mcafee.com/us/resources/white-papers/wp-hacktivism.pdf.

Redaktion. 2015. Anonymous Feiert Erste Erfolge Im Kampf Gegen IS. http://futurezone.at/netzpolitik/anonymous-feiert-erste-erfolge-im-kampf-gegen-is/164.714.444#articleWrapper

RIS. 2015. *§ 107c StGb*. StGB. https://www.ris.bka.gv.at/Dokument.wxe?Abfrage=Bundesnormen&Dokumentnummer=NOR40177258.

Rouse, M. 2006. *Definition social engineering*. http://www.searchsecurity.de/definition/Social-Engineering.

Schischka, R., und R. Ledinger. 2017. *Bericht Internet-Sicherheit Österreich 2016*. http://cert.at/static/downloads/reports/cert.at-jahresbericht-2016.pdf.

Schmitz, P. 2017. Was Ist Cyberwar? *Security Insider*. https://www.security-insider.de/was-ist-cyberwar-a-672813/.

Siller, H. 2016a. *„Phishing" Gabler Wirtschaftslexion*. Wiesbaden: Springer. http://wirtschaftslexikon.gabler.de/Archiv/1408512/phishing-v4.html.

Siller, H. 2016b. *„Skimming" Gabler Wirtschaftslexion*. Wiesbaden: Springer. http://wirtschaftslexikon.gabler.de/Archiv/1408523/skimming-v3.html.

Stepanek, M. 2016. *Hacker Bespitzeln Firmen Und Bieten Danach Hilfe An*. http://futurezone.at/digital-life/hacker-bespitzeln-firmen-und-bieten-danach-hilfe-an/179.975.375.

Tschohl, C., W. Hötzendorfer, W. Quirchmayr, E. Huber, und O. Hellwig. 2017. *Die nis-richtlinie und der rechtliche rahmen von certs*. In Conference proceeding IRIS 2016. OCG.

UNODOC. 2013. *Comprehensive study on cybercrime*. Wien. http://www.unodc.org/documents/organized-crime/UNODC_CCPCJ_EG.4_2013/CYBERCRIME_STUDY_210213.pdf.

„WikiLeaks". 2016. https://www.wikileaks.org/.

Wimmer, B. 2016. Tourist Findet Bankomat-Attrappe Am Wiener Stephansplatz. *Futurezone*, June 23. http://futurezone.at/digital-life/tourist-findet-bankomat-attrappe-am-wiener-stephansplatz/206.093.863.

Witte, R. 2013. *Hacker Im Wandel Der Zeit: Über Die Differenzierte Verwendung Des Hackerbegriffes*. Hamburg: Bachelor + Master Publishing.

Aspekte der Kriminologie

5.1 Überblick

Erklärtes Ziel des Buches ist es, einen Einblick in die Methoden und Theorien des Cybercrime sowie deren Täterprofile aus Sicht der Kriminologie zu geben. Dazu muss man sich mit grundlegenden Aspekten der Kriminalpsychologie und -soziologie auseinandersetzen. Dieses Kapitel gibt einen ersten Überblick über die aktuell relevanten Konzepte und Theorien und kommentiert diese.

5.2 Forensische Psychologie

Fernsehzuschauer werden aktuell mit Krimiserien überhäuft. Oft liefert der forensische Psychologe den entscheidenden Hinweis zur Lösung eines Falls. Allerdings fokussieren diese Serien nur einen Aspekt der forensischen Psychologie, nämlich das Täterprofiling. Real arbeiten weniger als 10 % aller forensischen Psychologen als Profiler (Kirwan und Power 2011). Forensische Psychologen können sich auf die Täter, die Kriminalprävention und Rehabilitation spezialisieren. Ein weiterer Schwerpunkt ist es, sich mit den unterschiedlichen Opfertypen zu beschäftigen. In der Kriminalprävention steht darüber hinaus die psychologische Betreuung der Opfer im Vordergrund. Unumstritten ist, dass die forensische Psychologie insbesondere in Bezug auf Cybercrime-Delikte mehr zu bieten hat als das klassische Profiling. Es werden auch Schulungen und Weiterbildungen bei Justiz, Polizei und Sozialarbeit weiterentwickelt und angeboten. Diesem Buch liegt die gängige Definition von Brown und Campbell (2010) zugrunde, die davon ausgeht, dass die forensische Psychologie dazu dient, den juristischen Prozess auf jeder Ebene zu unterstützen (Brown und Campbell 2010).

5.2.1 Täterprofiling

Das aus dem anglofonen Raum stammende ‚offender profiling' beschäftigt sich im Wesentlichen mit der Beschreibung des psychologischen Täterprofils. In Österreich ist dies Teil der Operativen Fallanalyse (OFA), die zur Aufarbeitung von Tötungsdelikten mit augenscheinlich sexuellen Komponenten, Tötungsdelikten ohne nachgewiesene sexuelle Komponente, Vergewaltigung, bedenkliche Abgängigkeit, Tierquälerei (seriell), Brandstiftung (seriell) sowie seit 2006 Tatschriftenanalysen herangezogen wird.(„Operative Fallanalyse" 2009) Ein wesentliches Ziel des Täterprofilings ist es, den Modus Operandi, also die Art der Tatbegehung, zu betrachten.

▶ **Modus Operandi** Das English Oxford Living Dictionary versteht unter Modus Operandi „*A particular way or method of doing something. ‚Every killer has his own special modus operandi'*" („Modus Operandi" 2018). Im Wesentlichen geht es darum zu klären, welche Methode der (Cybercrime-)Täter verwendet hat, um die Tat auszuführen. Man spricht daher beim Modus Operandi vom typischen Tathergang.

Aktuell sind in die Polizeiarbeit noch keine Täterprofile bei der Ermittlung von Cybercrime-Delikten eingeflossen. Dies, obwohl die Anzahl der Delikte des Cybercrime immer größer und das verursachte Schadensausmaß immer höher wird. In diesem Buch wird daher der Versuch unternommen, Profile für die unterschiedlichen Deliktarten zu beschreiben. Es ist selbstredend, dass nicht alle theoretischen Aspekte, die aus Analysen von Tötungs- und Sexualdelikten stammen, auch für die Delikte des Cybercrime herangezogen werden können.

Ausgangspunkt des Versuchs sind die Arbeitshypothesen von Alison und Kebbell (2006). Sie sprechen von ‚consistency assumtion' und von ‚homology assumption'.

a. ‚*consistency assumption*' kann sinngemäß auf Deutsch als *Beharrlichkeits-Hypothese* bezeichnet werden. Mit ihr versucht man, die Art des Engagements des Täters in Ausübung seines Delikts zu analysieren.

   Ein mögliches Beispiel dafür: Ein Täter betrügt immer nach der gleichen Methode, indem er sich beispielsweise auf dieselbe Art und Weise auf Auktionswebseiten hackt. Er ersteigert einen Artikel und bezahlt diesen dann nicht. Dieses Muster zieht sich durch all seine kriminellen Handlungen.

   Es ist anzumerken, dass diese Hypothese begrenzt ist. Sie gilt in dem Moment nicht mehr, in dem sich der Täter eine andere Plattform sucht, oder eine andere Methode zulegt. Die Schnelllebigkeit der Technologie ist eine der kritischsten

5.2 Forensische Psychologie

Variablen, denn die Täter im Cybercrime ändern je nach technologischer Entwicklung ihre Verhaltensweisen.

b. ‚*homology assumption*': Die Hypothese geht von der Charaktereigenschaft der „Gewissenhaftigkeit" aus, vereinfacht übersetzt also die *Gewissenhaftigkeits-Hypothese*. Im Zentrum steht die Art und Weise, wie der Täter die Tat ausübt. Aus dem Wie wird versucht auf bestimmte Variablen der Gewissenhaftigkeit zu schließen, sodass ein Muster im Handeln erkennbar wird. Beurteilende Variablen können beispielsweise Genauigkeit oder Häufigkeit der Handlungen sein. So könnte man beispielsweise Schlüsse daraus ziehen, in welchem Programmierstil eine Schadsoftware programmiert wurde.

Weitere Aspekte der psychologischen Betrachtung von Cybercrime sind im Folgenden in der Darstellung der einzelnen Cybercrime-Arten in den nächsten Kapiteln ausgeführt. Der Vollständigkeit halber muss darauf hingewiesen werden, dass die forensische Psychologie auch nach Krankheitsbildern von Tätern forscht. Es gibt durchaus auch Cybercrime-Täter, denen man psychologische Krankheiten, wie z. B Depression, biopolare Störungen, Schizophrenie oder antisoziale Persönlichkeitsstörungen nachweisen kann (Kirwan und Power 2013). All dies gilt es bei der Erstellung eines Profils und/oder bei einer etwaigen Behandlung zu berücksichtigen.

Für Exekutive und Strafverfolgung ist eine Analyse des Modus Operandi von Cybercrime-Delikten in Hinblick darauf, wie sich der Täter Zugriff auf das technische System verschafft und mit welchen Methoden er seine Tat verschleiert hat, besonders interessant. Den ‚typischen' Modus Operandi für die unterschiedlichen Möglichkeiten an Cybercrime-Delikten zu finden, wird die Herausforderung an die Kriminologie in den nächsten Jahren sein. Wissenschaftler aus Technik, Soziologie, Psychologie und Rechtswissenschaften sind dabei mit einer Situation konfrontiert, bei der sich Tatort und Tathergang laufend ändern. Mit jeder Weiterentwicklung der Anwendungen im Netz, ergeben sich für die Kriminalität neue Möglichkeiten. ‚Crime as a Service' ist nur ein düsteres Schlaglicht in diesem Zusammenhang. Crime wird zu einem Produkt, das in unterschiedlichsten Angriffstypen im Internet zu oft sehr günstigen Preisen ‚bestellt' werden kann (Europol 2018). Die Marktplätze für solche Software-Bestellungen befinden sich im Darknet, sodass Käufer und Verkäufer schwer erforscht werden können. So kann man sich heutzutage auf nicht öffentlichen Plattformen vom artengeschützen exotischen Tier bishin zu einem Auftragsmord alles per Mausklick bestellen.

Der dazu schwerwiegendste publizierte Angriff in Form eines APT (Advanced Persistent Threat) ist im Schweizer MELANI-Report über den Angriff auf den Schweizer Technologiekonzern RUAG mit seinen vielen Kunden dokumentiert. Die Täter verwendeten eine seit mehreren Jahren im Umlauf befindliche Schadsoftware. Die Angreifer übten sich in Geduld bei der Infiltration des Konzerns und dem weiteren Vordringen. Sie griffen nur jene Opfer an, an denen sie ein ernsthaftes Interesse hatten. Einmal im Firmennetzwerk drangen sie seitwärts vor, indem sie weitere Geräte infizierten und höhere Privilegien erlangten (MELANI 2016).

Weitere technologische Entwicklungen, die unter dem Schlagwort IoT (Internet of Things) oder Industrie 4.0 zusammengefasst werden können, erhöhen die Angriffsmöglichkeiten. IoT steht für eine größere und weiterreichende Vernetzung von Geräten, auch von Geräten des täglichen Bedarfs. Bereits 2008 wurden Kaffeemaschinen gehackt, die mit dem Internet verbunden waren. Dem Hacker war es über eine Verbindung zwischen Kaffeeautomat und PC gelungen, in das Gerät einzudringen. Bei diesem Angriff ging es nicht darum, die Qualität des Kaffees zu manipulieren, sondern es wurde die Abwehrschwäche der Kaffeemaschine genutzt, den angeschlossenen Computer zu kapern (SecureListe 2008).

5.3 Kriminologische Theorien in der Soziologie und Psychologie

Es gibt eine Vielzahl kriminologischer Theorien, die versuchen kriminelles Verhalten zu erklären. Aufgabe dieses Kapitels wird es daher sein, jene Theorien zu identifizieren und zu diskutieren, die in Bezug auf Cybercrime ein mögliches Erklärungsmodell beschreiben. Die meisten der hier vorgestellten Theorien sind allgemeine kriminologische Theorien, die man mit einem Blick auf cyberkriminelles Verhalten erweitern kann. Diese werden im Folgenden kurz beschrieben und vor dem Hintergrund des aktuellen wissenschaftlichen Kontext bewertet. Die Theoriebildung im Bereich Kriminologie ist problematisch. Es gibt kaum Längs- und Querschnittanalysen sowie evidenzbasierte Forschungsdaten, die eine langfristige Betrachtung von Cybercrime ermöglichen. Das heißt, jede Art von Theorie kann im Moment nur von bestehenden Theorien hergeleitet und auf die Cyber-Kriminalität übertragen werden. Eine Vielzahl an Studien wurde darüber hinaus ausschließlich mit Studenten durchgeführt. Diese Studien werden in diesem Buch bewusst nicht beschrieben, da die Ergebnisse kein reales Bild über Cybercrime abgeben. Darüber hinaus muss der stetige Wandel der digitalen Welt mit all seinen neuen Risiko- und Bedrohungspotentialen berücksichtigt werden. So waren beispielsweise Cyberstalking oder Cyber-Grooming in den 2000er-Jahren noch keine relevanten kriminellen Verhaltensmuster (Huber 2012).

Ähnlich verhält es sich mit der Opferwerdung von anderen Cybercrime-Delikten. Die im Folgenden beschriebenen Theorien und theoretischen Ansätze beschäftigen sich ausschließlich mit der Täterwerdung. Wissenschaftlich überprüfte Ansätze zur

5.3 Kriminologische Theorien von Soziologie und Psychologie

Viktimisierung im Kontext der Cyber-Kriminalität sind zur Zeit keine zu finden. Dies ist unter anderem, wie schon erwähnt, darin begründet, dass noch immer landläufig die Meinung herrscht, dass jeder Opfer von Cybercrime werden kann, und zum anderen den unterschiedlichen Möglichkeiten Opfer von Cyber-Kriminalität zu werden, geschuldet.

Festhalten muss man auch, dass je nach Delikt die Qualität der Forschung in den jeweiligen Bereichen, die Qualität der Theorien und der theoretischen Ansätze variieren. Eine Vielzahl von Faktoren ist dafür verantwortlich, dass Menschen kriminell und/oder cyberkriminell werden. Diese Faktoren werden in Theorien systematisch erfasst und spiegeln kriminelles Verhalten aus sozialer, individueller oder gesellschaftlicher Sicht.

5.3.1 Die Gesellschaft und die Kriminalität

Nach Howitt (2009) und seiner ‚strain theory' (Drucktheorie) gibt es drei Level an Theorien, die kriminelles Verhalten erklären. Auf einem Makro-Level betrachtet, gibt es ein gesellschaftliches Level, das Kriminalität rechtfertigt. So ist es beispielsweise nicht allen Menschen der Welt möglich reich zu sein. Durch die gesellschaftlich bedingte Armut werden arme Menschen eher kriminell, um sich ein besseres Leben zu ermöglichen, z. B. durch Diebstahl. Eine weitere Ebene ist das gemeinschaftsbasierte Level. In diesen theoretischen Ansätzen wird in einer Community definiert, was quasi ‚gut' und ‚böse' ist und damit auch, was kriminell ist. Die Menschen, die in dieser Gemeinschaft leben, müssen sich somit Regeln unterordnen, um ein ordentliches Mitglied der Gruppe zu sein. Dies erklärt z. B. auch, weshalb es in manchen Wohnbezirken mehr Kriminalität gibt als in anderen. Das dritte Level der Erklärungstheorien basiert auf dem Einfluss der Sozialisation, also jenem Umfeld, das durch Freunde, Familie oder andere Kontakte, die das Leben des Einzelnen beeinflussen, bestimmt wird. Nach Howitt hat somit cyberkriminelles Verhalten immer mehrere Level von Betrachtungen, die den einzelnen Täter beeinflussen. Neben den hier aufgezählten Ebenen spielen natürlich auch individuelle Faktoren eine wichtige Rolle. Diese Faktoren, beispielsweise psychische Gesundheit, können ebenso herangezogen werden, um abnormes Verhalten zu erklären. Im Kontext von Cybercrime würde der Einfluss der neuen Medien, Computerspiele oder der Digitalisierung im Allgemeinen auf kriminelles Verhalten betrachtet werden. Das letzte Level beschreibt die individuelle Ebene des Täters. Auf ihr würde versucht, die Intention der Tat auf individueller Ebene zu erklären, z. B. ob die psychologische oder biologische Charakteristik des Täters sein Verhalten erklärt (Howitt 2009). Howitts Weltbild kann auch als systemischer Ansatz gesehen werden, der sich am Luhmann'schen Systembegriff orientiert (Luhmann 1984). Sehr vereinfacht geht Luhmann in seiner ‚Systemtheorie' davon aus, dass Handlungen immer im Rahmen des gesellschaftlichen Systems stattfinden. Legt man diesen Ansatz auf die Cybercrime-Delikte um, so bildet der gesetzliche Rahmen, in dem Normen und Regeln gelten, dieses System. Nimmt man beispielsweise den Fall her, dass jemand online Videos mit kinderpornografischem Inhalt konsumiert: Die Empörung in Europa darüber wird sehr groß sein, da es bereits bestehende Gesetze gibt, die diesen Konsum als rechtswidrig einstufen und auch die europäische Kultur, dieses Vergehen als ethisch und moralisch verwerflich bewertet. Es spielen daher immer mehrere Faktoren eine Rolle, was als cyber-kriminell verstanden wird und was nicht. Dies hängt in erster Linie vom Entwicklungsgrad der jeweiligen Gesellschaft ab. Vor allem in Entwicklungsländern haben Kinderrechte eine geringere Bedeutung als bei uns. Aber mehr dazu im Kapitel „Kinderpornografie im Internet".

5.3.2 Lerntheorie im Anwendungsfeld von Cybercrime

Es gibt verschiedene Möglichkeiten etwas zu erlernen. Eine einfache Methode ist es, über Versuche – also ‚trial and error' – etwas auszuprobieren. Hat man mit seinen Versuchen Erfolg, gilt es den Lösungsweg zu intentionalisieren, sprich das Verhalten zu konditionieren. Diese simple Methode wird in vielen Bereichen noch immer erfolgreich eingesetzt, so z. B. auch bei Lernübungen mit Tieren. Wird die Übung gut gemacht, gibt es eine Belohnung (Kirwan und Power 2011). Hat ein Cybercrime-Täter Erfolg mit seiner kriminellen Handlung, so empfindet er das als Belohnung, d. h. er wird genau dieses Verhalten immer wieder anwenden.

Ein weiterer Ansatz ist die soziologische ‚Rational choice' Theorie. Die Theorie der rationalen Entscheidung ist eine Sammelbezeichnung für verschiedenste Ansätze einer Handlungstheorie. Wesentlich bei diesem Ansatz ist, dass man den Aufwand gegenüber der Wahrscheinlichkeit des Gewinns in Relation setzt. Im Falle von Cybercrime-Delikten bedeutet das, dass der Täter abwägt, wie wahrscheinlich es ist, dass er erwischt wird. Bei manchen Delikten des Cybercrimes, wie z. B. bei dem illegalen Herunterladen von Filmen oder beim Identitätsdiebstahl, kommt diese Theorie sehr häufig zum Einsatz. Die wenigsten Täter gehen davon aus, dass sie dabei erwischt werden. Dabei setzt der Täter den Aufwand, den er betreiben muss, um den gewünschten Erfolg zu haben (z. B. den finanziellen Gewinn), mit dem Aufwand (z. B. eine Software zur Tarnung zu verwenden) in Relation.

Eine in der Kriminologie oft verwendete Theorie ist die ‚Lerntheorie' nach Bandura. Ein großer Teil der Erklärungsmodelle von kriminellem Verhalten geht im Wesentlichen davon aus, dass Verhalten auf Imitation beruht. Bandura führt in

5.3 Kriminologische Theorien von Soziologie und Psychologie

seinen Arbeiten aus, dass Kinder gewalttätiges Verhalten imitieren, wenn sie dies von ihren Eltern gelernt haben (Bandura et al. 1963). Auf Cybercrime-Delikte übertragen kann man also davon ausgehen, dass das Verhalten von Bezugspersonen bzw. peers nachgeahmt wird. Wenn z. B. Kinder sehen, dass Cybermobbing in ihrer sozialen Gruppe üblich ist, werden sie in Folge selbst wahrscheinlich auch zu dieser Form der Belästigung z. B. über soziale Onlinemedien greifen.

5.3.3 Merkmalstheorien von Kriminalität

Zahlreiche Autoren, wie z. B. Eysenck (1977); Palmer und Hollin (1998); Broidy et al. (2003); Levine (2008); Baron (2003); Meier et al. (2008) und viele mehr, machen kriminelles Verhalten an Verhaltensvariablen fest. Diese Variablen können je nach Person unterschiedlich ausgeprägt sein. Dabei werden genetische Merkmale, Persönlichkeitsmerkmale und bestimmte Umwelteinflüsse herangezogen, um die Wahrscheinlichkeit zu bewerten, ob jemand kriminell wird. Einige Forscher haben diese Verhaltensvariablen um weitere Persönlichkeitsmerkmale sowie kognitive Merkmale ergänzt, dazu zählen z. B. moralisches Empfinden, Empathie, Intelligenz, Selbstkontrolle und Impulsivität.

Diese theoretischen Ansätze sind in der Wissenschaft nicht unumstritten, da sie nicht für alle Delikte zutreffen. Es gibt natürlich Unterschiede, ob nun jemand ein Cyber-Terrorist oder ein Cyber-Mobber ist. Im Fall von Cybercrime muss man bei der Anwendung dieser Theorie alle potenziellen Möglichkeiten innerhalb der unterschiedlichen Delikte in Erwägung ziehen. Aktuelle Studien mit Cybercrime-Tätern zu diesen Theorien gibt es aktuell noch nicht.

5.3.4 Etikettierungsansatz – Labelling-Ansatz

Kriminologisch kann man vor allem Zuordnungen zu Gruppen, wie z. B. den white-hat, black-hat oder grey-hat Hackern, mit dem Etikettierungsansatz (basierend auf den Arbeiten von Tannenbaum (1953) und anderen) erklären. Der Etikettierungsansatz (labelling approach) geht davon aus, dass die Ursache, weshalb eine Person als kriminell eingestuft wird, nicht nur mit seinem sozialen Versagen zu tun hat, sondern auch mit Definitions-, Stigmatisierungs- und Zuschreibungsprozessen der sozialen Kontrolle, also der Polizei und der Justiz (Schwind 2008). So bilden sich Subkulturen, aus denen bestimmte Verhaltensnormen und Werte entstehen. Aus dem Labelling-Ansatz heraus entwickelten sich neue Theorien, welche die Wirkung von Strafen genauer untersucht haben (z. B. Reintegrative Shaming

Braithwaite, 1989). Diese neueren Theorien gehen davon aus, dass Strafe in unterschiedlichen Kontexten verschiedenartig wirken kann. Shaming umschreibt dabei jede Form der Reaktion auf deviantes (abweichendes) Verhalten, welches Scham bei in unserm Fall Cybercrime-Täter hervorruft. Braithwaite geht dabei von zwei verschiedenen Formen aus. Desintegrative Shaming wirkt stigmatisierend und aus der Gemeinschaft ausschließend, so werden die Täter aus der Gruppe ausgeschlossen. Es sorgt somit für das Aufkommen von sekundärer Devianz. Im Gegensatz dazu beinhaltet das reintegrative Shaming neben der Missbilligung über die Devianz auch Zeichen der Vergebung und der Bereitschaft zur Wiederaufnahme bzw. Reintegration in die Gemeinschaft (Bock 2013).

5.3.5 Zur Ontogenese aggressiven Verhaltens im Cyberspace

Viele Fragen zur Gewaltentstehung sind noch ungelöst. Generell unterscheidet man nach Aggressionstypen, die sich in konstruktive und destruktive Aggression unterteilen. Beide Typen entwickeln sich im Kindesalter. Im Kontext dieses Buches betrachten wir aber nur das destruktive Verhalten im Cyberspace genauer. Destruktive Aggression entsteht durch Unlust- und Frustrationserlebnisse und eskaliert in Gefühle wie Wut, Feindseligkeit und Hass. Das Ergebnis am Ende ist Gewalt; diese kann unterschiedliche Ausprägungen haben, wie z. B. physische (Schläge, Verbrennungen etc.), psychische (Demütigung, Abwertung etc.) oder verbale Gewalt (Verleumdungen, Beleidigungen etc.), Vernachlässigung, sexuelle Gewalt oder fremdenfeindliche Gewalt.

Eine Übersicht über alle Theorien in diesem Bereich ist sehr komplex. Die Apologeten, die Fürsprecher dieses Ansatzes finden ihre Argumente in der Biologie, die aggressives Verhalten in der Natur des Menschen sieht. Sozialbiologen hingegen betrachten aggressives Verhalten als ein Ergebnis der Evolution, Aggressivität bedeutet die Steigerung der Reproduktionsfähigkeit des Aggressors und dient damit der Arterhaltung. Wissenschaftler der Verhaltensgenetik hingegen sehen erblich bedingte Voraussetzungen als Ursache aggressiven Verhaltens (Cierpka et al. 2007). Alle diese Ansätze verdienen eine genauere Betrachtung und dies in einer Zeit, in der man fast täglich von Hasspostings und Verhetzung im Netz liest. Zweifellos hat cyber-kriminelles Verhalten eine multifaktorielle Genese. Menschen unterliegen Normen, Werten und Regeln, die aggressives Verhalten beeinflussen. Kommt es zu einer für den Täter kritischen Situation, kann die Aggression in kriminelles Verhalten ausarten.

5.3.6 Die moralische Entwicklung nach Kohlberg

Zahlreiche psychologische Theorien versuchen, kriminelles Verhalten mit der Moralentwicklung von Kindern und Jugendlichen zu erklären. Wissenschaftlicher Vorreiter ist Lawrence Kohlberg. Er versteht unter moralischer Entwicklung jene Teilprozesse der Sozialisation, die zur Internalisierung von grundlegenden sozialen Normen und Regeln führen. Individuen – so Kohlberg – neigen dazu, sich an diese Regeln zu halten, wenn bei einer Übertretung Sanktionen zu erwarten sind. Um dies im Laufe seines Lebens zu entwickeln, ist der Aspekt des Schuldgefühls wichtig. Aufgrund der erworbenen Kenntnisse kann das Individuum im Laufe seines Lebens Urteile fällen und moralisches Verhalten bewerten. Dabei differenziert Kohlberg sechs Stufen der Entwicklung:

1. Gehorsam – Strafe – Orientierung
2. Naiv egoistische Orientierung
3. Prima-Kerl – Orientierung
4. Ordnungs- und Pflichtbewusstseins Orientierung
5. Legalistische Vertragsorientierung
6. Gewissens- und Prinzipienorientierung (Kohlberg und Candee 1995; Stangl 2018).

Diese sechs Stufen der Moralentwicklung begleiten den Menschen durch sein gesamtes Leben. Selbst wenn der Mensch die höchste Stufe nach Kohlberg erreicht hat, kann er trotzdem in seinem Leben kriminell werden. Nichtsdestotrotz wird die Entwicklung einer kriminellen Moral verstärkt den unteren Entwicklungsstufen zugeordnet (Kohlberg und Candee 1995).

Ohne alle Finessen der psychologischen Betrachtung vollends auszuschöpfen, ist davon auszugehen, dass die Moralentwicklung auch im Zusammenhang mit Cybercrime-Delikten in erster Linie im Kindesalter passiert. Die Vorbildwirkung von Eltern, z. B. was eine Netiquette betrifft, ist vorrangig prägend. Nach den hier ausgeführten Grundlagen soll nun der Blick auf die Praxis gelenkt werden.

5.3.7 Routine activity theory – eine Erklärung für Viktimisierung

Cohen und Felson (1979) argumentierten in ihrer Viktimisierungstheorie, dass Kriminalität immer auf drei Komponenten beruht: a) ein motivierter Täter, b) ein geeignetes Zielobjekt und c) ein nicht ausreichenden Schutz des Zielobjektes. Legt man diesen allgemeinen Ansatz auf Cybercrime um, dann ist die Voraussetzung für

Cyberkriminalität a) ein zu einer Straftat motivierter Täter, b) ein für den Täter geeignetes Tatobjekt (ein IT-System, in das man leicht einbrechen kann u. a.) und c) der mangelnde Schutz für das Tatobjekt. Dabei kann es sich um persönliche, aber auch technische Kontrolle (z. B. Firewall) handeln. (Cohen und Felson 1979) Die Motive des Täters können unterschiedlichster Natur sein. Der Routine activity theory Ansatz dient vor allem für die Präventionsarbeit. Opfer sollen den Tätern durch ihre tägliche Routine nicht die Möglichkeit geben, in das begehrte Tatobjekt einzubrechen. Im Wesentlichen geht es darum, dass das Opfer seine Cyberlifestyle-Routine ändert, um so Tätern weniger Angriffspunkte zu geben. In der Prävention könnte man beispielsweise spezielle Opferschulungen anbieten, um die große Anzahl an Identitätsdiebstählen zu verhindern. Die Präventionsarbeit sollte beim Opfer zu einer besseren Wahrnehmung (Awareness) für mögliche IT-Sicherheitsrisiken führen.

5.4 Zusammenfassung

Die Kriminologie kennt zahlreiche Theorien und theoretische Ansätze, die kriminelles Verhalten erklären. Meist entstammen diese der Soziologie und Psychologie und sind generelle Theorien. Sie erklären in unterschiedlichen Tiefen den Einfluss gesellschaftlicher, sozialer und individueller Faktoren, die dazu beitragen, kriminelles Verhalten zu entwickeln. Zum gegenwärtigen Zeitpunkt gibt keine explizierte Theorie, die cyber-kriminelles Verhalten vollständig und uneingeschränkt erklärt. Es gibt kaum Längs- und Querschnittstudien, sowie evidenzbasierte Forschungen zum Verhalten von Tätern und der Opferwerdung. Konzentriert man sich auf die Täter, kann man an allgemeine Theorien anknüpfen und diese auf den Cyberspace übertragen. Die Viktimisierung im Cyberspace wird aktuell am besten von der routine activity theory erfasst. Es ist nicht zu leugnen, dass es einen großer Forschungsbedarf in Bezug neuer Theorien, theoretischer Ansätze und/oder Modelle gibt.

Literatur

Alison, L., und M. R. Kebbell. 2006. Offender profiling: Limits and potential. In *Practical psychology for forensic investigations and prosecutions*, Hrsg. G. M. Davies und M. R. Kebbell, 152–163. Chichester: Wiley.

Bandura, A., D. Ross, und S. A. Ross. 1963. Imitation of film – Mediated aggressiv models. *Journal of Abnormal and Social Psychologie* 66:3–11.

Baron, S. W. 2003. Self-controll, social consequences and criminal behavior: Street youth and the gerenal theory of crime. *Journal of Research in Crime and Delinquency* 40: 403–425.

Bock, M. 2013. *Kriminologie*, 4. Aufl. München: Vahlen.
Broidy, L., et al. 2003. Sex differences in empathy and its relation to Juvenile offending. *Violence and Victims* 18:503–516.
Brown, J.M., und E.A. Campbell. 2010. *The Cambridge handbook of forensic psychology*, Hrsg. E.A. Campbell. Cambridge/New Yok: Cambridge University Press.
Cierpka, M., M. Lück, D. Strüber, und G. Roth. 2007. Zur Ontogenese Aggressiven Verhaltens. *Psychotherapeut*. https://doi.org/10.1007/s00278-007-0532-3.
Cohen, L., und M. Felson. 1979. Social change and crime rate trends: A routine activity approach. *American Sociological Review* 44: 588–608.
Europol. 2018. Internet organised crime threat assessment 2018. https://doi.org/10.2813/858843.
Eysenck, H. J. 1977. *Crime and personality*. London: Routledge.
Howitt, D. 2009. *Introduction to forensic and criminal psychology*, 3. Aufl. Harlow: Pearson.
Huber, E. 2012. *Cyberstalking und Cybercrime – Kriminalsoziologische Untersuchung zum Cyberstalking-Verhalten der Österreicher*. Wiesbaden: Springer.
Kirwan, G., und A. Power. 2011. *Cybercrime: The psychology of online offenders*. https://doi.org/10.1017/CBO9780511843846.
Kirwan, G., und A. Power. 2013. *Cybercrime. Cybercrime: The psychology of online offenders*. Cambridge University Press. https://doi.org/10.1017/CBO9780511843846.
Kohlberg, L., und D. Candee. 1995. Die Beziehung zwischen Moralischem Urteil und Moralischem Handeln. In *Die Psychologie der Moralentwicklung*, Hrsg. L. Kohlberg, 373–493. Frankfurt a. M.: Surkamp.
Levine, S. Z. 2008. Using intelligence to predict subsequent contacts with the criminal justice system for sex offences. *Personality and Indiviudal Differences* 44:453–463.
Luhmann, N. 1984. *Soziale Systeme – Grundriss Einer Allgemeinen Theorie*. Suhrkamp. Frankfurt a. M.
Meier, M. H., et al. 2008. Impulsive and callous traits are strongly associated with delinquent behavior in higer risk neighborhoods among boys and girls. *Journal of Abnormal Psychology* 117(2): 377–385.
MELANI, Melde- und Analysestelle Informationssicherung. 2016. Technischer Bericht Über Den Spionagefall Bei Der RUAG –. https://www.melani.admin.ch/melani/de/home/dokumentation/berichte/fachberichte/technical-report_apt_case_ruag.html. 18.05.2018.
Modus Operandi. 2018. In *English Oxford living dictionaries*. https://en.oxforddictionaries.com/definition/modus_operandi.
Operative Fallanalyse. 2009. *Öffentliche Sicherheit* 5–6:9–11.
Palmer, E. J., und C. R. Hollin. 1998. Comparison of patterns of moral development in young offenders and non-offenders. *Legal and Criminological Psychologiy* 3:225–235.
Schwind, H. D. 2008. *Kriminologie: Eine Praxisorientierte Einführung Mit Beispielen*. Heidelberg: Kriminalistik.
SecureListe. 2008. Kaffeemaschine Gehackt. https://de.securelist.com/news/67506/kaffeemaschine-gehackt/.
Stangl, W. 2018. Moralentwicklung. Arbeitsblätter. http://arbeitsblaetter.stangl-taller.at/MORALISCHEENTWICKLUNG/.
Tannenbaum, F. 1953. *Crime and the community*, 2. Aufl. Columbia University Press. London.

Malware 6

> **Fallbeispiel**
>
> Futurezone, am 16.04.2016: *„Neue Malware stiehlt Millionen von Bankkonten – GozNym ist eine Kombination aus zwei bekannten Malwares und hat Konten in den USA und Kanada im Visier. Innerhalb weniger Tage wurden Millionen gestohlen. […] GozNym zielt nicht auf die Banken direkt, sondern auf die Konten der Kunden ab. Ist ein Computer durch einen Klick auf ein modifiziertes Attachment oder einen Link infiziert, nistet sich GozNym im Rechner ein und wartet, bis der Nutzer auf sein Bankkonto zugreift. Anschließend werden unbemerkt etwa Tastatureingaben mitgeloggt, um Nutzernamen und Passwörter zu stehlen."* (Futurezone 2016)

6.1 Überblick

In diesem zweiten Teil des Buches wird nun konkret auf einzelne technische Formen von Cybercrime-Angriffen und ihre Strafverfolgung eingegangen. Dieses sechste Kapitel beschäftigt sich mit Malware, übersetzt Schadsoftware. Es wird ein historischer Überblick über die Entstehung und die daraus folgenden Definitionen gegeben. Danach wird auf Methoden und Formen eingegangen. Im Rahmen des Täter-Profilings werden die theoretischen Auseinandersetzungen zum erläutert. Betrachtet werden auch die Auswirkungen auf die Business-Modelle, die durch Produktion und Verbreitung von Malware geschaffen werden können. Das Kapitel schliesst mit Hinweisen zur Prävention. Alle nachfolgenden Kapitel haben diesen strukturierten Aufbau.

6.2 Definition

Bevor wir uns auf die Suche nach der gemeinsamen Definition und der Erklärung einzelner Begriffe machen, wollen wir zurückblicken auf die Entstehung von Malware. In den 1980er-Jahren begann das Geschäft mit Malware. Damals waren erstmals Viren von Apple II im Umlauf; 1985 berichtete die Bayerische Hackerpost erstmals über ‚Trojaner'. Der Begriff der Schadsoftware wurde geboren. Es kamen immer mehr Schadsoftware-Arten in Umlauf, sodass als Antwort 1987 das Unternehmen McAfee gegründet wurde. McAfee war das erste Unternehmen, das sich mit der Abwehr von Malware beschäftigte. Aus dieser Zeit stammt auch die Gewohnheit, diversen Malware-Arten einen eigenen Namen zu geben. Dies ermöglicht einerseits der IT-Security eine leichtere Identifikation der Schadsoftware, verwirrt aber auf der anderen Seite Nicht-Fachleute durch die Vielzahl der Namen.

2010 kam die Malware ‚Stuxnet' in Umlauf. Diese Malware, die in den USA und in Israel entwickelt wurde, griff noch unbekannte ‚Exploits' von Microsoft-Produkten (Windows) an. Ziel dieser Malware war es, die Steuerung von Industrieanlagen zu stören. Im Unterschied zu bisheriger Malware war die Herstellung extrem teuer und wurde von zwei unabhängigen Entwicklungsteams erarbeitet. Die Malware wurde nicht, wie bisher über das Netz, sondern über USB-Sticks verbreitet. Stuxnet markiert einen Meilenstein in der Cybercrime-Geschichte (Kochheim 2015).

▶ **Exploits** *„Ein Exploit (engl. to exploit: ausnutzen) ist ein kleines Schadprogramm (Malware) bzw. eine Befehlsfolge, die Sicherheitslücken und Fehlfunktionen von Hilfs- oder Anwendungsprogrammen ausnutzt, um sich programmtechnisch Möglichkeiten zur Manipulation von PC-Aktivitäten (Administratorenrechte usw.) zu verschaffen oder Internetserver lahm zu legen."* (Siller 2016)[1]

In der Literatur findet man unterschiedliche Definitionen zum Begriff ‚Malware'. Wie bereits in diesem Buch dargestellt, handelt es sich bei Malware um eine Schadsoftware, die den Betrieb eines Computersystems stört. In vielen Fällen, vor allem im Fall von DDos-Attacken, verhält sich die Malware so, dass sie das Computersystem so belastet, dass es – neben anderen Begleiterscheinungen, wie zum Beispiel neue Pop-Ups, fremde Symbolleisten – nicht mehr handlungsfähig ist. Betrifft so ein Angriff ein Unternehmen oder eine kritische Infrastruktur, kann es/sie zum Stillstand kommen. Der Angriff kann natürlich auch einen privaten PC

---

[1] Die Definition von Siller ist eine gebräuchlichsten Definitionen, doch heutzutage muss man sich jedoch kritisch hinterfragen, ob die Definition „klein" noch zeitgemäß ist.

6.2 Definition

treffen. Für private Nutzer ist der Schaden im Vergleich zu Firmen relativ gering, dennoch können mittels Malware Zugangs- oder Bezahldaten gestohlen werden.

Der betriebs- und volkswirtschaftliche Schaden von Malware kann immens sein und die Existenz einzelner Unternehmen, kritischer Infrastrukturen oder Staaten gefährden. Neben dem Ausfall der IT-Infrastruktur kann eine Malware-Attacke für ein Unternehmen auch einen erheblichen Imageverlust bedeuten. Ein bekanntes Beispiel dafür ist der Cyber-Angriff von 2017 auf Yahoo, bei dem 3 Milliarden Nutzerdaten des Online-Riesen gestohlen wurden (Beiersmann 2017).

Eine weitere Besonderheit von Malware ist, dass sie über Botnetz-Programme gesteuert werden kann. Botnetz-Programme konzentrieren sich auf die Fernsteuerung fremder Computer (Zombies). Durch das Einschleusen von Würmern, Viren oder Trojanern übernehme Hacker die Steuerung über an das Internet angeschlossene Computer, ohne dass deren Benutzer/Anwender es merkt (Zombie). Eine Ausprägung Botnetze zu verbreiten, ist bestehende Websites nachzustellen, die dann über den Browser des Anwenders schädlichen Code installieren. Ein Beispiel dafür ist der Bundespolizei-Trojaner. Der Bundespolizei-Trojaner gibt vor, eine offizielle Meldung vom Bundeskriminalamt, der Bundespolizei oder anderen Institutionen zu sein (Kochheim 2015). Auf einer kopierten Website der Bundespolizei war eine Malware installiert, die es zum Ziel hatte, Computernutzer durch das Sperren des Windows-Systems zum Zahlen von Geld (per Pay Safe Card, Ukash) zu bewegen. Die Nutzer erhielten beispielsweise folgende Meldung *„Aus Sicherheitsgründen wurde Ihr Windowssystem blockiert. Ihr Computer wurde gesperrt."* Der Bundespolizei Trojaner war ein sog. Erpressungstrojaner mit dem Kriminelle Geld erpressen wollten.

▶ **Botnetze** *„Ein Botnetz, auch Zombie-Netz genannt, ist ein Zusammenschluss von Computern, die mit einem Schadprogramm infiziert sind. Es ermöglicht Cyberkriminellen die Fernsteuerung der befallenen Rechner, ohne dass Anwender etwas davon bemerken. Zombie-Netze können inzwischen auch ohne größeres Fachwissen aufgebaut und gesteuert werden. Sie sind daher lukrativ einsetzbar."* (Namenstinikov 2009)

Generell muss jedoch gesagt werden, dass ein Botnetz an sich kein krimineller Zusammenschluss von Systemen ist. Es ist vielmehr ein Computerprogramm, das weitgehend automatisch wiederholende Aufgaben abarbeitet, ohne dabei auf eine Interaktion mit einem menschlichen Benutzer angewiesen zu sein. Erst im Zusammenhang mit Malware sollte man Botnetze als kriminell einstufen. Laut McAfee waren 2012 weltweit knapp 6 Mio. Computer als Zombies für Botnetze im Einsatz (McAfee 2012).

▶ **Trojanisches Pferd – ein Trojaner** Als Trojanisches Pferd (auch Trojaner) bezeichnet man ein Computerprogramm, das als nützliche Anwendung getarnt ist, in die aber bösartiger oder schädlicher Code eingebettet ist.

Der Name ‚Trojanisches Pferd' ist eine Metapher. Der griechischen Legende nach schenkten die Griechen den Bürgern von Troja als Friedensangebot ein großes Pferd aus Holz. Die Bürger von Troja zogen arglos das Pferd in ihre Stadt, so dass die im Inneren des Pferdes unentdeckt gebliebenen griechischen Soldaten, die Stadt erobern konnten.

6.3 Methoden und Formen

Malware hat verschiedene Ausprägungen. Eine Liste mit den unterschiedlichsten Ausprägungen von Malware zu erstellen, erinnert an die Arbeit des Sisyphos, denn kaum hat man mit der Erstellung begonnen, ist sie auch schon wieder veraltet. Die Malware-Arten unterliegen einem ständigen technologischen Wandel und formieren sich laufend neu. Versucht man dennoch eine Kategorisierung, so bieten sich aktuell folgende Unterscheidungen an (Tab. 6.1).

6.4 Profiling

Wie bei vielen anderen Verbrechen ist auch im Falle der mutwilligen Verbreitung von Malware festzustellen, dass nur selten ein einziges Motiv für die Tat vorliegt. Ein Hauptmotiv der Täter – so Furnell – besteht darin, die Leitung eines Computers so zu belasten, dass er nicht mehr einsatzfähig ist (Furnell 2010). Dieses kann unter Umständen ganze Unternehmen oder die Administration von Staatsverwaltungen außer Betrieb setzen.

6.4.1 Extrinsische Motive

Malware-Entwickler haben primär finanzielle Interessen. Dies kann sich auf zwei Arten äußern, zum einen in der Erpressung von Unternehmen, Staaten oder Privatpersonen (Bocij 2006), um sich selbst zu bereichern. Zum anderen finanzieren Cyber-Kriminelle mit ihren Erpressungen ihr eigenes Geschäftsmodell, denn die Entwicklung von Malware ist aufwändig und benötigt Ressourcen und Kompetenzen. Wie bereits oben beschrieben, sorgen Malware-Angriffe dafür, dass bestimmte Services und Dienste im Unternehmen nicht mehr funktionieren. Viele Opfer eini-

Tab. 6.1 Malware-Arten (T-Online 2017; Antivirenprogramm.net 2017; Kapersky 2019)

Art	Beschreibung	Anmerkungen
Virus	Ein Computervirus verbreitet sich von Computer zu Computer, indem er Dateien oder Datenträger mit seinem Programmcode befällt.	Dateien- oder Linkviren, Bootviren, Makroviren
Wurm	Würmer verbreiten sich selbstständig innerhalb eines Netzwerks, ohne Dateien direkt zu befallen und praktisch ohne Nutzereingriff. Sie verbreiten sich bevorzugt als E-Mail-An- hang kreuz und quer durch das Internet, wo sie optimale Bedingungen vorfinden. Es gibt E-Mail-, Net-, P2P-, IRC- und IM-Würmer.	Bsp. I LOVE YOU Wurm von 2000
Trojaner	Trojaner, besser Trojanisches Pferd, bezeichnet ein scheinbar harmloses Programm mit einer verdeckten Schadensfunktion: zum Beispiel einem Virus, Wurm oder Spyware. Der Zweck der meisten Trojaner ist es, schädliche Programme auf den PC zu schleusen, die unbemerkt sensible Daten wie Passwörter für Homebanking oder Mail-Accounts, Kreditkartennummern und Ähnliches ausspähen und übermitteln.	Backdoor-Trojaner
Spyware	Spyware bezeichnet Programme, die Informationen über PC-Nutzer, wie etwa persönliche Daten und Surfgewohnheiten ausspionieren und sie über das Internet übertragen.	Keylogger
Hoaxes	Hoax bedeutet an sich „schlechter Scherz" und wird im Internet allgemein für eine Falschmeldung verwendet. Ergänzt werden derartige Meldungen meistens um die Bitte, die Nachricht an Freunde und Bekannte weiterzuleiten. Hoaxes sind im engeren Sinn keine Malware, denn in der Regel verfolgen sie keine kriminellen Absichten.	Bsp. Achtung! Hiermit widerspreche ich den neuen Facebook-Nutzungs-vereinbarungen …
Adware	Als Adware bezeichnet man kostenlose Software-Angebote und Apps, die dem Anwender auf seinem Gerät Werbung einblenden. Die Programme machen in der Regel keinen Hehl daraus, was ihre Absicht ist und bitten den Anwender vor der Installation um Erlaubnis. Manche von ihnen stehen unter dem Verdacht Spyware zu sein.	Scareware
Rootkits	Ihre Hauptaufgabe besteht darin sich möglichst schnell ins IT-System ein zu schleichen und danach alles tun, um eine Entdeckung zu verhindern. Diese Schadsoftware tritt in der Regel nicht mehr einzeln auf, sondern besteht gleich aus einer Kombination mit mehreren Angreifern.	Bsp. Blue Screen Dash (2010)

(Fortsetzung)

Tab. 6.1 (Fortsetzung)

Art	Beschreibung	Anmerkungen
Exploit	Ein Schadprogramm bzw. eine Befehlsfolge, die Sicherheitslücken und Fehlfunktionen von Hilfs- oder Anwendungsprogrammen ausnutzt. Bsp. Constructor, DoS, Spooler, Flooder	Bsp. Zero Day Exploits
Phishing	Beim Phishing handelt es sich um den Versuch, über gefälschte Webseiten, E-Mails oder Chats an persönliche Daten eines Internetbenutzers zu gelangen.	Bsp. Beim E-Banking

gen sich dann mit den Tätern und bezahlen deren Forderung. Die tatsächliche Schadenssumme ist unbekannt, denn – so spricht man in Fachkreisen hinter vorgehaltener Hand – betroffene Firmen nehmen lieber Erpresserzahlungen in Kauf, bevor sie den Angriff zur Anzeige bringen. Ein Grund dafür ist die Furcht, dass diese Vorfälle in die Öffentlichkeit geraten. Das Einschalten der Exekutive kann eben dieses nicht verhindern. Viele Unternehmen fürchten den Image- und Reputations-Verlust mehr, als den finanziellen Schaden. Das gilt besonders für Banken oder Finanzdienstleister. Denn niemand möchte sein Geld einem Unternehmen anvertrauen, das öffentlich zugibt, Opfer einer Cyber-Attacke geworden zu sein.

6.4.2 Intrinsische Motive

Die finanzielle Bereicherung als Motiv für die Tathandlung ist leicht zu verstehen. Es benötigt dazu keinerlei spezieller kriminalpsychologischer und -soziologischer Betrachtung. Anders bei der intrinsischen Motivation. Die Motive für die Erstellung von Malware können vielseitig sein. Nicht unterschätzen darf man dabei die Wirkung des kreativen Prozesses der Herstellung und das technische Talent als solches, welches die Entwickler von Malware mitbringen müssen. Die Programmierung einer Malware, die alle Anti-Virensoftware-Produkte umgeht, erfordert neben technischen Kenntnissen, auch ein hohes Maß an Kreativität, Talent und die Fähigkeit des kriminellen Denkens. Die Entwickler betrachten sich als ‚Künstler'; ihrer Kreativität verdanken sie es, neue Lösungsmöglichkeiten gefunden zu haben. Diese intrinsische Motivation kann zu Höchstleistungen führen. Darüber hinaus gibt es natürlich auch die intrinsische Motivation, andere Menschen zu schaden. Ursachen dafür sind Hass, Langeweile, Rache oder Aggressionen. Dies ist immer mit destruktiven Aggressionen zu beschreiben und mündet in Gewalt. Theoretische Erklärungsmodelle dazu befinden sich im Kap. 5 „Aspekte der Kriminologie". Es gibt Malware-Entwickler, die beispielsweise IT-Schwachstellen von bestimmten

Unternehmen kennen. Um das Unternehmen zu schädigen, wird bewusst diese Schwachstelle ausgenutzt, und damit der Betrieb gestört.

Ein weiteres nicht zu unterschätzendes Motiv ist die persönliche intellektuelle Herausforderung. Ein Beispiel dafür liefert das Interview mit Clive Thomson, Autor des New York Times Magazin, der ‚Philet0ast3r', ein bekannter Virenschreiber der Gruppe Ready Rangers Liberation Front, befragte. Philet0ast3r erklärt in dem Interview, dass die Herausforderung, Viren zu schreiben, eine intellektuelle sei, die aus der Langeweile heraus entstand. Er – wie auch die Gruppe, der er angehört – habe niemals die Absicht den Virus zu verbreiten, er selbst hätte selbst zu viel Angst, von den Behörden ertappt zu werden. Sein einziger Kick und Ansporn sei es, Malware zu programmieren, die einzigartig sei. Der mögliche Schaden, den seine Malware anrichten kann, interessiert ihn nicht. Sich so aus der Verantwortung zu stehen, ist kein Einzelfall. So senden viele Virenschreiber dieses Typs ihren Virus an Firmen, die Anti-Virus-Software herstellen, so dass diese auf diese Schwachstellen reagieren können. Natürlich steckt hinter diesem Verhalten auch die Sehnsucht nach sozialer Anerkennung, vor allem von Menschen aus der Fach-Community (Thomson 2004).

Dieser Faktor ist nicht zu unterschätzen. Wie bei der Beschreibung weiterer Delikte in diesem Buch, spielen soziale Faktoren auch bei anderen Cybercrime-Delikten eine entscheidende Rolle. Anerkennung in der ausgewählten sozialen Gruppe ist besonders wichtig. Diese Fach-Communities zeichnen sich durch Werte, Sinnstiftung, Ziele und Ethik aus. Der Selbstwert eines Malware-Entwicklers wird durch sein Talent, seine Fähigkeiten, einzigartige Programme zu erstellen und Sicherheitslücken zu umgehen, bewertet. Es wird nicht die kriminelle Absicht dahinter in Frage gestellt, sondern die Qualitätsmerkmale, die das entwickelte Produkt kennzeichnen. An dieser Stelle gilt es noch weiter zu forschen, denn man muss der Frage nachgehen, weshalb ein Täter diesen Weg beschreitet. Dies erfordert biografische Forschungen, die die Motive und Sozialisationen erklären, um ein klareres Bild über familiäres und soziales Umfeld der Täter zu gewährleisten.

6.4.3 Persönlichkeitsfaktoren

Im Vergleich zu den Analysen, die sich mit der Beschreibung von Hackern beschäftigen, gibt es wenig wissenschaftliche Befunde, die das Profil von Malware-Entwicklern beschreiben. Primär muss man hier auf die Arbeiten von Sara Gordon zurückgreifen, die versucht, einen Einblick in die Psychologie der Täter zu geben. In einer ihrer ersten Veröffentlichungen ging sie auf die Psyche eines Virus-Entwickler ein, der in die Cybercrime-Geschichte unter dem Namen ‚Dark Avenger' bekannt wurde. Sie ging im Wesentlichen davon aus, dass private Virus-Entwickler vermehrt aus Angst, Frustration und Unzufriedenheit heraus agieren (Gordon 1993). In den Jahren darauf versuchte sie ein Modell zu entwickeln, das die Virus-Entwickler kategorisierte. Abhängig von der Art des Virus, den Lebensumständen der Person, Persönlichkeit und Skills entwickelte sie eine Unterteilung, die vier verschiedene Typen beschrieb: Der Jugendliche, der College-Student, der Professionelle bzw. ‚Mature' (der Reife) und der geläuterte Ex-Virus-Entwickler. Alle Kategorien werden durch die Variablen Alter, Geschlecht, Einkommen, sozialer Status, Wohnsituation und Ähnlichem zusätzlich beeinflusst. Sie passte ihr Modell auf die Moraltheorie Kohlbergs an (Gordon 1994). Nähere Erläuterungen dazu finden Sie in Abschn. 5.3.6 „Die moralische Entwicklung nach Kohlberg."

Kategorie „Jugendlicher"
Diese Täter durchleben eine durchschnittliche Entwicklung. Sie respektieren ihre Eltern und unterscheiden was ‚falsches' und ‚richtiges' Verhalten ist. Sie sind als durchschnittlich intelligent zu bewerten. Ihr Verhalten ist kritisch zu bewerten, da sie nicht bereit sind Verantwortung für ihr Fehlverhalten, also den Auswirkungen ihres Verhaltens, beispielsweise die durch die Verbreitung des Virus entstehen, zu übernehmen.

Kategorie „College-Student"
Das Profil des College-Studenten ist ähnlich. Obwohl auch in diesem Fall eine ethisch korrekten Grundeinstellung vorliegt, möchte der Student keine Verantwortung für sein Handeln übernehmen. Die Unterscheidung zum Jugendlichen liegt in den Variablen Alter und Ausbildung.

Kategorie „Der Professionelle"
Der professionelle Virus-Entwickler stellt die kleinste Gruppe der Täter. Er hatte in seinem Leben eine durchschnittlich normale Ethikentwicklung, allerdings gepaart mit der geringsten Moralentwicklung. Das heißt diese Gruppe von Tätern kann nur mangelhaft bewerten, was in der Gesellschaft als ‚richtig' oder ‚falsch' angesehen wird.

Kategorie „Ex-Virus-Entwickler"
Dieser Typ von Malware-Entwickler durchlief eine durchschnittliche Moral- und Ethikentwicklung. Der Rückfall in die kriminelle Tätigkeit wurde durch Langeweile und zu viel Freizeit ausgelöst.

Der Ansatz von Gordon ist nicht unumstritten. Sie geht davon aus, dass Virus-Entwickler hauptsächlich in der Gruppe der Jugendlichen und jungen Erwachsenen zu finden sind. Da ihre Arbeiten vor allem in den 1990er-Jahren geschrieben wurden, sind sie mittlerweile überaltert. In den 1990er-Jahren steckte die Internet-Entwicklung noch in den Kinderschuhen. Es war davon auszugehen, dass die Entwickler eher zu der jüngeren Generation zählen. Mittlerweile, Jahrzehnte danach, stimmt dieses Bild nicht mehr ganz. Um eine entsprechende kriminologische Auswertung dazu zu machen, fehlt es an Langzeit- und Querschnittsstudien. Es ist auch in diesem Zusammenhang kritisch zu hinterfragen, ob die alleinige Referenz auf die Theorie von Kohlberg ausreicht, um die Moralentwicklung von Malware-Entwicklern zu erklären.

Eine weitere relevante Studie wurde von Rogers, Siegfried und Tidke 2006 herausgegeben. In ihrer Arbeit ließen sie Studierende ihr eigenes kriminelles Verhalten im Zusammenhang mit Cybercrime-Delikten bewerten. Interessant dabei war, dass mehr als Dreiviertel der befragten Studierenden ihr mögliches kriminelle Verhalten erkannten und auch wahrnahmen. Auffällig war die Selbsteinschätzung der Studierenden, die sich selbst als introvertiert bezeichneten (Rogers et al. 2006). Der introvertierte IT-Mensch ist das traditionelle Bild des Nerds und IT-Begeisterten, das auch im realen Leben öfters beschrieben wird. Leider wurden bei dieser Studie ausschließlich Studenten befragt, so dass die Studien keinen repräsentativen Überblick über die Bevölkerung geben kann. Des Weiteren wurden keine Differenzierungen nach Deliktsarten durchgeführt. Das heißt man kann die Schwere der Selbsteinschätzung der Täter nicht gewichten. Es macht natürlich einen Unterschied, ob man einmalig ein Cybermobber ist, oder ob man 200 Unternehmen mit einer Malware schädigt. Die Autoren haben keinen Bezug zur Moralentwicklung hergestellt, so dass die Ergebnisse nicht mit denen von Gordon zu vergleichen sind.

Abschließend muss man einen kritischen Blick auf die Forschungsmethodik werfen. Um eine gesicherte Motivforschung zu gewährleisten, müssen Studien zur Täterbiografie im Cybercrime durchgeführt werden. Dies ist vor allem im deutschsprachigen Raum sehr schwierig, da es zu wenig verurteilte Straftäter gibt, um hier eine repräsentative Aussage treffen zu können. Darüber hinaus muss parallel dazu eine kritische Analyse über Technologieentwicklung und Technikkompetenz solche Studien begleiten. Erst dann kann eine evidenzbasierte Aussage über die Motive der Täter gemacht werden.

6.5 Business Modell

Vorweg muss gesagt werden, dass Malware nicht nur produziert, sondern auch verbreitet und vertrieben werden muss. Beide Faktoren sind für die intensivere Analyse von Cybercrime relevant. 2006 beschrieb Yar in seinem Werk ‚Cybercrime and Society', welche Werkzeuge dazu nötig waren, um den Trojaner ‚Anna Kournikova' zu entwickeln. Dazu verwendete er ein Toolkit – sinngemäß übersetzt Werkzeugkasten –, der sich ‚Vbs Worm Generator' nannte (Yar 2006). Die Anzahl der Variationen und Anwendungsgebiete für Malware steigen mit jedem neuen IT-Produkt, das auf den Markt kommt. Diese beiden Faktoren, sprich ein unaufhaltsam wachsender Markt auf Nutzerseite bei gleichzeitiger Vereinfachung der Mittel zur Programmierung von Malware, haben einen großen Markt entstehen lassen, der die unterschiedlichsten Malware-Produkte anbietet. Man kann durchaus sagen, die Produktion von Malware hat sich zu einem sehr profitablen Geschäftsmodell entwickelt. Es gibt immer mehr Personen, die Malware im Darknet anbieten, wobei die Qualität und Leistung des Produkts stark variieren.

Durch die Anonymität des Internets ist eine Face-to-Face-Kommunikation nicht mehr notwendig. Dies senkt die Hemmschwelle Malware zu kaufen. Holt macht in seinen Arbeiten dafür mehrere Faktoren verantwortlich: (1) Preis, (2) Kundenservice und (3) Vertrauen (Holt und Copes 2010). Dabei spielt der Preis eine wesentliche Rolle. Schon für wenig Geld kann jeder Schadsoftware per Mausklick bestellen. Auch der Kundenservice hat sich markant verbessert. Der Besteller von Schadsoftware kann seine Wünsche frei und offen kommunizieren und bekommt das Produkt, das er bestellt hat. Als letzten, aber nicht unwesentlichen Punkt, ist nach Holt der Faktor Vertrauen zu nennen. Die Kunden möchten sich zum einen darauf verlassen können, dass das gekaufte Produkt alle gewünschten Anforderungen erfüllt und möchten zum anderen sichergestellt sein, dass sie vor dem Arm des Gesetzes geschützt sind, da es ihnen natürlich klar ist, dass es sich um illegale Software handelt. Verlässliche Verkäufer haben so die Chance einen lukrativen Markt zu bedienen.

▶ **Darknet – Dark-Net** *„Das Darknet ist ein loser Verbund von vielen privaten Computern, die als Peer-to-Peer-Netz untereinander verbunden sind und zwischen denen die Daten häufig verschlüsselt übertragen werden. Der Zugang zum Darknet erfolgt über das Tor-Programm, wobei TOR für The Onion Router (TOR)[2] steht."* (IT-Wissen 2017)

Was unterscheidet das Darknet vom Rest der digitalen Welt? Das Internet ist ein Zusammenschluss vieler verschiedener Netze, das bekannteste davon ist das World Wide Web (WWW). Darknets funktionieren anders. Dort treten einzelne Computer direkt miteinander in Kontakt und bilden ein eigenes Netzwerk. In diese sogenannten Peer-to-Peer-Netze kommt nur der hinein, der mindestens einen Teilnehmer (möglichst persönlich) kennt. Das Gabler Wirtschaftslexikon definiert dabei Peer-to-Peer-Netzwerk wie folgt:

---

[2] Anm: Neben TOR existieren auch noch anderen Zugänge. Exemplarisch sei Freenet und Invisible Internet Project genannt.

6.5 Business Modell

▶ **Peer-to-Peer-Netzwerk** *„Zusammenschluss von gleichberechtigten Arbeitsstationen in Netzwerken, die den Einsatz von verteilten Anwendungen und den Austausch von Dateien ermöglichen. Ein zentraler Server ist hierfür nicht notwendig. Populär wurden P2P-Netzwerke durch den Austausch von Musik- und Videodateien über sog. Tauschbörsen."* (Wirtschaftslexikon 2017)

Darknets werden als die verborgene Seite des Internets bezeichnet, da im besten Fall nur Mitglieder eines Darknets von dessen Existenz wissen. Der große Vorteil ist die komplett anonyme Kommunikation. Dies ist für Menschen, die in Diktaturen oder in Ländern mit Internetzensur leben, oft das einzige Mittel, um mit dem Rest der Welt zu kommunizieren. Allerdings ist das Darknet auch ein Marktplatz für kriminelle Dienstleitungen. Es ist ein Teil des Deep Web, dessen Seiten nicht durch die Indexierung von Google erfasst und damit auch nicht über Suchmaschinen zu finden sind. Es wird über anonymisierte Peer-to-Peer-Netzwerke wie z. B. TOR betreten. Von welchem Server sich der Nutzer in das Netzwerk einklinkt, ist für Außenstehende nur schwer nachzuvollziehen. Wer in ein Darknet gelangen möchte, kann das nicht mit einem herkömmlichen Browser. Der dunkle Teil des Netzes ist nur über spezielle Software zu erreichen und je nach Darknet ist der Zugang unterschiedlich kompliziert. Bezahlt wird im Darknet mit der Online-Währung Bitcoin, da sich die Transaktionen mit dieser Währung ebenfalls kaum rekonstruieren lassen.

▶ **Bitcoin** *„(englisch sinngemäß für „digitale Münze") ist ein weltweit verwendbares dezentrales Zahlungssystem und der Name einer digitalen Geldeinheit. Überweisungen werden von einem Zusammenschluss von Rechnern über das Internet mithilfe einer speziellen Peer-to-Peer-Anwendung abgewickelt, sodass anders als im herkömmlichen Bankverkehr keine zentrale Abwicklungsstelle benötigt wird. Eigentumsnachweise an Bitcoin können in einer persönlichen digitalen Brieftasche gespeichert werden. Der Umrechnungskurs von Bitcoin in andere Zahlungsmittel (Fiatgeld) bestimmt sich durch Angebot und Nachfrage."* (Wikipedia 2017)

Die Malware muss jedoch nicht nur hergestellt, sondern sie muss auch vertrieben werden. Damit entstehen zwei Geschäftsfelder: Das Geschäftsfeld in dem Malware produziert wird und das, in dem Malware vertrieben wird.

Historisch gesehen wurden beispielsweise Viren über Floppy-Disks und später über Disketten (= neue Bezeichnung für diese) verteilt. Seit den 1990er-Jahren erfolgt die Verteilung bevorzugt über E-Mail und Websites. Im Laufe der Zeit haben sich die Verbreitungsmöglichkeiten erweitert, da sich auch die Services im Internet weiterentwickelt haben. So verbreitet sich Malware mittlerweile über Instant Messaging und Peer-to-Peer-Übertragung oder über soziale Netzwerke (Kirwan und Power 2011). Seit zirka 2011 werden Angriffe gezielt und persönlich gegen bestimmte Personen, Gruppen, Firmen oder Staaten durchgeführt.

Das deutsche Bundesamt für Sicherheit in der Informationstechnik (BSI) führt jährlich einen IT-Sicherheitslagebericht durch. Auch im Jahr 2018 wurden Angriffe auf Unternehmen über Schadsoftware als die größte Gefährdung gesehen. Das BSI zitiert eine Studie, die im Jahr 2017 von der ‚Allianz für Cybersicherheit' durchgeführt wurden. Dabei wurden 900 Unternehmen in Deutschland gefragt, welche Angriffe für sie die gefährlichsten waren. Dabei wurden 57 % Angriffe über Malware, 19 % über Hacking, 18 % (D)DOS-Angriffe auf Internetauftritte oderandere Netzinfrastrukturen und 6 % sonstige Angriffe angeführt (BSI 2018). Malware ist und bleibt eine der gefährlichsten Attacken, die nicht nur Unternehmen, sondern auch Privatpersonen und Betreiber kritischer Infrastrukturen betreffen. Das Geschäftsmodell variiert je nach Ziel des Angriffs und den gegebenen Möglichkeiten, Daten auszuspähen und zu erheben. Je nach Ziel differenzieren sich diese Angriffe nach Aufwand und Technik.

6.6 Prävention

Die Prävention von Cyber-Attacken ist eine komplexe Angelegenheit, die nicht nur Firmen und Privatpersonen, sondern auch Länder beschäftigt. Ziel ist es, Sicherheitslücken und Anwenderfehler zu minimieren, um Cyber-Kriminellen den Angriff zu erschweren. Opfer eines Angriffes kann jeder werden, der einen Internetanschluss nutzt. Bezugnehmend auf die aktuelle Mediennutzungszahlen trifft dies fast jeden. Aber was kann man tun, um die Anzahl der Opfer zu minimieren? Bei klassischen Kriminalitätsdelikten hat man gelernt, dass je mehr Geld für Prävention ausgegeben wurde, desto wirksamer wurde sie. In Bezug auf die Prävention im Cybercrime gilt es drei Ziele zu betrachten, die nur gemeinsam zur digitalen Sicherheit führen können. Diese Ziele sind:

a. Awareness schaffen
b. Technische Prävention
c. Normen, Standards und Gesetze

6.6.1 Awareness schaffen

Der Umgang mit Technik beinhaltet immer einen Lernprozess. Im ‚Technikerjargon' wird gern von der ‚Schwachstelle Mensch' oder dem ‚Human Factor' insbesondere im Umgang mit der IT gesprochen. Diese Beschreibung gefällt mir nicht besonders und ich möchte mich bewusst davon distanzieren. Ich bin der Meinung, dass Technik dazu da ist, dem Menschen das Leben zu erleichtern. So kann die Schwachstelle nicht der Mensch, sondern immer nur die Technik selbst sein. Aber ist der Mensch tatsächlich das größte Sicherheitsrisiko? Laut einer Studie des deutschen Bundesamt für Sicherheit in der Informationstechnik von 2015 sehen rund 220 von 424 befragten Institutionen in Deutschland ‚unbeabsichtigtes Fehlverhalten von Mitarbeitern' als eine Hauptursache für Cyber-Vorfälle (BSI 2015). Auch 2018 wird der Mensch in Unternehmen als ‚Sicherheitsrisiko' gesehen (BSI 2018). Man unterstellt damit nicht zwangsweise die kriminelle Tat. Unwissenheit und Überforderung Einzelner sind meist die Ursache von Fehlern.

Ein Grundproblem in der Vermittlung von Cyber-Wissen ist es, Personen zu motivieren, auch Awareness-Maßnahmen zuzulassen. Fast alle Studien zum Thema ‚Faktor Mensch' beschäftigen sich nicht mit dem Grundwissen, dass die Nutzer im Umgang mit dem Internet mitbringen. In der Literatur gilt die Gruppe der ab 40-Jährigen, also die Gruppe, die Stück für Stück mit dem Computer sozialisiert wurde, als besonders gefährdet. Die meisten verwenden Computer, Handy, Tablet und Co zum Arbeiten und um sich im Privaten das Leben ein Stück weit zu erleichtern. Sie buchen ihre Reisen online, kaufen online auf Amazon ein und so mancher hat sogar ein Facebook- oder WhatsApp-Profil. Aber die wenigsten beschäftigen sich mit Datenschutz, Datensicherheit und IT-Sicherheit. Dies hat mehrere Gründe, doch der am naheliegendste ist Desinteresse. Und Hand aufs Herz, Technik soll funktionieren, sie muss nicht in all ihren Detailtiefen von jedem verstanden werden. Der Vergleich zum Automobil drängt sich auf, man möchte, dass das Auto fährt, aber man muss die Technik, die dahintersteht, nicht kennen, um ein guter Autofahrer zu sein. In Bezug auf Cyber-Gefährdungen stehen alle nun vor neuen Herausforderungen, denn wenn der Nutzer die Technik nicht kennt, sollte er doch achtsam im Umgang mit den Diensten sein. Die Herausforderung lautet also, wie kann ich diese Zielgruppe dazu bewegen, sich mit dem Thema ‚digitale Sicherheit' zu beschäftigen?

Es gibt eine Vielzahl internationaler und nationaler Initiativen und Aktivitäten. Hier ein kurzer Überblick: Seit 2012 gibt es jährlich die EU-weite Kampagne ‚European Cyber Security Month' (ESCM). Das ist eine Initiative der Europäischen Kommission, die von der ENISA (European Union Agency Network and

Information Security) unterstützt und koordiniert wird. Die wesentlichen Ziele sind die prinzipielle Sensibilisierung der Bürgerinnen und Bürger für Cyber-Security sowie die Bewusstseinsbildung für Netzwerk- und Informationssicherheit. Zahlreiche Organisationen aus unterschiedlichsten Wirtschafts- und Verwaltungsbereichen, wie z. B öffentliche Verwaltung, Banken, Gesundheit, Privatwirtschaft und Forschung nehmen an dieser Veranstaltung teil. Ein weiterer internationaler Akteur ist die OSZE (Organisation für Sicherheit und Zusammenarbeit in Europa). Seit 2014 haben über 57 Teilnehmerstaaten damit begonnen sich zu vernetzen und sich hinsichtlich Informationssicherheit und Kommunikationstechnologien auszutauschen. Eine Vernetzung auf wirtschaftlicher und politischer Ebene leistet die OECD (Organisation für wirtschaftliche Zusammenarbeit und Entwicklung). In Österreich nimmt das Bundeskanzleramt (BKA) diese Aufgabe wahr. Schwerpunktthemen der Zusammenarbeit auf der Ebene der OECD sind die Gewährleistung der Sicherheit vom Internet der Dinge, Richtlinien zum Managen von digitalen Sicherheitsrisiken, die Sicherheit von Gesundheitsdaten und die Risiken für Unternehmen (Bundeskanzleramt 2016) Auf nationaler Ebene betreiben unterschiedlichste Bereiche und Organisationen Aufklärung. Angefangen von der Polizei bis hin zu Kammern, Bünden und Vereinen. Dennoch scheint es schwierig das Thema Awareness zu vermitteln. Aufklärungsarbeit alleine wird vermutlich nicht den gewünschten Erfolg bringen.

6.6.2 Soziologische Betrachtung

Soziologisch betrachtet sind wir ein Teil der Gesellschaft. Werte und Normen bestimmen unser menschliches Verhalten und geben vor, was wir als ‚gut' oder ‚schlecht', ‚legal' oder ‚illegal' empfinden. Kriminalität und Sicherheitsempfinden hängen stark zusammen. Eine wesentliche Rolle dabei spielen beispielsweise die persönliche Betroffenheit, der Umgang mit dem Thema in den Medien, das potenzielle Schadensausmaß und vieles mehr.

Analysiert man das Sicherheitsempfinden in Bezug auf Cybercrime-Delikte, so geht das österreichische Bundesministerium für Inneres (BMI) davon aus, dass das Sicherheitsempfinden mit der Anzahl der angezeigten Fälle und der Aufklärungsquote korreliert. Die Aufklärungsquote im Bereich Cybercrime in Österreich stieg von 2016 5613 auf 2017 6470 Fälle (Bundesministerium für Inneres 2017). Die Entwicklungen der letzten Jahre, zu denen die zunehmende Technologisierung der Gesellschaft bei gleichzeitiger Spezialisierung der Täter zählt, lassen das Ministerium auch zukünftig nicht von einem Anzeigenrückgang im Bereich der Internetkriminalität ausgehen (Bundesministerium für Inneres 2015; 2017) Initiativen in

6.6 Prävention

Österreich, wie z. B. die Umsetzung der NIS-Richtlinie, werden künftig dazu beitragen, dass die Anzeigebereitschaft der Österreicher – vor allem der österreichischen Firmen – zunimmt. Dies lässt auch einen klareren Blickwinkel auf die tatsächliche Kriminalstatistik zu, da im Moment noch keine Anzeigepflicht für Unternehmen besteht. Viele Unternehmen möchten ihre Cyber-Angriffe nicht zur Anzeige bringen, da sie um öffentlichen Reputationsverlust fürchten. Es muss aber darauf hingewiesen werden, dass Sicherheitsempfinden immer etwas Subjektives ist, man kann es nicht quantitativ messen. Die subjektive Betroffenheit, also entweder selbst Opfer geworden zu sein oder aber Bekannte zu haben, die Opfer geworden sind, beeinflusst das Empfinden nachhaltig. Auch das potenzielle Schadensausmaß ist eine relevante Variable. Natürlich beeinflusst es das persönliche Sicherheitsempfinden, ob man Opfer einer SPAM-E-Mail geworden ist, oder ob aufgrund einer Cyber-Attacke Geld vom privaten Konto gestohlen wurde.

Die gesellschaftliche Komponente spielt bei der Bewertung des Sicherheitsempfindens eine wesentliche Rolle. Nicht alle Gesellschaftsformen haben die gleiche Vorstellung von Sicherheit. Wie bereits in vorangegangenen Kapiteln näher erläutert, spielt der kulturelle, politische und rechtliche Rahmen sowie der wirtschaftliche Stand eines Landes eine wesentliche Rolle. Dies muss bei der Entwicklung einer Präventionsstrategie berücksichtigt werden. In einem ersten Schritt gilt es zu erheben, welche Personengruppen besonders gefährdet sind, und für welche Personengruppen ein besonderer Aufklärungsbedarf besteht. Aktuell zeigt sich, dass sich viele Initiativen in ihrer Aufklärungsarbeit primär auf Kinder und Jugendliche konzentrieren. Dennoch sind die typischen Cybercrime-Opfer in älteren Altersgruppen zu finden. Ein weiterer verbreiteter Irrglaube ist, dass sog. ‚Digital natives', also jene Personengruppe, die von Kindesbeinen an mit dem Internet aufgewachsen sind, einen vorsichtigeren Umgang im Netz haben. Das ist nachweislich nicht der Fall, wenn man die Zahlen der österreichischen Kriminalstatistik zugrunde legt (Bundesministerium für Inneres 2017).

Ein möglicher Ansatz zu valideren Aussagen zu kommen, ist die Analyse der Lebenswelt der Menschen. ‚Lebenswelten' ist ein Begriff, der durch die Sinus-Milieus-Studien wissenschaftlich definiert wurde. Das ursprünglich aus dem Marketing stammende Modell diente der Produktentwicklung im Dienstleistungssektor. Es geht davon aus, dass die Welt der sozialen Milieus ständig in Bewegung ist und sich laufend verändert, dabei bleiben die milieukonstituierenden Merkmale, wie die Wertorientierungen der Menschen, auch in Zeiten des Wandels relativ konstant. Wenn sich allerdings in einer Gesellschaft die Werte weiterentwickeln, bleibt das längerfristig nicht ohne Einfluss auf die Milieustruktur (Huber 2015; Barth 2014). Das Deutsche Institut für Vertrauen und Sicherheit im Internet (DIVSI) hat auf Basis einer Studie unter dem Blickwinkel der Sinus-Milieus die Einstellung der deutschen Bevölkerung zu Vertrauen und Sicherheit im Internet erhoben. Grundsätzlich unterscheidet die repräsentative Studie drei Bevölkerungsgruppen in Bezug auf ihren Einstellungen zum Internet sowie dessen Nutzung:

a. Digital Outsiders: Diese Gruppe ist entweder vollkommen offline oder stark verunsichert im Umgang mit dem Internet, das sie daher so gut wie gar nicht nutzt.
b. Digital Natives: Zugehörige dieser Bevölkerungsgruppe sind mit dem Internet groß geworden und haben dieses in vollem Umfang in ihr tägliches Leben integriert.
c. Digital Immigrants: Diese Gruppe bewegt sich zwar regelmäßig, aber sehr selektiv im Internet und steht vielen Entwicklungen darin skeptisch gegenüber, insbesondere wenn es um die Themen Sicherheit und Datenschutz geht.

Die zentralen Ergebnisse der Untersuchung sind, dass etwa 40 % der deutschen Bevölkerung zur Gruppe der Digital Outsiders gezählt werden müssen. Rund weitere 41 Prozent aller Deutschen gehören zur Gruppe der ‚Digital Natives'. Digital Natives können sich einen Alltag ohne das Internet nicht (mehr) vorstellen. Die übrigen knapp 20 Prozent der deutschen Bevölkerung können als ‚Digital Immigrants' bezeichnet werden. Einerseits nutzen diese das Internet gezielt dort, wo sie sich einen unmittelbaren Nutzen davon versprechen – etwa bei der Planung eines Urlaubs oder bei der Suche nach Schnäppchen zu bestimmten Artikeln. Andererseits hegt diese Bevölkerungsgruppe zum Teil konkrete Vorbehalte gegen das Internet und achtet daher darauf, sich nicht von dieser Technik abhängig zu machen (DIVSI 2012).

Diese Ergebnisse haben ausschließlich für Deutschland Gültigkeit, ein Übertrag der Ergebnisse auf Österreich oder die Schweiz ist nicht zulässig, denn das Bild von Deutschland spiegelt sich vor dem Hintergrund der Wiedervereinigung. Die digitalen Milieus müssen daher immer vor dem Hintergrund der Digitalisierung und dem Breitbandausbau eines Landes interpretiert werden. Eine entsprechende Vergleichsanalyse in Österreich könnte andere Ergebnisse zeitigen, da Österreich schon sehr früh mit dem landesweiten Breitbandausbau gestartet hat, mit der Konsequenz, dass die Digitalisierung weiter als in anderen Länder vorangeschritten war. Möchte man die Erkenntnisse auf milieuorientierte Awareness-Maßnahmen im Bereich Cybercrime umlegen, wird man sich mit jenen Milieu-Gruppen vertieft auseinandersetzen müssen, deren Affinität zu technischen IT-Sicherheitsmaßnahmen nicht hoch ist. Die Realität sieht aber oft anders aus.

Beispiel Phishing-Attacke: Die meisten Banken mit Online-Banking-Funktion warnen auf ihren Websites vor Phishing-Attacken. Dies tun sie in erster Linie, um

6.6 Prävention

sich rechtlich vor etwaigen Klagen zu schützen und nicht, um dem Kunden die Phishing-Attacke zu erklären. E-Banking als Service ist weit verbreitet, aber es ist davon auszugehen, dass nur ein Bruchteil der Nutzer weiß, was eine Phishing-Attacke ist und wie man sich davor schützt. Bei näherer Betrachtung des konkreten Phishing-Phänomens kann man erkennen, dass man mit mehreren Folgeproblemen konfrontiert sein wird, die durch folgende Faktoren bestimmt werden:

a. sprachliche Komponente,
b. eine sich zu schnell entwickelnde Technologie,
c. eine zu langsame Bereitschaft der Bevölkerung, sich mit diesen Cyber-Sicherheit auseinander zu setzten sowie
d. einen undurchsichtigen Markt an IT-Sicherheitsprodukten.

6.6.3 Psychologische Betrachtung

Neben der gesellschaftlichen Betrachtung ist auch der Frage nach der Ursache von menschlichem Verhalten nachzugehen. Der verbreitete Ansatz von Lee et al. (2008) orientiertet sich an den sechs psychologischen Hauptkomponenten der Schutztheorie von Rogers (1983), um sich selbst vor Gefahren zu schützen. Darüber hinaus entwickelten sie die „*Protection motivation theory and malware infection prevention cognitions*" (Kirwan und Power 2011). Sie fanden bei einer Studie unter Studenten mehrere Komponenten heraus, die Einfluss darauf haben, ob sich Personen mittels Anti-Viren-Software schützen. Dazu zählen die persönlichen Einschätzungen der Einzelnen, dass sie ein Virus eine Gefahr ist; die Wahrscheinlichkeit, dass man einen Virus bekommt; der Glaube an die Wirksamkeit von Anti-Viren-Maßnahmen; die wahrgenommene Selbstwirksamkeit von Präventivmaßnahmen; die erwartete Belohnung und die erwarteten Kosten. Des Weiteren spielt es eine Rolle, ob man selbst schon einmal Opfer einer Malware-Attacke geworden ist (Lee et al. 2008). Im Wesentlichen geht es immer um die persönliche Einschätzung der Risikosituation. Menschen lernen aus Erfahrung und wenn sie bislang nicht Opfer von Cybercrime geworden sind, sehen viele nicht die Notwendigkeit Vorkehrungen zu treffen.

6.6.4 Technische Prävention

Die Frage nach der technischen Prävention ist sehr komplex, und beschäftigt Forschung, Unternehmen und die handelnden Personen gleichermaßen. Dahinter liegt das Wunschdenken, dass die Technik einen 100 % Schutz vor Kriminalität bzw.

dass die Technik 100-prozentige Sicherheit bieten kann. Dieses Wunschdenken zeigte bereits in anderen Bereichen der Kriminalität Erfolg. Man vergleiche dazu beispielsweise die Anschaffung einer Alarmanlage im Wohnraum. Ähnlich soll es auch bei Cybercrime-Delikten funktionieren. Man muss quasi sein technisches Equipment mit Anti-Viren-Software und anderen Softwareprodukten ergänzen, um so den vermeintlichen Schutz zu finden. Der Wunsch dahingehend liegt auf Hand, so braucht sich der Einzelne nicht mehr um den Schutz kümmern. Wie aber schon das Beispiel mit der Alarmanlage gezeigt hat, verhindern die besten Alarmanlagen nicht alle Einbrüche. Sie können die Vorfälle reduzieren, bzw. können sie vielleicht den einen oder anderen Täter daran hindern, das kriminelle Vorhaben zu starten.

In der bereits zitierten vom BSI durchgeführten Studie stuften die Befragten folgende drei Maßnahmen als wichtigste technische Prävention ein:

a. Absicherung von Netzübergängen (Firewall, IDS, usw.)
b. zentraler AV Scan (am Mailserver, Gateway, usw.)
c. dezentraler AV Scan (auf einzelnen Clients, Servern) (BSI 2015)

Die Art und Weise des Schutzes hängt von der Risikoabschätzung und dem schutzwürdigen Interesse ab. Eine Bank, die Wert auf das Vertrauen ihrer Kunden legt, ist gezwungen, einen sehr hohen Standard an IT-Security-Maßnahmen zu haben. Ebenso verhält es sich mit Betreibern von kritischer Infrastruktur. Nicht auszudenken, welche Auswirkungen es hat, wenn es zu einem Cyber-Angriff auf einen Stromversorger einer Großstadt kommen sollte. Erst brächen die Telekommunikation und in weiterer Folge der Straßenverkehr, die Wasserversorgung, die Nahversorgung und vieles mehr zusammen. Ein totaler Black-out könnte die Folge sein. Als Privatperson trägt man natürlich nicht dasselbe Risiko, wie ein Unternehmen oder ein Betreiber einer kritischen Infrastruktur (KRITIS). Dennoch sollte sich jeder weitere wichtige Fragen stellen, beispielsweise, wie sind meine privaten mobilen Endgeräte geschützt? Habe ich zu Hause einige Geräte, die an das Internet gekoppelt sind, z. B. den Fernseher oder den Kühlschrank? Habe ich in den Fällen sichergestellt, dass in diese Systeme nicht eingebrochen werden kann?

Fallbeispiel
News, am 09.03.2017/Carina Pachner: *„Abhör-Skandal: Was uns die Wikileaks-Enthüllungen lehren Über 8000 CIA-Dateien veröffentlicht: Die Spionagemethoden des Geheimdienstes – Die CIA spioniert Daten durch TV-Geräte und Co. aus. Die CIA kann sich in diverse elektronische Geräte wie Smartphones, Tablets und Computer hacken, um sie zu überwachen. Auch mindestens ein Fernseher-Modell von Samsung mit Kamera und Mikrofon soll sie demnach in eine*

6.6 Prävention

Wanze verwandeln können. Außerdem versuche der Geheimdienst schon seit 2014, vernetzte Autos zu knacken – was er dabei erreicht hat, blieb zunächst unklar. Betroffen sind auch die Verschlüsselungscodes populärer Apps wie WhatsApp, Signal, Telegram oder Weibo, die der Geheimdienst offenbar umgehen konnte." (Pachner 2017)

Die Herausforderungen an die IT-Sicherheit steigen mit jeder technischen Neuerung. Am Ende bleibt es dem Konsumenten zu entscheiden, welchen Grad von Technologie er in seinem Leben zulässt. Dies gewinnt aktuell immer mehr an Interesse, vor allem dann, wenn man an das vernetzte Wohnen denkt.

6.6.5 Normen, Standards und Gesetze

Es gibt eine Vielzahl an Gesetzen, die den rechtlichen Rahmen für strafrechtliche Belange hinsichtlich der Cybercrime-Delikte abbildet. Des Weiteren gibt es Normen und Standards und Methoden zur Gestaltung und Implementierung eines Informationssicherheitsmanagementsystems (ISMS), das weitere Sicherheit gewähren sollen. Dieses Kapitel soll einen ersten Überblick über diese geben. Generell kann man sagen, dass es im Gegensatz zu anderen Fachdisziplinen eine recht unübersichtliche Vorschriftenlage gibt. Um zukünftig international die Zusammenarbeit zu verbessern, müssen länderübergreifende Maßnahmen gegen die Kriminalität besser abgestimmt bzw. verzahnt werden

Europäische Union
Am 18. Oktober 2018 hat der Europäische Rat Maßnahmen für die Schaffung von Cybersicherheit in der Europäischen Union gefordert. Die EU-Staats- und Regierungschefs haben insbesondere auf restriktive Maßnahmen verwiesen, um auf Cyberangriffe reagieren bzw. diese verhindern zu können. Die Grundlage für das neuerliche Engagement der EU zur Bewältigung von Cyber-Bedrohungen ist ein Reformpaket zur Cybersicherheit, das die Europäische Kommission im September 2017 vorgelegt hat.

Diese Reform stützt sich auf die Maßnahmen, die im Rahmen der EU-Strategie für die Cybersicherheit eingeleitet wurden, insbesondere deren Hauptpfeiler, die Richtlinie zur Netz- und Informationssicherheit (NIS-Richtlinie).

Zu den neuen Initiativen, die in dem Vorschlag vorgesehen sind, gehören

- die Einrichtung einer schlagkräftigeren EU-Agentur für Cybersicherheit
- die Einführung eines EU-weiten Zertifizierungssystems für Cybersicherheit
- die rasche Umsetzung der NIS-Richtlinie.

Die Staats- und Regierungschefs der EU sehen die Reform im Bereich der Cybersicherheit als einen der wichtigsten aktuellen Punkte auf dem Weg zur Vollendung des digitalen Binnenmarkts der EU (2019).

Aktivitäten der Europäischen Union, die sich von der European Network and Information Security Agency (ENISA) unterstützt. 2013 wurde ein Vorschlag für eine Richtlinie des Europäischen Parlaments und des Rates über Maßnahmen zur Gewährleistung einer hohen gemeinsamen Netz- und Informationssicherheit (NIS-Richtlinie) an die Mitgliedstaaten übermittelt. Seit 2016 wird die NIS-Richtlinie in den Ländern der Europäischen Union umgesetzt. Kernforderungen dazu sind:

a. Annahme einer nationalen NIS-Strategie, sowie die Aufstellung einer oder mehrerer NIS-Behörden und CERTs als IT-Notfallteams, die europäisch CSIRT (Computer Security Incident Response Team) genannt werden.
b. Verpflichtendes Risikomanagement, Einhaltung von Mindest-Sicherheitsanforderungen sowie Meldepflichten bei IT-Sicherheitsvorfällen bei ausgewählten Betreibern (z. B. Betreiber von kritischen Infrastrukturen bzw. größere Unternehmen).
c. Einsatz von Kooperationsgruppen unter CSIRTS, ENISA und der Europäischen Kommission, die die Vernetzung und den Austausch fördern (Bundeskanzleramt 2016).

Deutschland
Noch vor dem Entschluss über die finale NIS-Richtlinie beschloss Mitte 2015 die deutsche Bundesregierung das ‚Gesetz zur Erhöhung der Sicherheit informationstechnischer Systeme' (IT-Sicherheitsgesetz).[3] Dieses Gesetz soll vor allem Unternehmen im Bereich der kritischen Infrastrukturen und Internetnutzer besser schützen soll. Ein Kernelement ist die Meldepflicht schwerer Sicherheitsvorfälle, welche im NIS-Gesetz geregelt ist. Aktuell teilen sich die Verantwortung dazu das Bundesamt für Sicherheit und Informationstechnik (BSI), Bundesnachrichtendienst (BND), Bundeskriminalamt (BKA) und die Bundeswehr (BW) (Bundeskanzleramt 2016).

In Deutschland ist es vor allem für Unternehmen und Betreiber kritischer Infrastrukturen notwendig, ein Informationssicherheitsmanagementsystem (ISMS) zu betreiben. Basis dafür sind die Normen und Standards des 27000-Regelkreises. Historisch gesehen, wurde der britische Standard BS 7799 – eine Vorschrift zur

---

[3] Nähere Infos dazu findet man unter: https://www.bsi.bund.de/DE/Home/home_node.html.

6.6 Prävention

Informationssicherheit – weltweit als gültige Leitlinie anerkannt. Flankiert wurde der Standard mit der ISO 17799 im Jahr 2000, die eine umfassende Erläuterung zur bewährten Praxis des Informationssicherheits-Managements gibt (Rössing 2005). In den Folgejahren sind laufend Verbesserungen und nationale Erweiterungen sowie Ergänzungen vorgenommen worden. So wurde z. B. die ISO/IEC 27001 2005 aus dem zweiten Teil des britischen Standards BS 7799-2 von 2002 entwickelt. Sie wurde als internationale Norm erstmals am 15. Oktober 2005 veröffentlicht. Außerdem gibt es weite Möglichkeiten der Zertifizierung nach PCI DSS (Payment Card Industry Data Security Standards), COBIT (Control Objectives for Information and Related Technology), ISIS12 (kurz für Informations-Sicherheitsmanagement System in 12 Schritten) und viele mehr. Ein weiterer Normungsansatz für Unternehmen ist der deutsche IT-Grundschutz (BSI 2016). Herausgegeben und verwaltet vom BSI. IT-Grundschutz

> [...] *bezeichnet eine Methodik zum Aufbau eines Sicherheitsmanagementsystems sowie zur Absicherung von Informationsverbünden über Standard-Sicherheitsmaßnahmen. Außerdem wird mit IT-Grundschutz der Zustand bezeichnet, in dem die vom BSI empfohlenen Standard-Sicherheitsmaßnahmen umgesetzt sind, die als Gesamtheit von infrastrukturellen, organisatorischen, personellen und technischen Sicherheitsmaßnahmen, Institutionen mit normalem Schutzbedarf hinreichend absichern.* (BSI 2016)

Laut der Befragung des BSI 2015 waren die drei häufigsten Normen und Standards IT-Grundschutz, ISO 27001 sowie PCI DSS (BSI 2015). Betrachtet man den Markt der möglichen Zertifizierungsmöglichkeiten, so kann man rasch auch die Geschäftemacherei verorten. Der wirtschaftliche Erfolg gibt ihnen Recht. Es waren noch nie so viele Anbieter am Markt, die vermeintlichen Schutz vor Cyber-Angriffen mit ihren Normen und Standards gewährleisten. Kritisch sei jedoch an dieser Stelle angemerkt, dass trotz all dieser teuren Maßnahmen die Anzahl der erfolgreichen Cyber-Attacken weiterhin im Steigen ist. Das Ziel solcher Maßnahmen kann daher immer nur sein, die Zahl der erfolgreichen Attacken zu reduzieren. Die Zahl der tatsächlichen Angriffe wird man vermutlich trotz internationaler Zusammenarbeit nicht reduzieren können.

Österreich

Die Situation ist Österreich verhält sich ähnlich zu der in Deutschland; es sind die gleichen Normen und Standards gültig und üblich. In Österreich wurde die NIS-Richtlinie durch das Netz- und Informationssystemsicherheitsgesetz (NISG) und die Änderung des Telekommunikationsgesetzes 2003, das am 28.12.2018 in Kraft getreten ist, umgesetzt. Damit ist ein wichtiger Schritt zur Verbesserung der IT-Sicherheit erfolgt.

6.7 Zusammenfassung

Unter dem Überbegriff ‚Malware' (Schadsoftware) werden zahlreiche Cyber-Angriffe subsumiert. Darunter fallen beispielsweise Würmer, Viren, Trojaner, DDos-Attacken, Phishing-Attacken, Spy-Ware etc. Bezeichnet wird damit ein schädliches Programm (= Schadprogramm), das unerwünschte bzw. schädigende Funktionen auszuführt.

- *Methoden und Formen*
  Es gibt unzählige Methoden und Formen von Malware. Daher ist das Erstellen einer finalen Liste nicht möglich. Das Gemeinsame ist immer, dass die Schadsoftware unerwünschte bzw. schädigende Funktionen ausführt.
- *Profiling*
  Zum aktuellen Zeitpunkt gibt es wenig evidenzbasierte Zahlen zum Profil von Tätern und Opfern von Malware.
  Opfer: Opfer von Malware-Angriffen kann jeder werden. Ohne Zweifel richten Malware-Angriffe Schaden in Milliardenhöhe an und zählen damit zu den gefährlichsten Cybercrime-Arten.
  Täter: Empirische Studien über Täter gibt es wenige und wenn, sind sie zumeist veraltet. Die vorhandenen Studien erklären das kriminelle Fehlverhalten anhand der Moralentwicklung Kohlbergs. Vorhandene Studien gehen im typischen Fall von einem männlichen jungen IT-affinen Täterbild aus. Langzeit- und Vergleichsstudien sowie ausführliche Täterbiografiestudien gibt es kaum bis gar nicht.
- *Businessmodell*
  Malware muss nicht nur produziert, sondern auch verbreitet und vertrieben werden. Es haben sich unterschiedliche Geschäftsmodelle rund um die Malware entwickelt. Typischerweise treffen sich Käufer und Verkäufer im Darknet.
- *Prävention*
  Präventionsarbeit wird aktuell auf unterschiedlichen institutionellen Ebenen von Behörden betrieben. Dabei kann man sich dem Thema von einer sozialwissenschaftlichen, psychologischen, technischen oder juristischen Seite nähern. Ein vollkommener Schutz vor Malware-Angriffen wird vermutlich nie möglich sein, dennoch gilt es auf diesen Ebenen zu sensibilisieren und Maßnahmen zu setzen, um so die Anzahl der erfolgreichen Malware-Attacken zu minimieren.

Literatur

Antivirenprogramm.net. 2017. Welche Arten von Schadsoftware Gibt Es? http://www.antivirenprogramm.net/grundlagen/welche-arten-von-schadsoftware-gibt-es/. 15.05.2018.

Barth, B. 2014. Die Sinuns-Milieus 3.0 – Hintergründe und Fakten zum Aktuellen Sinus-Milieu-Modell. In *Zielgruppen im Konsumentenmarketing. Segmentierungsansätze – Trends – Umsetzunge.*, Hrsg. M. Halfamann, 105–120. Wiesbaden: Springer.

Beiersmann, S. 2017. Hacker-Angriff von 2013 Betrifft doch alle Drei Milliarden Yahoo-Nutzer. ZDF-Net. https://www.zdnet.de/88314141/hacker-angriff-von-2013-betrifft-doch-alle-drei-milliarden-yahoo-nutzer/.

Bocij, P. 2006. *The dark side of Internet: Protecting yourself and your family from online criminals.* Westport: Praeger Pubischer.

BSI. 2015. *Cyber-Sicherheits-Umfrage 2015.* Bonn. https://www.allianz-fuer-cybersicherheit.de/ACS/DE/_/downloads/cybersicherheitslage/umfrage2015_ergebnisse.pdf?__blob=publicationFile&v=4.

BSI. 2016. *IT-Grundschutz Kataloge.* Bonn. https://download.gsb.bund.de/BSI/ITGSK/IT-Grundschutz-Kataloge_2016_EL15_DE.pdf.

BSI. 2018. *Die Lager Zur IT-Sicherheit in Deutschland 2018.* Bonn. https://www.bsi.bund.de/SharedDocs/Downloads/DE/BSI/Publikationen/Lageberichte/Lagebericht2018.pdf;jsessionid=4F041EA7018D590080AFA2C558039D1D.1_cid369?__blob=publicationFile&v=5.

Bundeskanzleramtes, Cybersicherheitsgruppe. 2016. *Bericht Cyber Sicherheit 2016.* Wien.

Bundesministerium für Inneres. 2015. *Sicherheit.* Wien. http://www.bmi.gv.at/cms/BK/publikationen/krim_statistik/2015/1342016_Web_Sicherheit__2015.pdf.

Bundesministerium für Inneres. 2017. *Kriminalstatistik.* Wien.

DIVSI. 2012. *DIVSI Milieu-Studie Zu Vertrauen Und Sicherheit Im Internet.* Hamburg. https://www.divsi.de/sites/default/files/presse/docs/DIVSI-Milieu-Studie_Kurzfassung.pdf.

EU. 2019. NIS-RL. https://eur-lex.europa.eu/legal-content/DE/LSU/?uri=CELEX:32016L1148.

Furnell, S. 2010. Hackers, viruses and malicious software. In *Handbook of internet crime*, Hrsg. Y. Jewkes und M. Yar, 173–193. Cullompton: Willan Publishing.

Futurezone. 2016. Neue Malware Stiehlt Millionen von Bankkonten. http://futurezone.at/digital-life/neue-malware-stiehlt-millionen-von-bankkonten/193.269.205.

Gordon, S. 1993. Inside the mind of the dark avenger. *Virus News International*, January.

Gordon, S. 1994. The generic virus writer. In *4th international virus bulletin conference*. http://vxheaven.org/lib/asg04.html.

Holt, T. J., und H. Copes. 2010. Transferring subcultural knowledge online: Pracitces and beliefs of persistent digital pirates. *Deviant Behavior* 31:625–654.

Huber, E. 2015. *Cybercrime Gegen Privatpersonen*, Hrsg. N. Guzy, C. Birkel, und R. Mischkowitz, 393–420. Wiesbaden: Bundeskriminalamt.

IT-Wissen. 2017. Darknet. http://www.itwissen.info/definition/lexikon/Darknet.html.

Kapersky, Lab. 2019. Verschiedene Arten und Klassifikation von Malware. https://www.kaspersky.de/resource-center/threats/malware-classifications.

Kirwan, G., und A. Power. 2011. *Cybercrime: The psychology of online offenders.* https://doi.org/10.1017/CBO9780511843846.

Kochheim, D. 2015. *Cybercrime und Strafrecht in der Informations- und Kommunikationstechnik*. München: Beck.
Lee, D., R. Larose, und N. Rifon. 2008. Keeping our network safe: A model of online protection behaviour. *Behaviour and Information Technology* 27:445–454.
McAfee. 2012. Threat-Report/2. Quartal. http://www.mcafee.com/us/resources/reports/rp-quarterly-threat-q4-2012.pdf.
Namenstinikov, Y. 2009. Schattenwirtschaft Botnetz – Ein Millionengeschäft für Cybercriminelle. https://docplayer.org/8177926-Whitepaper-schattenwirtschaft-botnetze-ein-millionengeschaeft-fuer-cyberkriminelle.html, 31.03.2018.
Pachner, Carina. 2017. Abhör-Skandal: Was uns die Wikileaks-Enthüllungen Lehren über 8000 CIA-Dateien Veröffentlicht: Die Spionagemethoden des Geheimdienstes. https://www.news.at/a/cia-abhoerskandal-8024256.
Rogers, R. W. 1983. Cognitive and physiological processes in fear appeals and attitude change: A revised theory of protection motivation. In *Social psychophysiology*, Hrsg. J. Cacioppo und R. Petty, 153–177. New York: Guilford Press.
Rogers, M. K., K. Siegfried, und K. Tidke. 2006. Self-reported computer criminal behaviour: Apsychological analysis. In *Digital investigation*, Elsevier. 116–120.
Siller, H. 2016. Gabler Wirtschaftslexikon: Definiton ‚Exploit.' http://wirtschaftslexikon.gabler.de/Definition/exploit.html.
Thomson, C. 2004. The virus underground. http://www.nytimes.com/2004/02/08/magazine/the-virus-underground.html?_r=0.
T-Online. 2017. Malware-Lexion. http://www.t-online.de/computer/sicherheit/id_13461810/malware-lexikon-viren-trojaner-wuermer-spyware-und-adware.html.
von Rössing, R. 2005. *Betriebliches Kontinuitätsmanagement*. Bonn: mitp.
Wikipedia. 2017. Bitcoin. https://de.wikipedia.org/wiki/Bitcoin.
Wirtschaftslexikon, Gabler. 2017. Peer-to-Peer-Netzwerk. http://wirtschaftslexikon.gabler.de/Archiv/77351/peer-to-peer-p2p-v9.html.
Yar, M. 2006. *Cybercrime and society*. London: Sage.

Identitätsdiebstahl

7

> **Fallbeispiel**
>
> Futurezone, am 06.06.2016: „*Mark Zuckerbergs Twitter- und Pinterest-Konto gehackt – Selbst Facebook-Gründer Mark Zuckerberg verwendet offenbar gleiche Passwörter auf verschiedenen Webseiten. Hacker drangen in sein Twitter- und Pinterest-Konto ein. Unter dem Titel „OurMine Team" drangen Cyberkriminelle am Sonntag in die Twitter- und Pinterest-Konten von Facebook-Gründer Mark Zuckerberg ein. Dafür reichte offenbar ein Passwort aus, dass die Angreifer wahrscheinlich aus dem kürzlich bei LinkedIn gestohlenen Datensatz ergattern konnten. Obwohl man ja kein Passwort auf verschiedenen Webseiten nutzen sollte, gibt selbst der Facebook-CEO im privaten Gebrauch dem Komfort eines einzelnen Passworts für mehrere Konten nach.*" (Futurezone 2016)

7.1 Überblick

Aktuell gehören Diebstähle der virtuellen Identität zu den häufigsten Cybercrime-Delikten. Der Diebstahl von Identitäten ist allerdings kein neue Form des Verbrechens, im digitalen Zeitalter bekommt dieser Diebstahl eine neue Dimension. Das nun folgende Kapitel beschreibt die Varianten von Identitätsdiebstahlt. Es wird dabei wird auf Methoden und Formen, Profiling, das Businessmodell und die Prävention näher eingegangen.

7.2 Definition

Bevor wir zur Definition des Identitätsdiebsstahls kommen, sollte der Frage nachgegangen werden, was überhaupt eine Identität ist? Grundsätzlich klärt die Identität, wer jemand ist. Viele Wissenschaftsdisziplinen befassen sich mit dem Thema der Identität. Wenn wir im Zusammenhang mit Cybercrime von Identität sprechen, geht es um Merkmale, die den Einzelnen einwandfrei identifizieren.

> *„Eine Identität ist der eindeutige Identifikator für eine Person, Organisation, Ressource oder einen Service zusammen mit optionaler zusätzlicher Information (z. B. Berechtigungen, Attributen). Die Identität umfasst eindeutig kennzeichnende Merkmale. Es gibt verschiedene Techniken zur eindeutigen Identitätskennzeichnung wie die ID-Nummer oder der elektronische Schlüssel, der die Identität eines Benutzers sicherstellt, und diverse Verfahren zur Prüfung und Feststellung der Identität."* („Identität" 2019)

Die Fürsprecher, die Treiber der vernetzten Welt erklären gern, mittels des Internets und der Vernetzung den Alltag leichter machen zu wollen. Durch Personalisierung und Authentifizierung ist es möglich geworden, virtuell orts- und zeitungebunden von überall aus, Einkaufen zu gehen oder seine Bankgeschäfte zu erledigen oder eine Reise zu einem möglichst günstigen Preis planen und buchen zu können. E-Commerce, das Online-Geschäft mit Waren und Dienstleistungen im Internet, boomt. Für den Konsumenten bringt dies augenscheinlich mehr Lebensqualität, denn zum einen ist es sehr einfach, sich ein Buch oder ein Paar Schuhe per Knopfdruck bestellen und bezahlen zu können, zum anderen wird die Realisierung der Wünsche von Ort und Zeit entkoppelt. Man sitzt in einem Café und bucht sich seinen Flug nach London, der noch am gleichen Abend geht, ohne ein Reisebüro aufzusuchen zu müssen. Bei Warenbestellungen hat man oft 24 Stunden später die Waren und/oder die Leistung direkt vor Ort und dies unterstützt mit Programmen der Warenrückverfolgung.

Der E-Commerce in Österreich hat über die letzten Jahre hohe Zuwachsraten verzeichnet und sich in den letzten 10 Jahren nahezu verzehnfacht (Abb. 7.1).

Konsumenten fühlen sich immer sicherer im Netz. Sie hinterlegen ihre Finanzdaten bei Anbietern wie z. B. Amazon, Apple oder Zalando. Den Luxus, alles jederzeit online bestellen zu können, wird mit Vertrauen bezahlt: Vertrauen, das die Online-Unternehmen erfüllen müssen. Dem gegenübersteht, dass Identitätsdiebstahl, Online-Betrug und dergleichen die häufigsten Delikte unserer Zeit ist. Aber was ist Identitätsdiebstahl genau? Ausgehend von der ursprünglichen Definition zum Cybercrime fallen die Delikte des Identitätsdiebstahls sowohl unter die ‚Variante 1: Cybercrime im eigentlichen Sinn', als auch unter ‚Variante 2: Cybercrime im weiteren Sinn'. Dabei werden dem Opfer immer Identitätsdaten gestohlen. Dies können sein: Name, Adresse, Bezahldaten, Log-in und Passwort und vieles mehr.

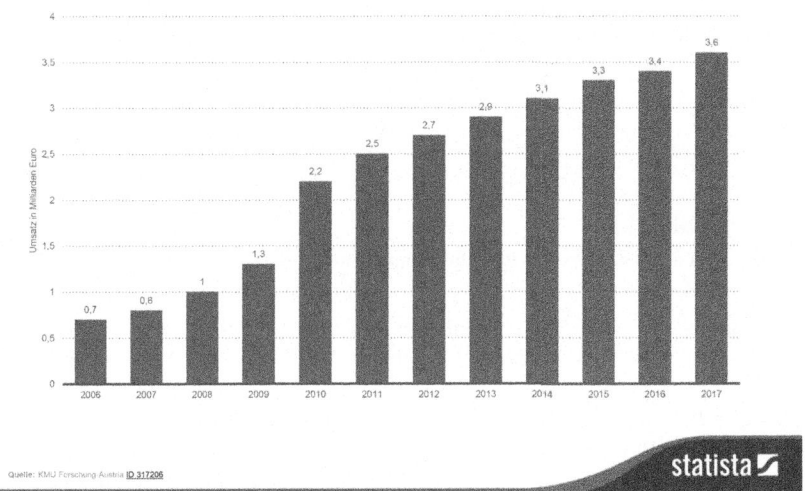

Abb. 7.1 Brutto-Jahresumsatz im Internet-Einzelhandel in Österreich 2006–2017 (Österreich 2016)

7.3 Methoden und Formen

Es gibt zahlreiche Möglichkeiten die Identität bzw. Daten der Identität zu stehlen. Die Kreativität der Täter an die Daten der Opfer zu kommen, kennt keine Grenzen. Betrachtet man die Methoden und Formen des Identitätsdiebstahls so kann man zwei Ebenen festmachen, nämlich online und offline. Zusammenfassend für beide Varianten definiert Kochheim den Identitätsdiebstahl in der virtuellen Welt wie folgt:

a. „*Anonymisierung des Täters.*
b. *Ausnutzung der Bekanntheit und Reputation des Betroffenen.*
c. *Schädigung des Ansehens und Integrität des Betroffenen.*
d. *Die extreme Form ist die Identitätsübernahme, bei der die soziale Rolle eines Dritten vollständig übernommen wird.*
e. *Eine äußerliche Identitätstäuschung liegt vor, wenn die Nutzung fremder Identitätsmerkmale einverständlich erfolgt.*" (Kochheim 2015)

Grundsätzlich wird, wie bereits erwähnt, zwischen dem Identitätsdiebstahl online und offline unterschieden (Tab. 7.1).

7.3.1 Identitätsdiebstahl im eigentlichen Sinn – online

Variante 1 (Cybercrime im eigentlichen Sinn): Der Dieb bezieht seine Informationen online. Diese Variante kann mittels Malware oder durch das Ausnutzen einer IT-Schwachstelle erfolgen.

> **Fallbeispiel**
>
> Identitätsdiebstahl – online: Die Bezahldaten werden von einem Online-Shop, beispielsweise mit einer Malware, gestohlen. Waren werden damit eingekauft. Anschließend werden die Zugangsdaten von dem Opfer zu diesem Onlineshop zurückgesetzt, so dass der Account nicht mehr verwendet werden kann.

Identitätsdiebstahl gehört zu den Cybercrime-Arten, die sehr häufig im zwischenmenschlichen Bereich anfallen. Immer häufiger kommt es vor, dass sich der Täter illegal Zugang zu Bezahldaten oder Online-Profilen im Social-Media-Bereich verschafft. Die Motive dabei sind entweder der finanzielle Gewinn, oder die Rache an einem bekannten Menschen.

Tab. 7.1 Art des Identitätsdiebstahls

	Offline	Online
Cybercrime-Art	Cybercrime im weiterten Sinn	Cybercrime im eigentlichen Sinn
Technik	Daten werden traditionell gestohlen (z. B. Zugangsdaten liegen auf einem Post-it auf dem Schreibtisch)	Daten werden über IKT-Anwendung gestohlen (z. B. E-Mail: Phishing-Attacke, Malware)
Motiv des Täters	Schaden des Einzelnen (Unternehmens) Rache	finanzieller Gewinn Schaden eines Unternehmens Aufzeigen von Sicherheitsschwachstellen
Opfer	Einzelpersonen	meist viele anonyme Opfer, aber auch Einzelpersonen
Methoden	Täter erhält Zugangsdaten zu einer Anwendung und verwendet diese missbräuchlich	Täter verschafft sich mittels Malware einen Zugang auf Anwendungen des Opfers

Fallbeispiel

Die Beziehung eines jungen Paares (nennen wir sie Melanie und Jan) geht auseinander. Melanie hat Jan mit einem anderen betrogen, was Jan sehr ärgert. Der Ärger wandelt sich letztendlich in Zorn um. Er will sich an Melanie rächen. Da Melanie häufig an Jans Laptop arbeitete, hatte sie dort ihre Log-in- und Passwortdaten von Facebook und ihrem E-Mail-Account im Browser abgespeichert. Jan stieg in den Account ein und änderte dort Melanies Zugangsdaten. Von nun an postete er Nacktbilder in ihrem Namen. Da sich Melanie mit dem Facebook-Account auch bei vielen anderen Applikationen des Internets identifizierte, änderte er auch dort alle ihre Einstellungen.

Die drei häufigsten Methoden des Online-Identitätsdiebstahls sind Phishing-E-Mails, der Besuch schädlicher Websites und das Herunterladen von schadhaften Apps.

Phishing-E-Mails
E-Mails gehören zu jenen Anwendung im Internet, die die größte Ausbreitung gefunden haben. Viele Nutzer haben mehrere E-Mail-Konten. E-Mails eignen sich hervorragend Texte, Bilder, Weblinks und Attachments zu versenden. Fast jedes Unternehmen nutzt diese Technologie, um seine Kunden zu erreichen und die Kommunikation aufrecht zu erhalten. Dies eröffnet Kriminellen eine Vielzahl an Möglichkeiten. Es ist beispielsweise relativ einfach, die Absende-E-Mail-Adresse einer Bank zu fälschen. Der Täter muss dazu nur eine Absenderadresse finden, die der Bank sehr ähnlich ist. In die E-Mail kopiert er einige Logos der Bank, die er auf der Website der Bank gefunden hat. Diese E-Mails – auch als Phishing-Mail bekannt – fordern den Empfänger auf, etwas zu tun, und leiten ihn dann auf eine fremde Webseite. Hier wird der Empfänger der Phising-Mail aufgefordert z. B. seine persönlichen Log-in-Daten oder TANs bekannt zu geben. Besonders gefährlich sind dabei die neuesten Methoden der mobilen Malware. Phishing-E-Mails sind eine Form des E-Mail-Betrugs und des Identitätsdiebstahls. Diese Methode macht vor allem Finanzdienstleitern wie z. B. Banken, PayPal, oder Serviceprovidern, wie eBay, zu schaffen.

Phishing-Attacken zählen auch in Österreich zu den häufigsten Cyber-Vorfällen (Huber et al. 2018). In einer Statistik der KPMG zählt Phishing nach den Malware-Attacken zu den zweithäufigsten Attacken (KPMG 2015).

Besuch schädlicher Websites
Ein Risiko der Infizierung ist der Besuch von unsicheren Websites. Bereits durch einen Besuch einer infizierten Website kann man sich mit der Mobile-Malware infizieren. Mobile Endgeräte, vor allem aber Smartphones, haben ein relativ kleines

Display, so dass nicht alles auf einem Bildschirm dargestellt werden kann. Die reduzierte Größe ist eine Einschränkung, die für Nutzer zum Verhängnis werden kann. Mobile Browser zeigen URLs auf eingeschränktem Bildschirmplatz an, wodurch es schwerer wird, die URL in der Gänze zu erkennen. Es fällt dadurch deutlich schwerer zu erkennen, ob es sich um eine legitime oder illegitime Domain handelt. Kriminelle nutzen darüber hinaus die Tatsache, dass die meisten Nutzer ihren Geräten vorbehaltlos vertrauen (Europol 2017). Neben dem Risikos des Identitätsdiebstahls kann diese Art der Malware vor allem für Unternehmen gefährlich werden, die ihren Mitarbeitern mobile Endgeräte zum Arbeiten zur Verfügung stellen. Durch den Besuch auf einer schädlicher Websites können so vertrauliche Firmendaten, Kontakte und sonstige Inhalte ausgelesen werden.

Herunterladen von schadhaften Apps
Vor allem für die mobilen Endgeräte stellen schadhafte Apps eine große Gefahr dar. Es gibt eine Vielzahl gefälschter bzw. schadhafter Apps im Umlauf. Beim Herunterladen der App, beispielsweise einer Bank-App, kann der Nutzer oft auf den ersten Blick nicht erkennen, ob die App auch die legitime App seiner Bank ist. Schadhafte Apps lesen die Authentifizierungsdaten vom Nutzer aus und können somit auf die Kontodaten des Opfers zugreifen (Holt et al. 2015).

7.3.2 Identitätsdiebstahl im weiteren Sinn – offline

Variante 2 (Cybercrime im weiteren Sinn): Der Dieb kommt wie in der realen Welt ganz klassisch durch ein klassisches Diebstahlsdelikt zu seinen Daten.

> **Fallbeispiel**
> Identitätsdiebstahl – offline: Die Kreditkarte von Herrn Meier liegt offen im Büro auf seinem Schreibtisch und wird von einem Firmenkollegen gestohlen. Der Dieb kauft mit dieser Kreditkarte Waren online ein. Das Cybercrime-Delikt beginnt ab dem Zeitpunkt, an dem der Firmenkollege im Online-Shop bezahlt.

Die Offline-Variante des Identitätsdiebstahls kommt heutzutage sehr häufig vor und ist ein typisches Delikt der Kleinkriminalität. Verändert hat sich nur das Ziel (Gegenstand des Deliktes). Hat man früher die Geldbörse gestohlen, stiehlt man jetzt die Bank- und Kreditkarten.

Beide Varianten sind reale Formen der Kriminalität. Im Falle von Identitätsdiebstählen im Cyber-Raum nehmen die Delikte jedoch eine neue Dimension an, denn das Opfer steht nun unter Zwang seine Unschuld beweisen zu müssen. Denn wer garantiert, dass nicht das Opfer selbst die vermeintlichen Einkäufe erledigt hat?

In Fällen des Identitätsdiebstahls gibt es immer zwei Opfer. Die Person, von der die Identität gestohlen wurde, und das Unternehmen, bei dem die Zahlungsdaten hinterlegt waren. Das eigentliche Opfer des Identitätsdiebstahls, der Bestohlene, auf dessen Konto eingekauft wurde, muss viele rechtliche Schritte unternehmen. Er muss z. B. die Bankkarten sperren lassen, Anzeige erstatten, das Online-Einkaufsportal informieren, von dem die Daten gestohlen wurden usw. Oft kann er nur hoffen, dass sich das Einkaufsportal als kundenfreundlich erweist und die Bezahlung rücküberweist. Das Online-Einkaufsportal selbst muss sich den Vorwurf gefallen lassen, dass seine IT-System nicht sicher sind. Es ist mit der illegalen Käuferidentität konfrontiert, die zu Unrecht Waren oder Dienstleitungen bezogen hat. Wenn sich solche Fälle häufen und dies in die Medien gelangt, hat das Unternehmen mit einem massiven Image-Verlust zu rechnen.

7.4 Profiling

7.4.1 Opfer

Grundsätzlich kann jede Person und Organisation, die das Internet nutzt und seine Identität irgendwo hinterlegt hat, Opfer von Identitätsdiebstahl werden. Ist ein Account eingerichtet, mit dem man auch Rechtsgeschäfte und vor allem Bezahlvorgänge in irgendeiner Art abschließen kann, besteht die Gefahr der Manipulation. Für Privatpersonen ist dies meist schon gewährleistet, wenn sie ein Smartphone besitzt. Jeder kann Apps oder Musik kostenpflichtig downloaden und schließt damit gültige Rechtsgeschäfte ab. Somit können Kinder oder Jugendliche auch Opfer von Cyber-Kriminellen werden. Neben dem möglichen finanziellen Verlust durch einen Identitätsdiebstahls, werden auch sensible Daten und Identifikationsdaten des Einzelnen gestohlen. Dies können Ausweisnummern, Kreditkartennummern, Zugangsdaten zu Sozialen Netzwerken, Adressen etc. sein (Huber 2012). Mit diesen Daten ist es Kriminellen möglich, eine Vielzahl anderer Delikten zu begehen.

Betrachten wir den Identitätsdiebstahl in Bezug auf Privatpersonen genauer, so müssen wir weiter differenzieren. Es ist beispielsweise durchaus möglich, dass jemandem die Geldbörse mit der Kreditkarte gestohlen wird. Mit dieser Kreditkarte geht der Kriminelle online einkaufen. Ein weiteres Delikt in diesem Zusammenhang stellt das widerrechtliche Einkaufen von Waren im Namen eines Anderen dar. Es ist ein Motiv aus dem Bereich des Stalkings. Insbesondere Cyberstalker belästigen ihre Opfer vermehrt damit, dass sie in ihrem Namen online Waren einkaufen (Kochheim 2015). Der Unterschied liegt nicht im Betrug selbst, sondern im Motiv der Tat. Bei Cyberstalking-Delikten stehen oft persönliche Gründe im Vordergrund, es besteht in der Regel ein Naheverhältnis zum Täter.

Die zweite Gruppe der Opfer sind die Unternehmen. Diese können oft nicht unterscheiden, ob nun der Account eines Kunden gestohlen wurde oder nicht. Die Kunden sind verärgert und wollen die gestohlene Ware bzw. den entstandenen Schaden nicht bezahlen. Die Unternehmen versuchen mit einem hohen Aufwand an sicherheitstechnischen Investitionen für sich, diesen Konflikt zu lösen. Denn, wenn ein Unternehmen vom Kunden nicht als ‚vertrauenswürdig' und ‚sicher' eingestuft wird, verliert es seine Kunden. Datenschutz und Datensicherheit spielen eine nicht zu unterschätzende Rolle. Im Zentrum der Aufmerksamkeit stehen dabei aber nicht nur die Unternehmen der Privatwirtschaft. In den Medien wird beispielsweise ebenso heftig über die Sicherheit der Gesundheitsdaten diskutiert. Damit kommen auch öffentliche Stellen, wie Sozialversicherungsträger und Spitäler in Bedrängnis. Was passiert beispielsweise, wenn mehrere Patienten mit ein und derselben Versicherungskarte zum Arzt gehen? Was geschieht, wenn persönliche Daten von Patienten in die Öffentlichkeit oder zum Arbeitgeber gelangen? Eine ‚sichere' Lösung des Problems steht noch aus und wird durch die zunehmende Vernetzung und Digitalisierung der Daten noch befeuert.

7.4.2 Die Täter

Bei der Untersuchung der Täterprofile bezüglich des Identitätsdiebsstahls muss man zunächst die Arten des Cybercrimes (online – offline) unterscheiden, erst dann kann über die Zuordnung der Variablen Motiv, Beziehungsstatus Opfer/Täter, Art des Angriffs und Tatort eine Klassifizierung erfolgen (Tab. 7.2).

Identitätsdiebstahl – offline
Ein wesentliches Erkennungsmerkmal des Identitätsdiebstahls in der Offline-Variante ist, dass die Motive des Täters sehr häufig extrinsischer Natur sind. Der Täter verschafft sich Zugang zur Identität, bzw. den Daten der Identität der Opfer. Dies kann durch List geschehen oder das Opfer kannte den Täter und hat ihm die Zugangsdaten anvertraut sowie das Opfer hat fahrlässig seine Zugangsdaten offen herum liegen lassen. Und danach will der Täter schnell zu Geld kommen. Die steigende Anzahl der Identitätsdiebstähle, die offline durchgeführt werden, bestätigen diese Annahme. Bei immer mehr dieser Delikte wird das Internet als Tatmittel eingesetzt. Extrinsische Motive können durch den Zufall ausgelöst werden. So lässt z. B. das Opfer am Arbeitsplatz seine Authentifizierungsdaten offen am Schreibtisch liegen. Die meisten Identitätsdiebstähle offline sind dem ‚Human Factors', also der menschlichen Unachtsamkeit geschuldet.

7.4 Profiling

Tab. 7.2 Täterprofile Identitätsdiebstahl

Art des Identitätsdiebstahls		
	Offline	Online
Cybercrime-Art	Cybercrime im weiteren Sinn	Cybercrime im engeren Sinn
Motive	Intrinsisch: z. B. sich an jemanden rächen wollen	Intrinsisch: z. B. Hass, Langeweile, Aggressionen, einem Konkurrenten schaden wollen, Rache
	Extrinsisch: z. B. zufällige Gelegenheit auf Gewinn	Extrinsisch: z. B. finanzielle Bereicherung sich einen Vorteil verschaffen
Beziehungsstatus Opfer-Täter	Ex-Partner, Bekannte, Firmenkollegen, Unbekannte	Unbekannte, Ex-Pariner
Art des Angriffs	zielgerichtet	ungerichtet oder zielgerichtet
Tatort	meist Inland	In- und Ausland

Ist ein Delikt intrinsisch motiviert, liegt ihm sehr häufig Rache als Hauptmotiv zugrunde. In vielen Fällen kann man von einem Beziehungsstatus zwischen Opfer und Täter ausgehen. Oft sind sie untereinander bekannt, z. B. Ex-Partner oder Firmenkollegen. Natürlich gibt es auch in diesen Fällen die Möglichkeit des unbekannten Täters. In diesen Fällen wird oft von Gelegenheitstätern ausgegangen. Der Angriff selbst ist immer zielgerichtet. Im Fokus stehen die Daten einer konkreten Person, und der Tatort ist zumeist im Inland.

Täter, die offline einen Identitätsdiebstahl ausüben, sind zumeist wenig ausgebildet und häufig arbeitslos (Huber und Pospisil 2017). Um einen Identitätsdiebstahl offline durchzuführen, benötigt man keine Informatik- oder IT-Security-Kenntnisse. Näheres dazu können Sie im letzten Kapitel des Buches „Cybercrime in Österreich 2006–2016 – Am Fallbeispiel der Stadt Wien" nachlesen.

Identitätsdiebstahl – online

Die Motive der Täter des Identitätsdiebstahls – online entsprechen im Wesentlichen jenen, der Malware-Täter-Profile. Täter agieren intrinsisch. Sie agieren aus Hass, Rache, Langeweile oder weil sie einem Konkurrenten schaden wollen. Oft ist das treibende Motiv sich in einer bestimmten Programmierer-Community beweisen zu wollen. Extrinsische Motive hingegen entstehen vor allem aus dem Wunsch heraus, schnell zu Geld zu kommen. Zwischen Opfer und Täter besteht zumeist keine Beziehung. Im Falle des Identitätsdiebstahls – online geht es zumeist darum, entweder möglichst viele Identitäten oder eine konkrete Identität zu stehlen. Betroffen sind daher vor allem Banken, Zahlungssysteme und große Webshop-Betreiber.

Die Art des Angriffs kann man sowohl als zielgerichtet und ungerichtet klassifizieren. Wie bereits beschrieben, hat Identitätsdiebstahl – online immer zwei Opfer: das Unternehmen, dem die Daten gestohlen werden, und der Person, die die gestohlenen Daten besitzt. Der Angriff zum Unternehmen hin, ist dabei immer zielgerichtet, da der Täter sich für ein bestimmtes Unternehmen entscheidet. Besonders häufig sind in diesem Zusammenhang die Fälle von Phishing-Angriffen zu nennen.

> **Fallbeispiel**
>
> Netzwelt.de/20.02.2019/ *"Das Landeskriminalamt (LKA) Niedersachsen warnt aktuell vor Phishing-Mails im Namen von WhatsApp. Die dubiosen und gefährlichen Nachrichten tragen unter anderem die Betreffzeilen „Ticket" oder „Fahrkarte". Doch anstatt auf ein Support-Ticket hinzuweisen, läuft angeblich eure WhatsApp-Mitgliedschaft ab. Klickt ihr auf den in der E-Mail enthaltenen Button, landet ihr auf dubiosen Webseiten, die euch entweder eine Mitgliedschaft für ein Jahr für 0,99 Euro anbieten. Sprachlich hölzern, wenige Zeilen Text und ein Link auf externe Seiten, die eure Kreditkarten-Daten haben wollen: Das passt so gar nicht zum WhatsApp-Messenger, der schon seit Jahren komplett kostenlos ist."* (Kant 2019)

Der Identitätsdiebstahl zur Einzelperson hingegen ist oft ungerichtet. Ziel ist es möglichst viele Daten zu erhalten. Tatorte können überall sein. Oft kommen die Angriffe aus dem Ausland, was die Strafverfolgung erschwert. In den letzten Jahren hat sich darüber hinaus eine besondere Ausprägung des Identitätsdiebstahls online entwickelt. Häufig werden Social Media Profile gehackt, um so das Opfer zu diffamieren (Huber und Pospisil 2017). In diesen Fällen findet eine Überschneidung zwischen dem Identitätsdiebstahl und dem Cyberstalking statt. Näheres dazu ist im Kap. 8 „Cyberstalking" nachzulesen.

7.5 Business Modell

Grundsätzlich unterscheidet man zwischen Tätern, die den Identitätsdiebstahl aus gewerblichen Gründen (online und offline) und jenen, die den Identitätsdiebstahl aus privaten Gründen verrichten. Betrachtet man die Fälle, die aus gewerblichen Gründen durchgeführt werden, so ist davon auszugehen, dass die Täter nicht immer hoch qualifiziert ausgebildet sind. Dies trifft vor allem auf jene Fälle zu, in denen der Identitätsdiebstahl offline durchgeführt wird. In zahlreichen Fällen ergibt sich eine Situation, die vom Täter spontan genutzt wird (Huber und Pospisil 2017).

Kochheim unterscheidet darüber hinaus drei verschiedene Arten von Business Modellen (online), wie sich Täter der Identität eines Opfers annehmen: a. Identität wird komplett übernommen, b. Identität wird zum Teil übernommen und c. es werden nur Merkmale der Identität übernommen.

a. *Die Identität wird komplett übernommen*
   Alle Identitätsmerkmale einer Person werden übernommen. Somit sind die Zugänge zu Bankkonten, Sozial- und Rentenversicherung, Führerschein etc. angenommen worden. Mit dieser selten vorkommenden Form können Social Engineering-Attacken durchgeführt, die Rente eines Verstorbenen oder staatliche Beihilfen bezogen werden.
b. *Die Identität wird zum Teil übernommen*
   Täter, die nach diesem Business-Modell vorgehen, verschaffen sich Vorteile dadurch, dass sie z. B. Fake-Accounts oder gefälschte Personalpapiere erstellen, um dann Bankkonten einzurichten oder Mietverträge abzuschließen. Die Täter können somit untertauchen und sich eine Alias-Identität verschaffen. In diesem Fall werden Banken betrogen und der Staat getäuscht.
c. *Es werden nur Merkmale der Identität übernommen*
   Dies ist häufigste Form des Identitätsdiebstahls. Sie wird zumeist nur kurzfristig angewendet. Damit werden Social Engineering-Attacken, Hacking und Datenhandel betrieben. Anwendungsgebiete sind Phishing-Attacken, Skimming und Cashing, Zahlungsverkehrsbetrug und Warenhandelsbetrug (z. B. bei eBay oder PayPal) (Kochheim 2015).

7.6 Prävention

In der Prävention von Identitätsdiebstählen geht es primär darum, die Nutzer zu sensibilisieren auf ihren Umgang mit ihren Daten zu achten. Wer Identitätsnachweise online speichert, sollte sich nie zu sicher sein, dass diese nicht gestohlen werden. Dabei können neben den klassischen Präventionsmaßnahmen, die im Kapitel Malware bereits geschildert wurden, weitere Maßnahmen ergriffen werden.

Umgang mit Zahlungsdaten bei Bezahldiensten
Generell ist Vorsicht beim Herunterladen von Apps geboten. Nutzer sollten immer sicherstellen, wenn sie z. B. die App einer Bank herunterladen, dass Sie auf der offiziellen Webseite der Bank sind. Dies kann gewährleistet werden, indem man die Apps nur von den regulären App-Stores von Apple oder Android (Google-Play)

herunterlädt. Dabei sollte das automatisches Anmelden bei der gewählten Online-Banking-Seite oder -App ausgeschaltet werden. Darüber hinaus kann die Sicherheit erhöht werden, wenn im Falle der Übertragung von sensiblen Daten nur sichere WLAN-Netzwerke benutzt werden. Von der Nutzung von öffentlichen WLAN ist in diesen Fällen abzuraten. Darüber hinaus ist es wichtig, seine Zugangsdaten nicht zu teilen, weder per E-Mail, noch anders.

Umgang mit Zugangsdaten zu Social-Media-Plattformen, E-Mail- und Chat-Konten
Wichtigste Empfehlung ist es, seine Zugangsdaten zu Social-Media-Plattformen nicht im Browser zu speichern. Vor allem dann nicht, wenn noch weitere Personen Zugang zu den Geräten haben. Es ist verbreitet, dass derselbe Username und dasselbe Passwort bei unterschiedlichen Diensten verwendet wird. In diesem Fall kann ein Identitätsdiebstahl verheerende Folgen haben. Der Täter kann dann von allen verfügbaren Applikationen Log-in und Passwort zurücksetzen.

Beispielsweise: Das Gmail-Konto von Google wird auch als Log-in für Facebook und Amazon verwendet. Der Täter setzt die Zugangsdaten zurück, so kann das Opfer nicht einmal mehr auf seine E-Mail-Adresse zugreifen. Ist der E-Mail-Zugang für den Nutzer gesperrt, so ist es für ihn nicht mehr möglich, von anderen Applikationen aus das manipulierte Passwort zurückzusetzen. Die Folge ist ein Hürdenlauf mit der Bürokratie: Diensteanbieter wie Google, Facebook, GMX etc. stellen nur dann das Konto zurück, wenn eine Anzeige vorliegt und vom Gericht die Kontenöffnung beantragt wird. Dies kann monatelang dauern.

Ein weiteres Risiko in diesem Zusammenhang birgt der unvorsichtige und unbedachte Umgang mit Sozialversicherungsnummern, Kopien von Führerscheinen oder Zeugnissen. Besonders Jugendliche neigen aus Stolz und Übermut dazu, z. B. den erstandenen Führerschein zu kopieren und in Social-Media-Plattformen zu stellen. Kriminelle stehlen von dort die Daten und fertigen eine Führerscheinkopie an. Ähnliches gilt für Zeugnisse oder Sozialversicherungsnummern, über die dann Leistungen abgerufen werden.

7.7 Zusammenfassung

Identitätsdiebstahl zählt zu den häufigsten Cybercrime-Delikten unserer Zeit (Bundesministerium für Inneres 2017). Man unterscheidet dabei zwischen Identitätsdiebstahl im eigentlichen Sinn – online und Identitätsdiebstahl im weiteren Sinn – offline.

7.7 Zusammenfassung

- *Methoden und Formen*
  Identitätsdiebstahl im eigentlichen Sinn – online: unter diese Kategorie fallen jene Angriffe, die typischerweise über eine Malware gesteuert werden (siehe Kap. 6 „Malware") und jene, bei denen ein Täter eine konkrete Identität eines konkreten Opfers, z. B. eines Social-Media-Accounts annimmt. Typische Formen sind Phishing-Attacken und schädliche Websites. Darüber hinaus gibt es eine Mischform zwischen Identitätsdiebstahl und Cyberstalking. Dabei eignen sich Täter das Profil (zumeist Social-Media-Profile) des Cyberstalking-Opfers an und posten in dessen Namen Bilder und Text.

  Identitätsdiebstahl im weiteren Sinn – offline: unter diese Kategorie fallen jene Delikte, bei denen der Diebstahl offline erfolgt, z. B. das Stehlen einer Kreditkarte. Der Identitätsdiebstahl im Sinne des Cybercrimes erfolgt erst dann, wenn der Täter illegal auf ein Datenverarbeitungssystem des Opfers zugreift.

- *Profiling*
  Zum aktuellen Zeitpunkt gibt es wenig evidenzbasierte Zahlen zum Profil von Tätern und Opfern des Identitätsdiebstahls.

  Opfer: Opfer eines Identitätsdiebstahls kann jeder werden, der eine Online-Identität hat. Grundsätzlich unterscheidet man zwei Arten von Opfer, nämlich die Person, die es konkret trifft, und das Unternehmen, das getäuscht wurde.

  Täter: Im Wesentlichen kann man zwei verschiedene Arten von Täter identifizieren, jene mit Informatik- und jene ohne Informatikkenntnisse. Verwendet der Täter eine Schadsoftware, um an die Daten des Opfers zu gelangen, so gelten die gleichen Täterprofile wie die der Malware-Täter. Alle anderen Vorfälle des Identitätsdiebstahl erfordern keine speziellen Kenntnisse, um sich die falschen Identitätsdaten anzueignen. Delikte, die früher der klassischen Kleinkriminalität zuzuordnen waren, bedienen sich des Identitätsdiebstahls – offline.

- *Business Modell*
  Im Wesentlichen kann man zwei Unterschiede festhalten: Identitätsdiebstahl, der aus gewerblichen Gründen betrieben wird (online und offline) und Identitätsdiebstahl, der aus privaten Gründen betrieben wird. Dabei kann man die Identitäten in unterschiedlicher Qualitäten und Ausprägungen annehmen.

- *Prävention*
  Neben den Präventionsmaßnahmen, die bereits im Kap. 6 „Malware" beschrieben wurden, gilt es hier besonders achtsam mit seinen personenbezogenen Daten umzugehen und kritische Websites und Apps zu meiden.

Literatur

Bundesministerium für Inneres. 2017. *Kriminalstatistik*. Wien.
Euorpol. 2017. *Mobile malware*. https://www.europol.europa.eu/activities-services/public-awareness-and-prevention-guides/mobile-malware. 31.0.32018.
Futurezone. 2016. *Mark Zuckerbergs Twitter- und Pinterest-Konto Gehackt*. Mark Zuckerbergs Twitter- und Pinterest-Konto gehackt.
Holt, T. J., A. Bossler, und K. C. Seigfried-Spellar. 2015. *Cybercrime and digital forenics*. New York: Routledge.
Huber, E. 2012. *Cyberstalking und Cybercrime – Kriminalsoziologische Untersuchung zum Cyberstalking-Verhalten der Österreicher*. Wiesbaden. Springer.
Huber, E., und B. Pospisil. 2017. *Die Cyber-Kriminellen in Wien. Eine Analyse von 2006–2016*. Krems an der Donau/Hamburg: tredition GmbH.
Huber, E., B. Pospisil, O. Hellwig, und W. Rosenkranz. 2018. Einführung Eines KMU-CERTs in Österreich. In *Dach Security 2018. Bestandsaufnahme, Konzepte, Anwendungen*, Hrsg. P. Schartner und N. Pohlmann, 142–150. Frechen: syssec.
Identität. 2019. In *IT Wissen*. https://www.itwissen.info/Identitaet-identity.html.
Kant, A. 2019. WhatsApp: LKA Niedersachsen Warnt vor Gefährlichen Phishing-Mails. *Netzwelt.De*, February 20. https://www.netzwelt.de/betrugswarnungen/161850-whatsapp-lka-niedersachsen-warnt-gefaehrlichen-phishing-mails.html.
Kochheim, D. 2015. *Cybercrime und Strafrecht in der Informations- und Kommunikationstechnik*. München: Beck.
KPMG. 2015. Cyber Security in Österreich. http://de-1statista-1com-167jz42ww004a.han3.donau-uni.ac.at/statistik/daten/studie/552495/umfrage/arten-von-cyberangriffen-auf-unternehmen-in-oesterreich/.
Österreich, KMU Forschung. 2016. *E-Commerce Österreich*. Wien. https://de-1statista-1com-167jz42es0085.han3.donau-uni.ac.at/statistik/studie/id/34477/dokument/e-commerce-in-oesterreich-statista-dossier/.

Cyberstalking 8

> **Fallbeispiel**
> Blick – 16.03.2017: „*Zehn Jahre Haft für Cyber-Stalker von Amanda Todd: Amsterdam – Ein niederländischer Cyber-Stalker ist für die Erpressung und sexuelle Nötigung Dutzender Mädchen zu zehn Jahren und acht Monaten Gefängnis verurteilt worden. Das Strafgericht in Amsterdam sah am Donnerstag die Schuld des 38-Jährigen als erwiesen an. Die Kanadierin Amanda Todd war eines der Opfer des Niederländers. Die 15-jährige Todd nahm sich 2012 aus Verzweiflung über den Cyber-Stalker und wegen Mobbings das Leben. Zuvor hatte sie ihr Leiden in einem Video im Internet dargestellt*" (Meloy 1998).

8.1 Überblick

In diesem Kapitel werden die unterschiedlichsten Betrachtungsmomente des Cyberstalkings analysiert. Neben einer Definition, Methoden und Formen wird auf das Profiling, das Vorgehensmodell und die Prävention wie auch auf die Überschneidungen und Unterscheidungen zwischen Cyberbullying und Cyberstalking eingegangen.

8.2 Definition

Cyberstalking bzw. die Möglichkeit selbst Oper zu werden, wird immer wahrscheinlicher und betrifft aktuell bereits sehr viele Menschen in unserer Gesellschaft. Der Begriff Cyberstalking ist eine Verbindung der Worte ‚Cyber' und ‚Stalking'. Stalking kann laut Meloy (1998) in zweierlei Hinsicht interpretiert werden, nämlich

„(1) to gather private information on the target to further a pursuit; and (2) to communicate (in real time or not) with the target to implicitly or explicitly threaten or to in-duce fear." (Pathe and Mullen 1997)

Es geht also im Wesentlichen um die obsessive, langanhaltende und fortdauernde Belästigung eines Menschen, die seine Lebensführung beeinträchtigt. Diese Definition ist sehr wichtig, da sich mittlerweile im umgangssprachlichen Wortgebrauch falsche Definitionen verbreitet haben. So bezeichnen manche Personen schon den Umstand als Stalking, wenn eine dritte Person Informationen über sie recherchiert. Wissenschaftlich gesehen spricht man von Stalking, wenn es sich um eine obsessive Belästigung, über einen längeren Zeitraum hindurch handelt. Stalking ist an und für sich nichts Neues. Das Nachstellen von Personen ist seit Jahrtausenden in unserer Gesellschaft ein häufig vorkommendes Verhalten. Pathé und Mullen heben in ihren Arbeiten hervor, dass es sich bei Stalking um ein Verhaltensmuster handelt, das darin besteht, dass der Stalker zu dem Opfer mehrmals Kontakt aufnimmt und dieses dadurch belästigt (Mullen et al. 2000). Unter Cyberstalking müssen also die Bedingungen von Stalking erfüllt sein, das Tatmittel ist jedoch ein PC, Tablett, Smartphone und dergleichen.

Mittlerweile gibt es mehrere Ausprägungen von obsessiven Belästigungen im Internet, die als Neologismus ‚Cyberstalking' Einzug in unsere Lexika fand. Ein Phänomen ähnlich dem Cyberstalking, das vor allem bei Jugendlichen häufiger auftritt, ist Cyberbullying bzw. Cybermobbing. Darunter versteht man *„das bewusste Beleidigen, Bedrohen, Bloßstellen oder Belästigen mit elektronischen Kommunikationsmitteln wie dem Handy oder im Internet. Im Internet werden vor allem Foto- und Videoplattformen (z. B. Flickr oder YouTube) und Soziale Netzwerke (z. B. Facebook) für diese Angriffe missbraucht"* (Forgo et al. 2010). Gekennzeichnet werden diese Aktivitäten durch das systematische Durchführen von Kränkungen, Verletzungen, Demütigungen, Drohungen oder sexuellen Belästigungen. Diese Ausprägungen finden verstärkt in Sozialen Medien, wie Facebook oder Youtube, und Kommunikationsplattformen wie WhatsApp und Snapchat statt. Cyberbullying kann theoretisch auch Elemente des Cyberstalkings besitzen und vice versa. Daher ist eine eindeutige Trennung der beiden Cyber-Delikte nicht immer möglich. Um diesem Verhalten Einhalt zu gewähren, hat der österreichische Gesetzgeber 2016 den Paragraphen § 107c eingeführt. Für das gleiche Jahr weist die Kriminalitätsstatistik bereits 302 Anzeigen aus (Bundesministerium für Inneres 2018).

Man unterscheidet zwischen Cyberstalking im engeren Sinn und Cyberstalking im weiteren Sinn. (Abb. 8.1)

Unter Cyberstalking versteht man daher im engeren Sinn:

8.2 Definition

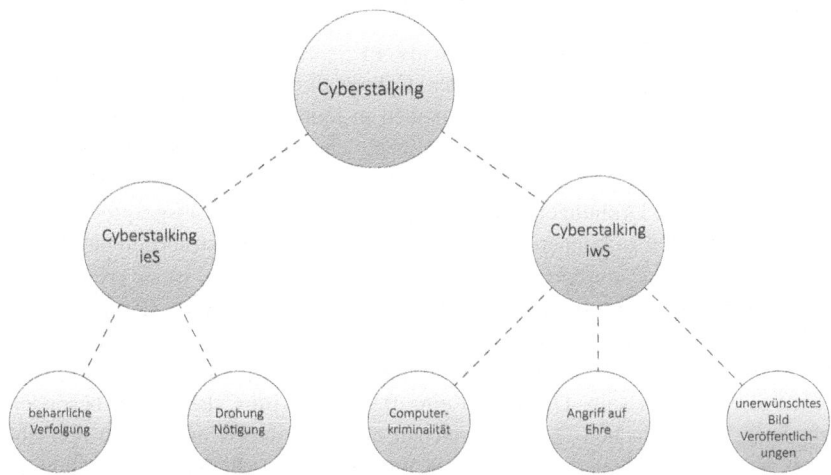

Abb. 8.1 Systematische Darstellung von Cyberstalking (Forgo et al. 2010)

„Jene Verhaltensweisen, die die persönliche Freiheit, konkret die Willensbildungsfreiheit oder die Freiheit der Willensbetätigung, unter Zuhilfenahme elektronischer Kommunikationsmittel beeinträchtigen. Damit erfasst der Terminus Cyberstalking ieS [Anm: im eigentlichen Sinn] neben Drohungen und Nötigungen auch Handlungen, die aufgrund ihrer Kontinuität und Dauer zu einer unzumutbaren Beeinträchtigung der Lebensführung führen." (Huber 2012) In dieser Arbeit wird Cyberstalking „als obsessive Belästigung unter zur Hilfenahme von neuen Telekommunikationstechnologien gesehen." (Forgo et al. 2010)

Cyberstalking im weiteren Sinn:

„Hingegen enthält der Begriff Cyberstalking im weiteren Sinn neben Angriffen auf Computersysteme und ehrenrührige Veröffentlichungen auf Webseiten, in Online-Foren oder in Social Network-Profilen auch unliebsames Veröffentlichen von Fotos." (Forgo et al. 2010) Insbesondere diese Variante hat in den vergangenen Jahren an Bedeutung gewonnen.

8.2.1 Cyberstalking im engeren Sinne

Ohne in Details der juristischen Differenzierung einzelner Sachverhalte zu gehen, wird im Folgenden das Wesen von Cyberstalking erklärt. Dazu zählen:

Drohungen und Nötigungen
Drohungen gegenüber Personen werden als eine häufige Form beobachtet, dies sowohl des ‚Offline-Stalking' als auch des ‚Cyberstalking'. Oft wandelt sich der zunächst harmlose Kontakt zwischen Personen in feindseliges und aggressives Verhalten. Unbestreitbar ist, dass Drohungen, die mit den Mitteln moderner Kommunikation erfolgen, die gleichen oder ähnliche Wirkungen für die Bedrohten haben können, wie Drohungen, die von Angesicht zu Angesicht ausgesprochen werden. Um beurteilen zu können, ob die Grenze zwischen einer straflosen bloßen Belästigung und einer strafbaren Handlung überschritten wurde, ist es erforderlich, dass die Äußerungen im konkreten Zusammenhang geprüft werden (Fabrizy 2018). Drohungen können auf unterschiedlichste Art bewertet werden, sofern sie auch strafrechtlich bewertet werden können, müssen sie gegen Körper, Freiheit, Ehre und Vermögen gerichtet sein. Das macht eine Bewertung im Cyber-Raum besonders schwierig, da in machen Online-Bereichen ein eher rauer Umgangston herrscht. Nutzt der Täter die Wege der modernen Kommunikation lediglich um sein Opfer zu bedrohen, so wird die Besorgniseignung eher zu bejahen sein als in Fällen, in denen sich Täter und Opfer lediglich über einen Chatraum kennen.[1] Für die Strafbarkeit ist es darüber hinaus notwendig, dass der Täter die Absicht hat, sein Opfer in Furcht und Unruhe zu versetzen. Der bedingte Vorsatz reicht hinsichtlich des Versetzens in Furcht und Unruhe nicht aus (Forgo et al. 2010; Fabrizy 2018).

Beharrliche Verfolgung
Ein Problem, mit dem Cyberstalking-Opfer zu kämpfen haben, ist, dass sie die beharrliche Verfolgung nachweisen müssen. Das Opfer hat also für den Fall einer strafrechtlichen Verfolgung nachzuweisen, dass es beharrlich verfolgt wurde. Dies ist in vielen Fällen relativ schwer. Die Opfer müssen beweisen, dass ihre Lebensführung über einen längeren Zeitraum, in einer bestimmten Häufigkeit unzumutbar beeinträchtigt wurde. Man erkennt auf den ersten Blick, dass es viel Interpretationsspielraum gibt. Was ist unzumutbar? Was ist beharrlich? Im klassischen Stalking, wenn z. B. jemandem täglich vor der Wohnungstür aufgelauert wird, kann diese Beharrlichkeit leichter nachgewiesen werden. Wenn man allerdings 70 SMS und 20 E-Mails pro Tag bekommt, bietet sich als erster Lösungsweg an, die (Mobil-)Telefonnummer oder E-Mail-Adresse zu wechseln oder den Täter zu blockieren. Das ist natürlich keine Garantie, dass der Täter nicht neue Wege findet, um das Cyberstalking fortzuführen. Das Aufsuchen der räumlichen Nähe, ein Merkmal

---
[1] Mit dieser Problematik ist der Gesetzgeber auch konfrontiert, wenn er generell Bedrohungen oder Radikalisierungen im Internet näher betrachtet. Es gilt daher immer abzuwägen, ob die Bedrohung real ist, oder nicht.

8.2 Definition

des klassischen Stalkings, spielt im Falle von Cyberstalking eine untergeordnete Rolle. Um das Tatbestandsmerkmal der Beharrlichkeit zu erfüllen, können die einzelnen Handlungen auch kumulativ gesetzt werden. Bei der Beurteilung, ob die Lebensführung des Opfers unzumutbar beeinträchtigt ist, müssen alle Handlungen in der Gesamtheit geprüft und beurteilt werden.

8.2.2 Cyberstalking im weiteren Sinn

Die klassische Computerkriminalität

Unter Cyberstalking im weiteren Sinn versteht man in erster Linie die Delikte der klassischen Computerkriminalität, die im rechtlichen Rahmen des jeweiligen Landes stehen[2] (Forgo et al. 2010). Wenn es zu Delikten der Computerkriminalität kommt, ist es schwierig auch das Cyberstalking-Verhalten gleich bei der Analyse mit festzustellen. Es muss immer eine eindeutige Stalking-Absicht vorliegen. Gerade in diesem Fall verschwimmen die Darstellungen der einzelnen Delikte. Ein Beispiel dafür wäre, wenn sich der Täter öfter Zugriff in das Computersystem des Opfers verschafft.

Angriffe auf die Ehre

Mit den Applikationen des Internet – z. B. Online-Foren, wie Facebook oder Blogs, – wird den Nutzern die Möglichkeit geboten, ihre eigene Meinung in hohem Maß öffentlich kundzutun. Unbestritten ist, dass auf diese Art wesentlich zur freien Meinungsbildung beigetragen und jene Meinungsvielfalt garantiert wird, die demokratiepolitisch gewünscht ist. Vor allem im Hinblick auf Cyberstalking stellen diese Applikationen auch ein Risiko dar, denn mit ihnen ist es möglich, die Ehre eines jeden anzugreifen. Das kann von Verspottung bis zur üblen Nachrede oder Kreditschädigung gehen.

Unerwünschte Veröffentlichungen von Bildern

In Zeiten von Networking-Plattformen, wie Facebook, Instagram und Co., präsentieren sich immer mehr Menschen im World Wide Web. Die einfache Bedienung

---

[2] Darunter fallen: Angriffe auf Computersysteme und Datenspionage, Auskundschaften eines Geschäfts- oder Betriebsgeheimnisses, Widerrechtlicher Zugriff auf ein Computersystem, Verletzung des Telekommunikationsgeheimnisses und Missbräuchliches Abfangen von Daten, Datenverwendung in Gewinn- und Schädigungsabsicht, Datenbeschädigung sowie Störung der Funktionsfähigkeit eines Computersystems.

der meisten Applikationen ermöglicht, dass persönliche Daten oder Bilder quasi per Mausklick veröffentlicht werden können. Damit wird Cyberstalkern aber auch die Möglichkeit geboten, Informationen jeglicher Art über andere Personen sowie deren bildliche Darstellung – unabhängig, ob diese der Realität entspricht oder digital bearbeitet wurde – rasch und ohne großen Aufwand einem breiten Publikum zugänglich zu machen. Kritisch wird dies, wenn z. B. ein Bild des Opfers, auf dem es leicht bekleidet ist, auf Webseiten oder in Social Networks veröffentlicht wird. Es spielt dabei keine Rolle, ob das Bild ‚echt' oder durch eine Fotomanipulation hergestellt wurde (Forgo et al. 2010). Gleichermaßen folgenreich können auch gefälschte Profile auf Netzwerken, wie Facebook, Instagram und Snapchat, sein, denn sie betreffen den höchstpersönlichen Lebensbereich. Unter diesen fallen beispielsweise das Sexualleben, der sensible Bereich des Familienlebens, religiöse Ansichten und Krankheiten. Bildaufnahmen (dazu zählen auch Videoaufnahmen) des höchstpersönlichen Lebensbereiches können solche des Opfers selbst, aber beispielsweise auch dessen Wohnräume sein. Von ‚Happy Slapping' spricht man, wenn Prügeleien mit der Handykamera gefilmt und anschließend als Video verbreitet werden.

8.3 Methoden und Formen

Die Methoden und Formen des Cyberstalkings vervielfältigen und verfeinern sich, wie bei allen Formen der Kriminalität mit der Technologieentwicklung. War es vor rund 20 Jahre noch üblich über SMS gestalkt zu werden, nehmen Stalking-Methoden, wie z. B. das Stalking über Snapchat, Facebook oder WhatsApp, in den letzten Jahren rasant zu.

8.3.1 Online versus Offline Cyberstalking

Viele Menschen gehen davon aus, dass Cyberstalking eine erweiterte Methode des klassischen Stalking ist und es sich nur um eine andere Ausprägung der Belästigung handelt (Variante 1). Diese Variante geht davon aus, dass es z. B. gleichzusetzen ist, wenn der Täter eine E-Mail oder einen handgeschriebenen Brief verschickt. Beide Formen der Belästigung werden als gleichwertig betrachtet (Huber 2012). Es besteht allerdings kein Zweifel, dass das Medium Brief an Attraktivität verloren hat. Diese Tatsache findet sich in allen Lebensbereichen wieder und ist kein spezielles Phänomen im Kontext von Stalking-Handlungen. Dennoch muss man zugeben, dass das Schreiben eines E-Mails oder einer SMS billiger ist und schneller geht, als das Schreiben eines Briefes. Wiederum andere sehen im Cyberstalking eine neue Form des kriminellen Handelns, die erst durch die Entwicklungen der Telekommunikationstechnologien möglich geworden ist. Zwischen 1980 und 1990 existierte Cyberstalking noch nicht, obwohl zu dieser Zeit die Internetnutzung schon stark zunahm. Diese Tatsache spricht gegen die Annahme, dass Cyberstalking eine Ausdehnung des Offline-Stalkings ist, denn erst mit der Vernetzung der Computer war so eine Bedrohung möglich (Ogilvie 2000). Mittlerweile kann man sagen, dass es eine Vermengung der unterschiedlichsten Cyberstalking-Varianten gibt. Diese lassen sich in erster Linie durch das Motiv, nicht nach dem technischen, physischen Angriffsweg definieren.

Variante 1: Offline
Diese Variante des Cyberstalking beschreibt eben jene Delikte, die es auch offline schon gab. Beispiel: Der verschmähte Liebhaber möchte seine Freundin zurückbekommen und schreibt ihr täglich mehrere E-Mails. Früher tat er das durch Briefe oder zahlreiche Anrufe, nun tut er dies online.

Variante 2: Online
Es werden zum Stalking Applikationen verwendet, die es in der Offline-Variante noch nicht gibt. Beispiel: Bleiben wir bei dem Liebhaber. Er versucht seine Freundin zurück zu erobern, indem er ihr täglich mehr als 50 WhatsApp-Nachrichten schickt.

Variante 3: Mischform
Bei Mischformen werden Online- und Offline-Varianten vermischt. Beispiel ist wieder der verschmähte Liebhaber: Er ist verletzt und gekränkt, weil sie den Kontakt abgebrochen hat. Er verwendet die klassische SMS und SMS-Online-Plattformen, um die Freundin wieder zurück zu bekommen.

Es ist schwierig eine klare Trennlinie zwischen den Bereichen zu ziehen. Am Ende entscheidet das Motiv des Cyberstalkings, mit welcher Methode ‚cybergestalkt' wird. In den nächsten Kapiteln wird gezielt der Frage nach dem Wie und dem Warum nachgegangen.

8.3.2 Wie wird cybergestalkt?

Angelehnt an die Arbeiten von Ogilvie unterscheidet man folgende Methoden des Cyberstalking:

- E-Mail-Stalking: direkte Kommunikation durch E-Mails
- Internet-Stalking: globale Kommunikation durch das Internet. Damit sind alle Varianten des Cyberstalkings, wie zum Beispiel durch Social-Media, Messenger, Apps usw. gemeint (Ogilvie 2000; Huber 2012).

In der von Ogilvie durchgeführten Studie wurde diese Definition noch erweitert durch

- SMS-Stalking: Kommunikation durch Textnachrichten mit bis zu 160 alphanumerischen Zeichen basierend auf dem GSM-Mobilfunkstandard. Versand und Empfang können aber auch über das Internet oder das stationäre Telefonnetz erfolgen.

Mittlerweile ist diese Variante (Definition) ein wenig überholt, da jede Kommunikation über das Internet läuft. Egal ob es sich nun um einen Chat, eine SMS oder sogar ein Telefonat handelt. Mit der Digitalisierung der Telefonie werden die meisten Telefongespräche über das Internet geführt. In diesem Buch gehen wir also von der Definition aus, dass jegliche Art von Cyberstalking, Kommunikation durch das Internet ist, also mittels Telekommunikation.

E-Mail-Stalking

E-Mail-Stalking war noch vor Jahren eine der häufigsten Formen der Belästigung. Über E-Mails wird das Opfer durch Hassnachrichten, Obszönitäten, Rufschädigungen und Bedrohungen belästigt. Bei dieser Cyberstalking-Methode können darüber hinaus Viren und Marketing-Mails versendet werden, sodass hier eine konkrete Bedrohung und/oder Belästigung vorliegt. Die klassischen SPAM-E-Mails können erst dann zum Cyberstalking gezählt werden, wenn eben eine konkrete Bedrohung des Opfers vorliegt. Im klassischen Stalking wurde durch das Schreiben von Briefen abgedeckt. Darunter wurde die unerwünschte Kontaktaufnahme auf postalischem Weg durch Briefe, Postkarten oder das Hinterlegen von Nachrichten verstanden, die sich zum Stalking entwickeln kann. Diese Art des Stalkings hat aber im Zuge der Telekommunikationsentwicklung stark abgenommen (Huber 2012).

Internet-Stalking

Der große Unterschied zwischen Internet-Stalking und E-Mail-Stalking liegt darin, dass Informationen aus der Privatheit einer E-Mail, die normal nur vom Adressanten gelesen wird, nun in die breite Öffentlichkeit des Cyberspace getragen wird.

8.3 Methoden und Formen

Ein Beispiel: Eine weibliche Universitätsdozentin wurde von ihrem Exfreund Jahre hindurch gestalkt, indem er unter ihrer Identität in Chatrooms falsche Informationen über sie postete und letztlich auch private Nacktfotos von ihr im Internet platzierte. Im traditionellen Stalking stammen die Täter oft aus der Nähe der Opfer.
Das Merkmal Nähe ist durch den Cyberspace nicht zwangsweise mehr gegeben. Cyberstalker können international, grenzüberschreitend tätig werden. Dabei können sie Internetseiten erstellen, um persönliche Details über die Opfer zu publizieren. Diese Problematik verstärkt sich durch Newsgroups, Chats, Soziale Netzwerke und Messengerdienste. Ein weiterer Trend des Internet-Stalking ist, dass immer häufiger über Videos gestalkt wird. Plattformen, wie Youtube oder andere Soziale Medien, wie Facebook, Snapchat, oder Messenger-Programme, wie WhatsApp verbreiten diese Botschaften in Sekunden.

Telefonanrufe und SMS-Stalking
Aufgrund der fast flächendeckenden Verbreitung von Telefon und Mobiltelefon kommt diese Methode häufig zum Einsatz. Einige Verfolger rufen ihre Opfer bis zu hundert Mal pro Tag an und schicken SMS, z. T. auch in der Nacht (Ogilvie 2000). Mittlerweile hat sich die Technologie soweit entwickelt, dass es nicht eindeutig ist, ob direkt von einem Mobiltelefon oder von einer SMS-Internetplattform, wie z. B. www.sms.at, gestalkt wird. Eine saubere Trennung nach Technologien ist bei der Telefonie nicht möglich. Viele Personen haben selbst ihren Festnetzanschluss über VPN gesteuert, sodass die Definition des Telefon- und/oder SMS-Stalkings losgelöst von Technologie, die im Hintergrund liegt, gesehen werden muss. Aus diesem Grund zählt auch diese Art des Stalkings zum Bereich des Cyberstalkings.

8.3.3 Arten der Kontaktaufnahme

Generell können Cyberstalker selbst oder durch Dritte Kontakt mit ihren Opfern aufnehmen.

Kontaktaufnahme durch Dritte
Eine weitere im Bereich des Cyberstalking wichtige Tathandlung ist das Veranlassen von Dritten, mit dem Opfer Kontakt aufzunehmen. In welcher Form die Kontaktaufnahme der dritten Person mit dem Opfer erfolgt, ist unerheblich. Dies beinhaltet sowohl das Herstellen der räumlichen Nähe, z. B. wenn der Dritte veranlasst wird, die Wohnung oder Arbeitsstätte des Opfers aufzusuchen, als auch die telefonische Kontaktaufnahme oder das Versenden von Briefen und E-Mails oder das

Posten von Einträgen auf Social-Network-Profilen, etc. Ein Beispiel: Der Täter gibt eine Kontaktanzeige oder Annonce mit dem Angebot sexueller Dienstleistungen in einem Online-Forum auf und führt dort die Telefonnummer, E-Mail-Adresse etc. des Opfers an, um Dritte zu bewegen, auf diesem missbräuchlich eröffnetem Weg mit dem Opfer in Verbindung zu treten. Gerade durch neuere Programme, die Webseiten automatisch ohne viel Know-how des Benutzers generieren, wird es potenziellen Tätern leicht gemacht, Informationen über ein Opfer im World Wide Web zu verbreiten. Noch einfacher ist dies bei Social-Networks, wie Facebook, Instagram oder Snapchat, die die Gestaltung derartiger Profile im Wesentlichen bereits vorgeben und bei denen der Nutzer lediglich Texte und Bilder hochladen muss. Begünstigt wird dieser Tathergang durch das schnelle und einfache Auffinden persönlicher Daten des Opfers im Internet.

Das Bestellen von Waren und Dienstleistungen
Täter können auch im Falle von Cyberstalking Waren und Dienstleistungen für das Opfer bestellen. In diesem Fall ist es eine Gratwanderung zwischen dem Cybercrime im engeren Sinn und dem klassischen Stalking. Dabei gibt es folgende Möglichkeiten: Der Täter verwendet personenbezogene Daten des Opfers, indem er unter dessen Namen und Adresse Waren oder Dienstleistungen bestellt oder vorgibt, vom Opfer mit der Bestellung beauftragt zu sein, sodass das Opfer als Schuldner der Bestellungen in Anspruch genommen wird. Das Opfer kann Rechnungs- oder Lieferungsempfänger sein. Wie der Täter die Waren oder Dienstleistungen bestellt, ist unerheblich. Dies kann sowohl persönlich, telefonisch, brieflich, per Fax oder E-Mail wie auch durch ein automatisiertes Bestellformular oder eine dritte beauftragte Person erfolgen – also sowohl online als auch offline. Auch kommt es nicht auf die Art der Ware oder Dienstleistung an. Eine weitere Möglichkeit ist, dass neben den Bestellungen, die an das Opfer geschickt werden, jene Fälle erfasst sind, in denen der Täter Waren oder Dienstleistungen zwar auf Rechnung des Opfers bestellt, die Waren oder Dienstleistungen aber an sich selbst oder an eine dritte Person liefern lässt.

8.4 Profiling

8.4.1 Opfer

Als man sich zu Beginn der 1990er-Jahre mit dem Phänomen des Stalkings auseinanderzusetzen begann, ging man davon aus, dass Stalking fast ausschließlich bei prominenten Personen, wie z. B. Hollywood-Stars, vorkommt. Wenig später entdeckte man auch Stalking-Opfer in allen Schichten der Bevölkerung.

Aus mittlerweile zahlreichen Studien (Pathe und Mullen 1997; Meloy 1998; Dressing et al. 2005) lässt sich herauslesen, dass die Opfer zumeist weiblichen Geschlechts sind. Häufig sind die Opfer Singles oder haben vor kurzem die Beziehung zum Täter beendet. Eine weitere Zielgruppe für Stalking-Handlungen sind Personen mit exponierten Berufen, wie z. B. Universitätsprofessoren, Lehrer, Psychotherapeuten und dergleichen, also Personen, die häufig Kontakt mit alleinstehenden Menschen haben. In der bereits erwähnten Studie von Dressing wurde nachgewiesen, dass Personen mit einer dependenten Persönlichkeitsstruktur, also Menschen, die nicht gerne alleine Entscheidungen treffen und Verantwortung gerne abgeben, vermehrt gestalkt werden (Dressing et al. 2005). Das führt bei den gestalkten Personen häufig zu Ängsten und Ohnmachtsgefühlen.

Im Jahr 2003 befragte Bocij 169 Internet-User erstmals zum Cyberstalking-Verhalten. Schon damals hatten über 80 % Erfahrungen mit Cyberstalking gemacht, 21,9 % bestätigten glaubhaft, eine längere Zeit Opfer von Cyberstalking gewesen zu sein. Bocij unterscheidet dabei zwei Gruppen, nämlich ‚Cyberstalking' (ein Täter, mehrere Opfer) und ‚Stalking-by-Proxy'.[3] Dabei ließ sich feststellen, dass Cyberstalking-Täter sehr häufig Verbündete suchen, um gemeinsam das Opfer zu stalken. Bocij unterschied bei seiner Studie drei Stufen von Computerbildung bei den Opfern: Neulinge (novice), Menschen mit mittleren Fähigkeiten (intermediate) und Experten (expert). Dabei ließ sich erkennen, dass sich Neulinge häufiger bedroht fühlen als Experten. Andersherum erkannten die Experten mehr Attacken auf ihre PCs als Personen mit mittleren EDV-Kenntnissen. Dies lässt einen Zusammenhang zwischen Computerkompetenzen und Cyberstalking-Verhalten vermuten (Bocij 2006).

Durch die Weiterentwicklung der Sozialen Medien hat sich die Opferstruktur in den vergangenen Jahren verschoben. Mittlerweile findet man Cyberstalking-Opfer schon bei Kindern bis hin zu Personen, die bereits in Rente sind. Um ein Cyberstalking-Opfer zu werden, braucht es nicht viel, denn es reicht ein Mobiltelefon. In einer Studie von 2009 (Huber) wurde eine repräsentative Befragung[4] unter den Österreichern durchgeführt, die sich mit dem Themenschwerpunkt Cyberstalking beschäftigt hat. Dabei wurde nach der Selbsteinschätzung der Respondenten, nämlich, ob sie schon einmal Opfer von Cyberstalking geworden sind, gefragt (Abb. 8.2).

Die Zahlen waren alarmierend. Cyberstalking mittels E-Mail schien schon 2010 sehr häufig bei den Österreichern präsent zu sein. Es handelt sich bei diesem

---

[3] Anm.: Das entspricht dem Cyberstalking im weiteren Sinn.
[4] Grundgesamtheit: Personen von 18–66, die das Internet nutzen, laut AIM, Firma Integral Markt- und Meinungsforschung 4 502 600, n = 747, im Jahr 2009.

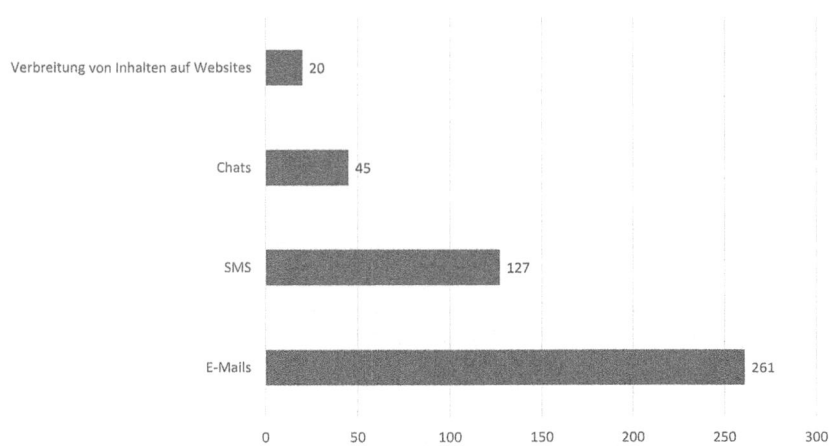

Abb. 8.2 Cyberstalking-Opfer in Österreich, n = 747, Totalzahlen

Delikte um tatsächliches Stalking. Der Erhalt einer SPAM-E-Mail wurde nicht als Cyberstalking gezählt und bewertet. Am zweithäufigsten fühlten sich die Österreicher durch SMS belästigt, am wenigsten durch Chats oder durch die Verbreitung von Inhalten auf Websites. Rechnet man die hier erhobenen Totalzahlen auf die Grundgesamtheit der internetnutzenden Bevölkerung in Österreich hoch, so kommt man zu folgenden Zahlen unter den Betroffenen: Cyberstalking durch die Verbreitung von Inhalten auf Websites: 120.600 Personen, durch Chats: 271.200 Personen, durch SMS: 765.500 Personen und durch E-Mail: 1.573.200 Personen (Huber 2012).

Es gilt natürlich zu differenzieren, um welche Art von Cyberstalking es sich handelt, wenn man die Opfer näher betrachtet. Waren es vor rund 15 Jahren noch hauptsächlich Erwachsene, geht der Trend aktuell zu Jugendlichen und jungen Erwachsenen. Die Qualen der Opfer werden oftmals nicht ernst genommen. Fallbeispiele aus der Vergangenheit haben jedoch gezeigt, dass es sogar schon zu Todesfällen aufgrund von Cyberstalking, -mobbing oder -bullying kam. So veröffentlichte das Nachrichtenmagazin Der Spiegel (Frank Patalong) vom 18.11.2007:

> „Cyber-Mobbing – Tod eines Teenagers – Megan war 13 und über beide Ohren in eine Internet-Bekanntschaft verliebt. Als ihr virtueller Freund sie plötzlich verschmähte, erhängte sich das Mädchen. Doch der virtuelle Freund war in Wahrheit eine ehemalige Freundin, die sich rächen wollte. Jetzt stehen die Täterin selbst am Online-Pranger." (Patalong 2007)

Das Medium Internet wird immer häufiger herangezogen, um Konflikte auszutragen. Die Grenzziehung, ob es sich dabei um ein Cybercrime-Delikt handelt, ist nicht immer einfach und oft muss das von Fall zu Fall entschieden werden. Der Schaden, den Opfer im Fall von Cyberstalking nehmen können, kann von Depressionen, zu Angststörungen oder anderen psychischen Krankheiten führen. Cyberstalking kann zu jeder Tages- und Nachtzeit durchgeführt werden und greift unmittelbar in die Lebensführung ein.

8.4.2 Täter

Cyberstalking-Täter lassen sich wie folgt unterscheiden (Tab. 8.1):

Das Profil der Cyberstalking-Täter variiert mit der Cyberstalking-Art und -Methode und hat sich im Laufe der letzten Jahre massiv verändert. Aktuell gibt es wenig empirische Befunde darüber, ob ein Zusammenhang zwischen der Technologieentwicklung und Cyberstalking besteht. Allgemein kann man sagen, dass die Angriffe immer zielgerichtet und meist im Inland stattfinden, was ein Auffinden des Täters erleichtert. In der von Huber 2012 durchgeführten Studie konnten nachfolgende Faktoren bestimmt werden, die den typischen Cyberstalker beschreiben:

Tab. 8.1 Täterprofile Cyberstalking

Art des Cyberstalkings		
Cybercrime-Art	Cyberstalking im weiteren Sinn	Cyberstalking im engeren Sinn
Motive	Intrinsisch: z. B. sich an jemandem rächen wollen, von jmd. bewusst den Ruf schädigen wollen	Intrinsisch: z. B. verflossene Liebe, besessene Verliebtheit, Eifersucht, Nahe suchen, Nichtakzeptanz einer Trennung, Erotomanie, Hass, Aggressionen
	Extrinsisch: z. B. zufällige Gelegenheit, finanzielle Bereicherung, sich einen Vorteil verschaffen	Extrinsisch: Kontrollverlust, Ohnmacht, psych. Krankheit
Beziehungsstatus Opfer-Täter	Ex-Partner, Bekannte, Firmenkollegen, Unbekannte	Ex-Partner, Partner, Verwandte, Bekannte, Freunde, Schulkollegen, Fan
Art des Angriffs	zielgerichtet	zielgerichtet
Tatort	meist Inland	meist Inland

Anonymität versus Bekanntheit
Durch das Verwenden von Telekommunikationstechnologien wird das Agieren anonymer. Opfer, die durch klassisches Stalking belästigt werden, können häufiger ihre Täter zuordnen als Cyberstalking-Opfer. Je leichter es ist, mit der Telekommunikationstechnologie die Identität zu wechseln, desto weniger bekannt sind die Täter. Den größten Bekanntheitsgrad zwischen Tätern und Opfern gibt es am ehesten bei den Cyberstalking-Methoden ‚Verbreitung von Inhalten auf Websites' und ‚SMS'. In Abgrenzung zu den klassischen Stalking-Methoden ist zu erkennen, dass je aufwändiger eine Stalking-Methode ist, umso eindeutiger ein Beziehungsaspekt nachzuweisen ist. Dabei kann man ‚harte' und ‚weiche' Methoden identifizieren. Die härteren Methoden erfordern mehr Aktivitäten und/oder Aufwand des Täters (Tab. 8.2).

Private und gewerbliche Cyberstalker
Es ist ein neuer Typus von Tätern aufgetreten: der gewerbliche Cyberstalker. Immer häufiger wird von Opfer angegeben, dass der Täter von einer Firma bzw. einem Unternehmen kommt. Das lässt zwei Interpretationen zu. Firmen versuchen vermehrt, ihre Produkte/Dienstleistungen über die Telekommunikationstechnologien zu vertreiben. Dies wurde von den befragten Personen schon als obsessive Belästigung wahrgenommen. Hiervon sind alle Cyberstalking-Methoden betroffen – am häufigsten jedoch die Methode E-Mail. Rechtlich gesehen muss es hier noch zu einer Ausdifferenzierung der Begrifflichkeiten kommen, da man zwischen dem klassischen SPAM-E-Mail und der obsessiven Belästigung/Bedrohung unterscheiden muss. Ein SPAM-E-Mail gilt laut österreichischer Rechtsprechung nicht als Stalking, außer es sind die rechtlichen Grundlagen des Stalkings erfüllt. Wesentliche Kernaspekte bei der Zuordnung sind die Unzumutbarkeit der Situation und dass die Handlung über einen längeren Zeitraum fortgesetzt durchgeführt werden muss. Beides ist bei einem klassischen SPAM-E-Mail nicht gegeben. Ein zweiter Interpretationsaspekt ist, dass Unternehmen aus wirtschaftlichen Gründen Einzelpersonen obsessiv belästigen. Somit ist der Tatbestand des Stalkings wieder erfüllt.

Tab. 8.2 Harte und Weiche Cyberstalking-Methoden

Cyberstalking	
Harte Methoden	Weiche Methoden
SMS, Messenger-Dienste	Chats
Verbreitung von Inhalten auf Websites und auch auf Social Media Plattformen	E-Mail

Geschlecht

In den meisten sozialwissenschaftlichen Untersuchungen stellt das Geschlecht die unabhängige Variable dar; so auch im Bereich der Cyberstalking-Forschung. Im konkreten Fall bedeutet das, dass bei typischer Profil-Erstellung von Tätern zentral nach dem Geschlecht unterschieden wird. Ähnlich, wie in anderen Kriminalitätsdelikten, konnte auch hier festgestellt werden, dass es mehr männliche als weibliche Täterinnen gibt. In internationalen Langzeituntersuchungen wurde jedoch erkannt, dass der Anteil der weiblichen Täterinnen ansteigt.

Alter

Ähnlich, wie bei der Variable Geschlecht lässt sich auch beim Alter keine eindeutige Aussage tätigen. Allgemein kann man jedoch festhalten, dass, je älter die Menschen werden, desto seltener findet Cyberstalking eine Anwendung. Dies lässt jedoch nicht automatisch den Umkehrschluss zu, dass jüngere Menschen vermehrt cyberstalken. Die Variable des Alters muss vielmehr im Zusammenhang mit der Technologieentwicklung und der persönlichen Entwicklung gesehen werden. Mittlerweile sinkt die Zahl der technikfernen User. Jungen Usern wird schon von Kindheit an das Internet näher gebracht. Damit verschiebt sich quasi laufend die typische Altersverteilung (Huber 2012). Interessant ist darüber hinaus, wie künftig ältere Menschen, wenn sie im Alter alleine sind, mit den Telekommunikationstechnologien umgehen werden.

Motive

Stuft man Cyberstalking im weiterten Sinn als Erweiterung des klassischen Stalkings ein, so definieren sich die Täter dadurch, dass sie zwanghaft bzw. neurotisch (obsessional) handeln. Viele Definitionen des Stalkings unterstellen dem Täter zwanghaftes, neurotisches, oder wie oben erwähnt, beharrliches Verhalten. Dieses Verhalten gilt dann als erwiesen, wenn der Täter nach mehreren Aufforderungen, das Verhalten zu ändern, dies nicht tut. Durch die Anonymität des Internets ist es aber in vielen Fällen nicht möglich, mit dem Täter in Kontakt zu treten.

Manche Definitionen von Stalking-Tätern gehen davon aus, dass der Täter deshalb bedroht, weil er psychisch als nicht gesund einzustufen ist (McFarlane und Bocij 2003). Neuere Entwicklungen widerlegen diese Annahme. Es ist eindeutig bestätigt, dass Cyberstalking-Verhalten nicht zwangsläufig ein krankhaftes Verhalten ist. Das Verhalten hängt stark von den Motiven des Täters ab. Ein wesentlicher Unterschied zwischen dem klassischen Stalking und Cyberstalking ist, dass beim Offline-Stalking immer ein Beziehungsaspekt zwischen Opfer und Täter besteht (Huber 2012). Die Aussage von McFarlane ist im Falle von Cyberstalking nur dann korrekt, wenn es sich um Cyberstalking ieS handelt. Bei Cyberstalking im weiteren Sinn trifft sie nicht mehr zu.

Fallbeispiel: Bettina (39) und Peter (42) sind seit rund 20 Jahren ein Paar. Die Zeit war nicht immer einfach, neben der Erziehung der gemeinsamen Töchter bauten sie ein Haus. Darüber hinaus verbrachte Peter viel Zeit mit dem Aufbau seiner Firma und Bettina kümmerte sich um Haushalt und Familie. Die Jahre vergingen und man lebte sich auseinander, bis sich Peter vor einigen Monaten eine 15 Jahre jüngere Freundin zulegte und kurzer Hand von zu Hause auszog. Wie konnte er nur? Hatte Bettina nicht alles für ihn und die Familie aufgegeben? Sogar auf ihre Karriere hatte sie verzichtet. Bettina ist einsam und verbringt immer mehr Zeit hinter dem PC. Wütend vor Trauer, Schmerz und Enttäuschung schmiedet sie einen Plan, wie sie Peter das Leben zur Hölle machen möchte. Facebook, ein eigener Blog, WhatsApp und Co sind dabei ihre Verbündeten. Sie schickt ihm bis zu 50 WhatsApp-Nachrichten pro Tag, verleumdet seine Firma über ihren eigenen Blog und verbreitet Lügen über Facebook.

In der von Huber durchgeführten Studie wurde nach den intrinsischen und extrinsischen Motiven der Täter gefragt. Das Ergebnis war, dass die Motive sehr stark mit der Cyberstalking-Methode variieren. So kann man bei den Fällen von Cyberstalking im engeren Sinn und bei der Methode des Cyberstalking mittels SMS oder Messenger-Dienste sehr häufig folgende auslösende Symptome/Motive erkennen: verflossene Liebe, besessene Verliebtheit, Eifersucht, Nähe suchen, nicht-Akzeptanz einer Trennung, Erotomanie, Hass und manchmal Aggressionen. Es geht im Wesentlichen darum, durch obsessives Verhalten Aufmerksamkeit vom Opfer zu erhalten. Die Täter fühlen sich machtlos und versuchen mittels Cyberstalking, eine Verhaltensänderung beim Opfer zu erreichen. Anders verhält es sich beim Cyberstalking über diverse Internet- und Social Media Plattformen. In diesen Fällen hat man es sehr häufig mit Cyberbullying oder Cybermobbing zu tun. Die Täter wollen die Opfer diffamieren (= Cyber-Smearing). Motive dafür sind Hass, die bewusste Ausgrenzung bzw. der Wille, bewusst jemandem das Leben zur Hölle machen zu wollen. Sehr häufig findet man dies bei Jugendlichen. Des Weiteren gibt es Fälle, in denen sich der Täter beim Opfer rächen will. Auf Basis der durchgeführten Erhebung kann man sagen, dass Frauen eher dazu tendieren, sich an anderen Personen über das Internet durch Schmutzkampagnen zu rächen, als Männer. In seltenen Fällen wird diese Methode gewählt, um sich an Konkurrenten zu rächen oder jemanden aus beruflichen Motiven bloß zu stellen (Huber 2012).

Anders verhält es sich bei Fällen von Cyberstalking im weiteren Sinn. Hier steht nicht primär das persönliche Verhältnis zwischen Opfer und Täter im Vordergrund. Oft kennen sich Täter und Opfer nicht. Es geht vielmehr darum, jemanden bewusst zu schaden. Aktuell wird in den Medien von Verhetzung und

8.4 Profiling

Hassmeldungen gesprochen. Ein typischer Fall von Cyberstalking im weiteren Sinn wäre beispielsweise, wenn auf dem Facebook-Profil einer Politikerin laufend Belästigungen gepostet werden. Dem Täter gefällt die politische Gesinnung der Politikerin nicht, und er versucht so, der Politikerin bewusst zu schaden.

Fallbeispiel
> Standard.at/28.06.2018: Bierladenbetreiber klagt Sigi Maurer nach Belästigungsvorwürfen auf 60.000 Euro – „Weil die grüne Ex-Abgeordnete nach obszönen Privatnachrichten von seinem Account die Identität des Mannes preisgegeben hat, drohen ihr auch noch Prozesskosten – die Verhandlung steht am 4. September an Wien – Die nunmehr rechtliche Auseinandersetzung zwischen einem Bierladenbetreiber in der Wiener Josefstadt und der grünen Ex-Abgeordneten Sigi Maurer spitzt sich weiter zu: Am Donnerstag machte Maurer via Twitter und Facebook publik, dass der Mann, von dessen Geschäftsaccount sie Ende Mai obszöne Privatnachrichten erhalten hat, nicht nur Privatanklage gegen sie erhebt – die von ihm erhobenen Ansprüche belaufen sich insgesamt auf einen Wert in der Höhe von 60.000 Euro. Konkret klagt der Geschäftsbetreiber wegen übler Nachrede und Kreditschädigung – für den von ihm ins Treffen geführten Schaden, den Maurer ihm durch das Veröffentlichen seiner Identität zugefügt haben soll, will er 20.000 Euro. Dazu stellte er laut Maurer einen medienrechtlichen Antrag auf Entschädigung für die erlittene Kränkung – auf 40.000 Euro. Rückblick: Ende Mai hat Maurer vom Account des Bierladenbetreibers aus nicht nur höchst vulgäre Aufforderungen zum Oralsex bekommen, sondern auch diesen Satz erhalten: *„Dein fetter Arsch turned mich ab aber da Du prominent bist, ficke ich Dich gerne in deinen fetten Arsch, damit dir einer abgeht du kleine dreckige Bitch !!!"* (Weissensteiner 2018).

Extrinsische Motive von Cyberstalking gibt es weniger als intrinsische, da in den meisten Fällen eine persönliche Absicht hinter der Tat steht. Bocij sieht auch die Möglichkeit, dass man quasi im Sinne von ‚crime as a service' die Dienstleistung des Cyberstalkings zukaufen kann. Geht man von diesem Sachverhalt aus, stehen natürlich extrinsische Motive im Vordergrund. Denn ähnlich, wie bei den Fällen von Malware, geht es primär um die finanzielle Bereicherung des Täters (Bocij 2006). Diese Variante findet man vor allem bei Fällen von Cyberstalking im weiteren Sinn. Bei jenen Fällen, wo es sich um Cyberstalking im engeren Sinn handelt, hat man es häufig mit Kontrollverlust und Ohnmachtsgefühl beim Täter zu tun. Diese Motivation ist extrinsisch gesteuert und stellt Opfer und Täter vor eine psychologische Herausforderung.

8.5 Business Modell / Vorgehensmodell

Im Falle von Cyberstalking kann man nur in den wenigsten Fällen von einem Business Modell sprechen. Hier ist die Bezeichnung Vorgehensmodell treffender, da in den häufigsten Fällen keine finanzielle Bereicherung im Vordergrund steht. Das Vorgehensmodell variiert in erster Linie nach den Motiven (Abb. 8.3).

Generell kann man sagen, dass bei starker intrinsischer Motivierung die Vorgehensweise davon abhängt, was der Täter erreichen möchte. Sind die Motive negativ besetzt, also agiert er aus Hass, Aggression oder dem Willen, jemanden das Leben zur Hölle machen zu wollen, heraus, versuchen Täter sehr häufig das soziale Umfeld der Opfer zu manipulieren.

Dies lässt sich auch in Fällen des Cyberbullying oder Cybermobbing klar beschreiben. Der oder die Täter suchen sich ein Opfer aus, z. B. ein Mädchen in einer Schulklasse. Dieses wird dann über WhatsApp-Gruppen verunglimpft oder von Freundschaftslisten gelöscht. Des Weiteren werden diffamierende Fotos über das Opfer verteilt. Ziel ist es, das Opfer zu verunsichern und aus der Gruppe auszuschließen. Die Täter versuchen dadurch, Macht in der sozialen Gruppe zu demonstrieren. In den meisten Fällen passiert das Cybermobbing im Umfeld der Schule. In einer Studie von Bergmann und Baier wurden die unterschiedlichen Cybermobbing-Varianten in Niedersachsen (Deutschland) untersucht (Bergmann und Baier 2018). Dabei unterscheiden die Autoren folgende Methoden:

- Psychologisches Cybermobbing (Dazu zählen Handlungen wie, z. B. Verspotten, über jemanden Gerüchte verbreiten, jemanden demütigen oder jemanden ausgrenzen.)
- Sexuelles Cybermobbing (Unter dem sexuellen Cybermobbing versteht man in erster Linie die Arten der sexuellen Belästigung über IKT. Darunter zählen Tathandlungen, wie z. B. Fotos oder Videos versenden, über sexuelle Inhalte kommunizieren und die Ausführung sexueller Handlungen.)

Dabei kommen die Methoden ‚jemanden Verspotten' und ‚über jemanden Gerüchte verbreiten' am häufigsten vor. Die Täter selbst zeichnen sich nach Bergmann und Baier dadurch aus, dass sie zumeist weiblich sind und ein hohes Selbstwertgefühl, geringe Empathie, schlechte Noten, geringe elterliche Fürsorge, den Konsum von Gewaltmedien, Aggressionserfahrungen online (psychisch und sexuell) und Aggressionsverhalten in der Schule aufweisen (Bergmann und Baier 2018). Dabei ist die Grenzziehung zwischen sexuellem Cybermobbing und der pornografischen Darstellung (siehe Kap. 9) von Minderjährigen sehr verschwommen. Insbesondere

8.5 Business Modell/Vorgehensmodell

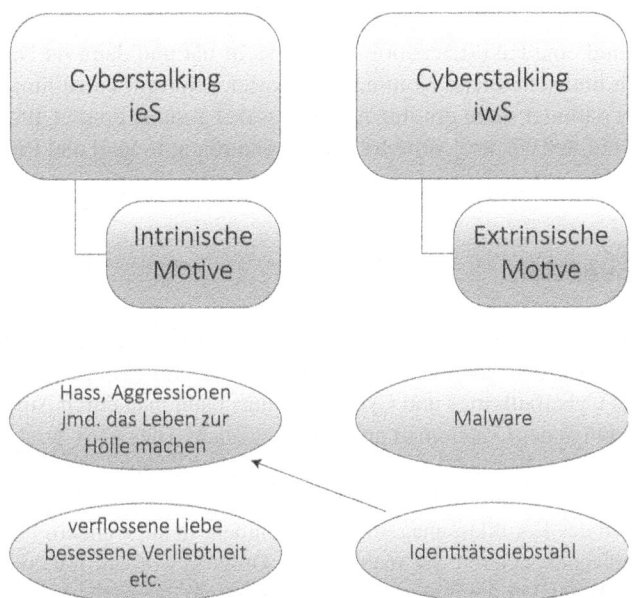

Abb. 8.3 Vorgehensmodell Cyberstalking

Jugendliche tendieren dazu, Nacktfotos von sich zu machen und über Messengerdienste zu teilen. Nichtsdestotrotz darf das Phänomen des Cybermobbings nicht unterschätzt werden. Eine nachhaltige Präventionsarbeit ist daher unverzichtbar.

Sind die intrinsischen Motive so gelagert, dass beispielsweise der Täter eine verflossene Liebe zurückerobern möchte, so sind die Vorgehensweisen dem klassischen Stalking sehr ähnlich. Durch das gezielte Kontaktaufnehmen in einer obsessiven Art und Weise, z. B. durch das permanente Versenden von WhatsApp-Nachrichten und durch andere Arten des Versuchs digital Kontakt aufzunehmen, erhofft sich der Täter, die Liebe des Opfers zu erobern. Diese Fälle sind besonders tragisch, da sie auch häufig mit anderen Fällen von Gewalt in der Familie vorkommen. Ein klassisches Beispiel dafür: eine Frau möchte die Trennung vom Ehemann, der auch Kindsvater ist. Sie bricht den Kontakt ab. Er versucht durch sein obsessives Verhalten, Frau und Kind zurück zu gewinnen.

Bei Cyberstalking-Delikten im weiteren Sinn kommt es in der Regel zur Verwendung von Malware oder dem Identitätsdiebstahl. Eine Sonderform stellt dann in einem Punkt der Identitätsdiebstahl dar. Dieser ist nicht immer rein auf extrinsische Motive zurückzuführen, z. B. wenn ein Täter einen Politiker schaden möchte und eine Fake-Facebook-Seite erstellt hat und dann im Namen des Opfers falsch und schädliche Kommentare postet. Hier gilt es zu hinterfragen, ob das Motiv dahinter nicht ein intrinsisches war. Ist man einmal Opfer geworden, hilft oft nur der Wechsel von Mobiltelefonnummer, E-Mail und Profilen der Sozialen Medien.

8.6 Prävention

Die Prävention von Cyberstalking ist nicht einfach. Sobald man online eine Identität hat, ist man auch potenziell in Gefahr, Opfer von Cyberstalking zu werden. Auf der Ebene des Cyberbullyings und Cybermobbings kann man durch Aufklärungsarbeiten in Schulen dem Phänomen präventiv begegnen. Dies wird durch die Polizei selbst oder durch Vereine, wie z. B. Safer-Internet[5] geleistet. Es gilt nicht nur die Schüler selbst, sondern auch das Lehrpersonal im Bereich der Mediennutzung und im Bereich des Konfliktmanagements zu schulen. In allen andern Fällen kann man kaum präventiv agieren. Ist man einmal Opfer geworden, hilft oft nur der Wechsel von Mobiltelefonnummer, E-Mail und Profilen der Sozialen Medien. Um juristische Schritte zu unternehmen, wird dem Opfer empfohlen, alles zu dokumentieren und an die Polizei weiterzuleiten. Wenn der Täter bekannt ist, ist auch die Einbindung einer psychosozialen Stelle oftmals hilfreich.

8.7 Zusammenfassung

Man unterscheidet Cyberstalking im weiteren Sinn und Cyberstalking im engeren Sinn. Unter Cyberstalking im weiteren Sinn versteht man in erster Linie Delikte der klassischen Computerkriminalität, die durch den rechtlichen Rahmen des jeweiligen Landes bestimmt werden, die mit einer Stalking-Absicht gemäß Cyberstalking im engeren Sinn begangen werden. Unter Cyberstalking im engeren Sinn versteht man die beschriebene Variante der obsessiven, fortdauernden Belästigung/Bedrohung über einen längeren Zeitraum hinweg. In Abgrenzung zum Cybermobbing müssen alle, der eben angeführten Bedingungen erfüllt sein, um als Cyberstalking klassifiziert zu werden. Cybermobbing an sich kann auch eine Einzelhandlung darstellen.

---

[5] https://www.saferinternet.at, 10.05.2017.

8.7 Zusammenfassung

- *Methoden und Formen*
  Es werden drei Varianten unterschieden: Variante 1: Offline – Diese Variante des Cyberstalking beschreibt eben jene Delikte, die es auch offline schon gab. Variante 2: Online – Es werden zum Stalking Applikationen verwendet, die es in der Offline-Variante noch nicht gibt. Variante 3: Mischform – Bei Mischformen werden Online- und Offline-Varianten vermischt. Darüber hinaus unterscheidet man nach der Art der Kommunikation, also ob sie direkt zwischen Sender und Empfänger oder global über das Internet erfolgt. Dabei können Täter direkt mit dem Opfer in Kontakt treten, über Dritte den Kontakt herstellen oder Waren und Dienstleistungen im Namen des Opfers bestellen.
- *Profiling*
  Zum aktuellen Zeitpunkt gibt es wenig evidenzbasierte Zahlen zum Profil von Tätern und Opfern des Cyberstalkings.

  Opfer: Opfer von Cyberstalking kann jeder werden, der eine Online-Identität hat. Ist es im klassischen Stalking so, dass rund 80 % der Opfer weiblich sind, kann man im Cyberstalking mit einer größeren Gruppe an männlichen Opfern rechnen. Cyberstalking-Opfer befinden sich in fast allen Altersklassen, mit der Tendenz, dass die Opfer immer jünger werden.

  Täter: Im Wesentlichen kann man zwei verschieden Arten von Täter erkennen, jene, die Cyberstalking im weiteren Sinn und jene, die Cyberstalking im engeren Sinn betreiben. Dabei kann man unter extrinsischen und intrinsischen Motiven, z. B. die verflossene Liebe zurück zu erobern, unterscheiden. In den meisten Fällen besteht ein Bekanntschaftsverhältnis oder eine ehemalige Liebesbeziehung zwischen Täter und Opfer. Cyberstalking-Täter agieren häufig aus dem Inland.
- *Business Modell – Vorgehensmodell*
  Da man im Falle von Cyberstalking in den meisten Fällen von einer Bekanntschaft zwischen Täter und Opfer und einem intrinsischen Motiv sprechen kann, ist die Bezeichnung Vorgehensmodell passender als Business Modell. Auch hier unterscheidet man zwischen Cyberstalking im weiteren und im engeren Sinn. Bei Cyberstalking-Delikten im weiteren Sinn findet man sehr ähnliche Fälle wie in den vorangegangen Kapiteln. Cyberstalking-Delikte im engeren Sinn sind jedoch so gelagert, dass der Täter meist in der Form der direkten oder globalen Kommunikation Opfer obsessiv belästigt.

- *Prävention*
  Neben den Präventionsmaßnahmen, die bereits im Kap. 6 beschrieben wurden, gilt es hier besonders achtsam mit seinen personenbezogenen Daten umzugehen und kritische Websites und Apps zu meiden. Besonders wichtig ist es, eine höhere Sensibilisierung zu erzielen und insbesondere durch medienpädagogische Schulungen bei jungen Menschen einen kritischen Umgang mit IKT zu lehren.

Literatur

Bergmann, M.C., Baier, D. (2018). Prevalence and Correlates of Cyberbullying Perpetration. Findings from a German Representative Student Survey. International Journal of Environmental Research and Public Health 15, 274.

Bocij, P. 2006. *The dark side of Internet: Protecting yourself and your family from online criminals*. Westport: Praeger Pubischer.

Bundesministerium für Inneres. 2018. Kriminalstatistik 2016.

Dressing, Harald, Christine Kuehner, und Peter Gass. 2005. Lifetime prevalence and impact of stalking in a European population: Epidemiological data from a middle-sized German City. *British Journal of Psychiatry* 187(August): 168–172. https://doi.org/10.1192/bjp.187.2.168.

Fabrizy, E. 2018. *§ 107, StGB und Ausgewählte Nebengesetze*, 8. Aufl., Rz 1. Wien: Manz.

Forgo, N., et al. 2010. Juristische Untersuchung. In *Forschungsbericht – Cyberstalking – Österreichweite Studie zum Cyberstalking-Verhalten*, 155. Wien: Huber, E.

Huber, E. 2012. *Cyberstalking und Cybercrime – Kriminalsoziologische Untersuchung zum Cyberstalking-Verhalten der Österreicher*. Wiesbaden. Springer.

McFarlane, L., und P. Bocij. 2003. Towards a typology of cyberstalkers. *First Monday*.

Meloy, J Reid. 1998. *The psychology of stalking: Clinical and forensic perspectives*. San Diego: Academic Press.

Mullen, P. E., M. Pathe, und R. Purcell. 2000. *Stalkers and their victims*. Cambridge: Cambridge University Press.

Ogilvie, E. 2000. Cyberstalking. *Trends & Issues* 166:1–6.

Patalong, F. 2007. Cyber-Mobbing – Tod Eines Teenagers. *Der Spiegel*, November 18. http://www.spiegel.de/netzwelt/web/cyber-mobbing-tod-eines-teenagers-a-518042.html. 26.02.2018.

Pathe, M., und P. E. Mullen. 1997. The impact of stalkers on their victims. *British Journal of Psychiatry* 170: 12–17. https://doi.org/10.1192/bjp.170.1.12.

Weissensteiner, N. 2018. Bierladenbetreiber Klagt Sigi Maurer Nach Belästigungsvorwürfen Auf 60.000 Euro-. *Der Standard*, June 28. https://derstandard.at/2000082408236/Bierladenbesitzer-klagt-Sigi-Maurer-nach-Belaestigungsvorwuerfen-auf-60-000-Euro. 26.02.2018.

Kinderpornografie im Internet 9

> **Fallbeispiel**
>
> Kleine Zeitung, 30.01.2019: *„Kinderpornografie – Mehr als 1000 Übergriffe auf Kinder auf Campingplatz – Ermittelt wird unter anderen wegen schwerem sexuellen Missbrauchs an Kindern. 13.000 gesicherte Kinderpornodateien seien dem Bundeskriminalamt übergeben worden.* Bei ihren Ermittlungen zu dem Missbrauchsskandal auf einem Campingplatz im deutschen Bundesland Nordrhein-Westfalen gehen Staatsanwaltschaft und Polizei mehr als 1000 Einzeltaten des sexuellen Kindermissbrauchs nach. Diese Zahl nannte der Leiter der Ermittlungskommission, Gunnar Weiß, am Mittwoch in Detmold. Demnach wurden bisher 23 Opfer identifiziert. Diese Zahl sei aber „vermutlich nicht abschließend", sagte Weiß. Die Opfer waren bei der Begehung der Tat zwischen vier und 13 Jahre alt. Den Tatzeitraum gaben die Ermittler mit 2008 bis Ende 2018 an. Tatort soll demnach ein Campingplatz in Lügde im Kreis Lippe gewesen sein." (Kleine-Zeitung 2019)

9.1 Überblick

Der Jahresbericht 2017 der Internet Watch Foundation (IWF) weist aus, dass die Anzahl der weltweit aufgefundenen Sites mit sogenannten kinderpornografischen Inhalten im Vergleich zum Vorjahr um 35 % gestiegen ist. Die Zahlen haben sich seit 2014 mehr als verdoppelt (von rund 31.000 Sites im Jahr 2014 auf über 80.000 Sites im Jahr 2017). Nach Angaben der IWF zeigen rund ein Drittel der Websites Vergewaltigungen oder sexualisierte Folter von Kindern (IWF 2018). Die IWF ist eine englische Wohltätigkeitsorganisation, die es sich zum Ziel gesetzt hat, den kriminellen Missbrauch von Sexualität mit dem beonsderen Fokus auf Kindern im Internet zu minimieren.

Schon sehr früh gab es pornografische Darstellungen von Personen. Die Internettechnologie hat in diesem Fall nicht nur neue Möglichkeiten für die Anbahnung, Verbreitung und den Vertrieb geschaffen, die Internettechnologie hat die Tür zu einem weltweiten Geschäft aufgestoßen. Der Konsum illegaler Pornografie (= Pornografie, die im Zusammenhang mit einem Verbrechen ausgeübt wird), insbesondere der Kinderpornografie, ist weit verbreitet und die Zahl der strafrechtlichen Verurteilungen steigt stetig an. Aber was sind die Besonderheiten dieser Deliktsart und wer sind die Täter und die Opfer? Das Kapitel beschreibt die Varianten von Kinderpornografie im Internet, dabei wird auf Methoden und Formen, Profiling, Businessmodell und Prävention näher eingegangen.

9.2 Definition

Um die Thematik besser fassen zu können, lohnt es sich einen Schritt zurück zu gehen und einen Blick auf die Pornografie im Allgemeinen zu werfen. Der Duden versteht unter Pornografie die *„sprachliche, bildliche Darstellung sexueller Akte unter einseitiger Betonung des genitalen Bereichs und unter Ausklammerung der psychischen und partnerschaftlichen Aspekte der Sexualität"* sowie *„ein pornografisches Erzeugnis"* (Duden 2018).

In Bezug auf die Pornografie im Allgemeinen gibt es vier kontroverse Standpunkte:

1. Pornografie wird als Sicherheitsventil gesehen. Risikopersonen konsumieren die Pornografie, damit sie im realen Leben ihre Bedürfnisse nicht ausüben.
2. Pornografie versteht sich als direkte oder indirekte Ursache sexueller Gewalt. Sie dient als Verstärker und/oder Auslöser aggressiver sexueller Gewalt.
3. Der Konsum von Pornografie ist die Folge einer bestehenden Neigung zur sexuellen Aggressivität.
4. Es gibt keinen Zusammenhang zwischen sexueller Gewalt und Pornografie (Hill et al. 2007).

Definieren wir Pornografie im Internet als eine Ausdrucksform der Sexualität im Cyberspace, müssen wir Folgendes immer vor Augen haben: Die Unterscheidung zwischen Realität im virtuellen Raum und der realen Welt in der Pornografie ist

9.2 Definition

fein, vage und kaum vorhanden. Die im Internet entwickelten Fantasiewelten können durchaus real werden. Boeringer hat die Arten der Pornografie wie folgt differenziert (Tab. 9.1).

Grundsätzlich ist zwischen dem Konsum legaler und illegaler Pornografie zu unterscheiden. Diese Eingrenzung ist eine juristische, die sich zum einen mit den Inhalten und zum anderen mit dem eher formalen Teil, was als „Konsum" zu bezeichnen, ist, befasst (Graf and Dittmann 2009). Eindeutig illegal ist die Produktion, Verbreitung und Konsumation von kinderpornografischen Inhalten im Internet. Der österreichische Gesetzgeber hat 2012 durch die §§ 207a[1] und 208a[2] StGB dem einen juristischen Rahmen gegeben. In nahezu allen Ländern der Welt gibt es gesetzliche Bestimmungen, die das Delikt Kinderpornografie regeln. Dennoch variiert der internationale Strafrahmen immens. Vor allem in Bezug auf das Kinderschutzalter kommt es – auch in den westlichen Ländern – zu unterschiedlichen Bestimmungen. In Österreich und Deutschland gelten Personen als Kinder, die das 14. Lebensjahr noch nicht erreicht haben. In Belgien, der Schweiz, den Niederlanden und Großbritannien werden Kinder bis zum 16. Lebensjahr geschützt. In Italien, Frankreich, Kanada und den USA liegt die Altersgrenze bei 18 Jahren. Schweden hingegen legt kein Alter fest, sondern orientiert sich an der körperlichen Entwicklung (Kuhnen 2007).

Eine neue Dimension der Verbreitung haben kinderpornografische Inhalte mit der Ausbreitung des Internets bekommen, in dieser Folge zogen u. a. Begriffe wie ‚Cybersex' in unsere Lexika ein. Unter Cybersex im engeren Sinne (auch Cybering,

Tab 9.1 Typen der Pornografie nach Boeringer (Boeringer 1994)

Typen der Pornografie nach dem Ausmaß an Gewalt nach Boeringer	
Softcore-Pornografie	Nacktdarstellungen (z. B. in Playboy, Praline)
Hardcore-Pornografie	Darstellung gewaltfreier sexueller Handlungen (in der Regel mit einem oder mehreren Partnern)
Gewaltpornografie	Darstellung von Fesseln, Schlagen, aber offensichtlich och konsensuell
Vergewaltigungspornografie	Darstellung von Gewaltanwendung, aber sichtbar nicht mehr konsensuell

---

[1] § 207a StGB Pornographische Darstellungen Minderjähriger.
[2] § 208a StGB Anbahnung von Sexualkontakten zu Unmündigen.

Online-Sex, virtueller Sex und ähnlichem) versteht man „*computervermittelte zwischenmenschliche Interaktionen, bei denen die beteiligten Personen offen sexuell motiviert sind, also sexuelle Erregung und Befriedigung suchen, während sie einander digitale Botschaften übermitteln*" (Hill et al. 2007). Cybersex als Interaktion verstanden, beschreibt die noch legale Grundlage der Kinderpornografie im Netz.

9.3 Methoden und Formen

Seit den 1990er-Jahren hat sich die Medientechnologie rasant entwickelt. Besonders der Camcorder, eine Verbindung von Videokamera und Videorecorder, ermöglichte neue Formen der Beobachtung und Aufzeichnung. Diese neuen Möglichkeiten leisten aber auch kriminellem Missbrauch Vorschub und haben einen wesentlichen Beitrag zur Verbreitung kinderpornografischer Inhalte geleistet. Mit Camcorder und Digitalkamera wurden ‚Heimproduktionen' zunehmend attraktiver und ließen sich in ausgewählten Kreisen auch gut vermarkten. Sexualität im Internet hat mannigfache Ausprägungen. Man findet Texte, Bilder, Videos, Cartoons, Animationen und dergleichen. Mit der zunehmenden Verbreitung der Privat-PCs und der wachsenden Vernetzung weitete sich der Markt auf eine internationale Ebene aus (Kuhnen 2007).

In Bezug auf sexuell motivierte Straftaten an Kindern und Jugendlichen lassen sich im Internet drei verschiedene Mechanismen ausmachen, die dazu beitragen können, dass sich eine zuvor weitgehend isolierte Personengruppe in entsprechenden Internet-Netzwerken positiv verstärken kann: (a) Verteilung, Produktion und Konsum von Kinderpornografie, (b) Kontaktaufnahme mit potentiellen Opfern zur Vorbereitung von Übergriffen („Cybergrooming") und (c) Bildung von subkulturellen Täternetzwerken (Franke und Graf 2016).

9.3.1 Verteilung, Produktion und Konsum von Kinderpornografie

Grundsätzlich unterscheidet man zwei Arten von Kinderpornografie:

- das freiwillige Posen
- das unfreiwillige Posen

Unter dem freiwilligen Posen werden jene Fälle zusammengefasst, bei denen sich Kinder und Jugendliche gegenseitig nackt fotografieren. Gerade Kinder und

9.3 Methoden und Formen

Jugendliche sind mit der Veröffentlichung von Bildern wesentlich freizügiger, da sie sich häufig auch keinerlei Gedanken darüber machen, welche Konsequenzen eine solche Veröffentlichung haben kann. Oft entstehen Fotos und Videos in einer intimen privaten Situation. Diese werden dann geteilt. Analysiert man die Fälle der österreichischen Kriminalstatistik dazu, so findet man eine Vielzahl von Anzeigen, die genau diesen Bereich betreffen (Bundesministerium für Inneres 2017b).

Beispiel: Zwei 13-jährige Teenager erfahren die erste Liebe und fotografieren sich gegenseitig nackt in eindeutiger Position. Die Beziehung geht zu Ende. Aus verletztem Stolz und aus Rache postet einer der beiden die Nacktbilder in Sozialen Netzwerken.

Wie in diesem Beispiel angeführt, können diese Bilder anschließend im Internet auf den unterschiedlichsten Verbreitungskanälen geteilt werden. Ein nachträgliches „aus dem Netz entfernen" ist kaum möglich.

Darüber hinaus gibt es das unfreiwillige Posen, bei dem Kinder zu den Sexualhandlungen gezwungen werden. In diesen Fällen spricht man von einem klaren Kindesmissbrauch. Taylor et al. unterscheiden dabei zehn Stufen der Darstellung (Taylor et al. 2001).

- Level 1: Indicative (non-erotic/sexualised pictures) – die ersten Indizien (nicht erotische/sexualisierende Bilder)
- Level 2: Nudist (naked or semi-naked in legitimate settings/sources) – Nudist (nackt oder halbnackt in legalen Positionen)
- Level 3: Erotica (surreptitious Fotographs showing underwear/nakedness) – Erotika (Scheinbilder in Unterwäsche)
- Level 4: Posing (deliberate posing suggesting sexual content) – Posings (absichtliches Posen von sexuellen Inhalten)
- Level 5: Erotic Posing (deliberate sexual or provocative poses) – Erotisches Posing (sexuell provokatives, absichtliches Posen)
- Level 6: Explicit Erotic Posing (emphasis on genital areas) – Explizites erotisches Posing (mit dem Schwerpunkt auf den Genitalbereich)
- Level 7: Explicit Sexual Activity (explicit activity, but not involving an adult) – Explizierte sexuelle Aktivitäten (aber nicht mit Erwachsenen)
- Level 8: Assault (sexual assault involving adult) – Angriff (sexuelle Übergriffe mit Erwachsenen)
- Level 9: Gross Assault (penetrative assault involving adult) – Schwerwiegender Angriff (Penetration durch einen Erwachsenen)
- Level 10: Sadistic/Bestiality (sexual images involving pain or animal) – Sadistisch/Bestialisch (sexuelle Bilder mit Tieren oder auf denen Schmerzen zugefügt werden)

9.3.2 Cyber-Grooming

Beim Cyber-Grooming geben sich Erwachsene oft als Jugendliche oder Kinder aus. Sie täuschen eine falsche Identität vor, um sich das Vertrauen von jungen Menschen zu erschleichen. In vielen Fällen handelt es sich um ältere Erwachsene, die die Opfer dazu nötigen, ihnen sexuell eindeutige Fotos und Videos zu schicken. Cyber-Grooming stellt eine Sonderform dar, da Kinder und Jugendliche Bilder und Videos – zum Teil freiwillig oder unfreiwillig – teilen. Es werden drei Arten von Cyber-Grooming unterschieden.

1. Die Täter nähern sich den Kindern und Jugendliche oftmals über Soziale Netzwerke. Dort kontaktieren sie die Opfer. Die ersten Gespräche sind zumeist unauffällig und beziehen sich auf Hobbys, Schule usw. Nach einiger Zeit lenken die Täter das Gespräch auf sexuelle Erfahrungen der Kinder und bitten das Kind nach und nach, sich selbst nackt zu fotografieren oder eine Webcam einzuschalten. Oft steht neben dieser Handlung die Absicht, das Opfer mit dem gewonnenen Bild- und Videomaterial zu erpressen.
2. In der zweiten Variante suchen Jugendliche oder Kinder aktiv den Kontakt zu Erwachsenen, um neue Menschen im Internet kennenzulernen. Dieser Versuch wird von den Erwachsenen (Täter) insofern ausgenutzt, als dass sie eine Aufforderung aussprechen, Nacktbilder untereinander auszutauschen.
3. Eine dritte Variante trifft vor allem Mädchen. Die Täter täuschen amouröse Interessen vor, um sich den Mädchen zu nähern. Dieses Prinzip nennt man „Loverboy-Prinzip". Männer erschleichen durch vorgetäuschtes Interesse an einer Liebesbeziehung mit den Mädchen das Vertrauen und verlangen von ihnen Nacktbilder oder Videos („Cyber-Grooming" 2019).

9.4 Profiling

9.4.1 Opfer

Was weiß man Allgemeines über Kinder, die Opfer sexueller Gewalt wurden? Eine im Jahr 2001 durchgeführte repräsentative Befragung von 1.501 Kindern und Jugendlichen zwischen zehn und 17 Jahren ergab, dass 19 % von ihnen innerhalb eines Jahres unerwünschte sexuelle Kontaktversuche im Internet erlebt haben und 3 % Opfer einer aggressiven sexuellen Belästigung waren (Mitchell et al. 2001).

Opferbefragungen weisen außerdem darauf hin, dass Kinder ohne männliche Bezugspersonen, mit geistigen Behinderungen, mit einer Missbrauchsvorgeschichte oder aus wirtschaftlich prekären Verhältnissen mit höherer Wahrscheinlichkeit zum Opfer werden. Davon sind sowohl Mädchen als auch Jungen betroffen, wobei die Jungen im Durchschnitt etwas älter sind (Hesselbarth und Haag 2004). Das Alter der Opfer von kinderpornografischen Straftaten reicht vom Säuglingsalter bis zur Pubertät. Der IWF berichtet in seinem Jahresbericht von 2017, dass mehr als die Hälfte der abgebildeten Kinder unter zehn Jahre alt und 2 % der Kinder jünger als zwei Jahre sind. 86 % der Kinder sind Mädchen (IWF 2018). Zahlreiche Studien belegen darüber hinaus, dass die Opfer als Folge des Missbrauchs mit starken traumatischen Störungen für den Rest ihres Lebens rechnen müssen (Franke und Graf 2016). Ein erhöhtes Risiko für Kinder Opfer zu werden besteht (nach Hesselbarth und Haag), wenn diese keine sichere Bindung zu ihren Eltern oder anderen Vertrauenspersonen haben und emotional vernachlässigt werden oder worden sind (Hesselbarth und Haag 2004).

Des Weiteren können die Opfer nach der Art in der die Kinderpornografie betrieben wird, unterschieden werden.

Variante 1: Freiwilliges Posen
Die mediale Selbstdarstellung ist kultureller Bestandteil unserer Zeit. Dies ist auch bei vielen Jugendlichen und Kindern der Fall. Die erotischen Bilder oder Videos werden häufig freiwillig gemacht und geteilt. Zu einem späteren Zeitpunkt nutzen die Täter ohne Zustimmung des Opfers das Material zur Verbreitung. Die Opfer sind in Österreich oft Jugendliche. Die typischen Opfer sind im Alter zwischen 14–19 Jahren und sind sowohl weiblich als auch männlich (Bundesministerium für Inneres 2017a).

Variante 2: Unfreiwilliges Posen
Leider gibt es wenig wissenschaftlich belegte Studien über die Viktimisierung von Kindern in Österreich, die zu kinderpornografischen Zwecken misshandelt wurden. Entnimmt man Daten von Interpol, Europol und dem Latein-Amerika-Report, so kann man schließen, dass vor allem in jenen Ländern Kinder zu Opfern werden, die von einer großen Armut betroffen sind. Das trifft Kinder aus Ländern, in denen auch Sextourismus betrieben wird, wie Ostasien, Europa, Lateinamerika, Naher Osten und Nordafrika, besonders häufig (Europol 2019; Interpol 2019; ECPAT 2016).

Variante 3: Cyber-Grooming
Opfer von Cyber-Grooming sind in erster Linie Kinder und Jugendliche, die sich über Soziale Netzwerke oder Gaming-Plattformen im Internet bewegen

("Cyber-Grooming" 2019). Genaue Daten über die Opfer liegen zum aktuellen Zeitpunkt nur über die amtliche Polizeistatistik auf (Bundesministerium für Inneres 2017a). Mädchen und Jungen sind gleichermaßen betroffen.

9.4.2 Täter

Eine Vielzahl der experimentellen und epidemiologischen Studien wurde ausschließlich mit Männern oder verurteilten Straftätern gemacht. In diesem Kontext wird Pornografie an sich immer wieder mit sexueller Gewalt von Männern in Verbindung gebracht. Hill et al. (2007) weisen auf Basis evidenzbasierter und experimenteller Studien nach, dass *„Menschen mit hohem Risiko für sexuelle Gewalt [...] mehr Interesse an gewalttätiger Pornographie [haben] und werden durch diese stärker negativ beeinflusst. [...] Gewaltfreie Hardcore- und Gewaltpornographie steigern Aggressivität. Pornographiekonsum fördert wahrscheinlich die Fixierung sexueller Devianz (z. B. bei Pädophilie, Sadomasochismus) und kann der Vorbereitung von Sexualstraftaten dienen"* (Hill et al. 2007). Diese Studien verallgemeinern jedoch sehr und unterscheiden nicht in der Art des Vergehens und passen am ehesten, um **Variante 2: Unfreiwilliges Posen** zu beschreiben.

Grundsätzlich unterscheidet man bei den Tätern, ob sie produzieren, verbreiten und/oder konsumieren. Dabei nutzen die Täter das Internet aus intrinsischen Motiven um *„Fantasien zu entwickeln, Hemmungen zu überwinden, Opfer zu beobachten und zu kontaktieren, Entdeckung zu vermeiden oder mit anderen Tätern zu kommunizieren"* (Hill et al. 2007). Es gibt Tätergruppen, die als „Suchende" beschrieben werden. Sie haben das Motiv sich durch das Internet zu ‚wühlen', um durch erfolgreiche Recherche auf entsprechendes Material zu stoßen. Dem gegenüber steht eine weitere Tätergruppe, die der ‚Sammelnden'. Ihr vorrangiges Ziel ist es, möglichst viel Material zu sammeln und in Form einer Datenbank anzulegen (Aiken et al. 2011). Unter den extrinsischen Motiven Kinderpornografie zu betreiben, kann das Lukrieren eines ökonomischen Gewinns eingeordnet werden. Der Gewinn wird durch die Produktion und den Vertrieb erwirtschaftet. Eine Vielzahl von Autoren der forensischen Psychiatrie beschreiben zudem die Täter über unterschiedliche psychische Störungen (Franke und Graf 2016).

Methodenkritisch ist dabei zu sehen, dass es eine hohe Dunkelfeldziffer gibt, was eine generelle Aussage über psychische Erkrankungen erschwert. In unterschiedlichen Studien wird berichtet, dass Täter aus dem Bereich Kinderpornografie nahezu ausschließlich weiß und männlich sowie eher jünger (25–50 Jahre) sind. Sie sind selten vorbestraft und häufig besser ausgebildet als Hands-on-Täter. In seltenen Fällen sind die Täter auch Frauen (Merdian und Egg 2009;

9.4 Profiling

Elliott et al. 2009; Wolak et al. 2011). Man konnte bei den Tätern feststellen, dass ein Zusammenhang zwischen Internetsucht und der Nutzung von kinderpornografischen Inhalten besteht (Wolak et al. 2011). In ihrer Studie über 51 Straftäter berichteten Howitt und Sheldon (2007), dass Straftäter durch ein langes Strafregister und durch schweren Missbrauch in der Kindheit und Jugend gekennzeichnet waren (Howitt und Sheldon 2007). Die aktuelle Datenlage erschwert es, eindeutige Typologien von Tätern zu erstellen. Wertet man jedoch bestehende Datenbanken aus, so erkennt man folgende Typen: Einfache Beobachter, Anfänger, die neugierig auf das Bildmaterial sein können, Händler und Straftäter, die das Bildmaterial online vertreiben, sowie geschlossene Gruppen von Tradern und Distributoren von illegalen Inhalten sowie auch Community Experten (Moran 2010).

Hands-On- und Hands-Off-Taten

Sexuelle Misshandlungen lassen sich in sogenannte „Hands-On"- und „Hands-Off"-Taten unterteilen. Bei den „Hands-On"-Taten kommt es zum Körperkontakt zwischen Opfer und Täter. Unter „Hands-Off"-Handlungen fällt das Vorzeigen pornografischer Materialien bzw. das Herstellen pornografischer Fotos und Filmaufnahmen von Kindern, Exhibitionismus, Voyeurismus sowie alle weiteren sexuell-intendierten Handlungen ohne körperliche Berührung zwischen Kind und Täter. („Was Ist Sexueller Missbrauch?" o. J.)

Anders sieht die Situation in Österreich aus, wenn man die Anzeigen der österreichischen Kriminalstatistik zugrunde legt. Ein Phänomen der letzten Jahre ist, dass immer mehr Kinder und Jugendliche pornografische Fotos von ihren Partnern anfertigen, also **Variante 1: Freiwilliges Posen.** Diese Aufnahmen werden aus dem Motiv der Rache oftmals über Soziale Medien oder Messengerdienste geteilt.

Laut österreichischer Kriminalstatistik „*stehen hinter Sexualdelikten im Internet oftmals jugendliche und auch weibliche Täter*" (Bundesministerium für Inneres 2017a). Die Täter sind oft gleich alt wie ihre Opfer und sind im Alter zwischen 14–19 Jahren. Gerade in diesem Kontext ist daher Vorsicht mit der Verwendung des ‚Täterbegriffs' geboten. In sehr vielen Fällen kommt es nicht zu einer gerichtlichen Verurteilung solcher Fälle, da das Verfahren im Vorfeld eingestellt wird. Man kann daher häufig nur von ‚Angeklagten' bzw. ‚Tatverdächtigen' sprechen (Huber et al. 2018).

Die Datenlage zu Tätern im Kontext von **Variante 3: Cyber-Grooming** ist sehr dünn. Grundsätzlich kann man sagen, dass es Personen sind, die sich in Sozialen Medien und auf Spieleplattformen bewegen. Häufig handelt es sich um erwachsene Männer, die Kinder oder Jugendliche, wie zu Beginn des Kapitels beschrieben, in Gespräche verwickeln (Rüdiger 2017). Im Bereich des Cyber-Groomings herrscht aktuell der größte Forschungsbedarf, da es sich hier um eine neue Art des kriminellen Verhaltens handelt. Die Motive der Täter können zwar angenommen werden, sind aber noch nicht wissenschaftlich überprüft worden.

9.5 Business Modell / Vorgehensmodell

Tiroler Tageszeitung, APA-Meldung, 28.08.2018: *„Limburg, Wien – Im Prozess um die Kinderporno-Plattform „Elysium" am Landgericht Limburg in Deutschland hat ein 62-Jähriger aus Bayern, der als Moderator Chats betreut sowie Kinder sexuell missbraucht haben soll, eingeräumt, Taten auch in Österreich begangen zu haben. Der Mann gab zu, sich mit einem Mann aus Wien verabredet zu haben, um dessen Sohn und Tochter zu missbrauchen."* (APA 2018)

In der Literatur finden sich drei verschiedene Arten von Vorgehens- und Businessmodellen in Bezug auf Kinderpornografie im Netz:

Variante 1: freiwilliges Posen
Wie bereits zu Beginn des Kapitels beschrieben, entsteht digitales Bild- und Videomaterial auf freiwilliger Basis, so handelt es sich in den meisten Fällen um Fotos oder Videos von Kindern und Jugendlichen, die sich in einer Liebesbeziehung gegenseitig fotografieren oder filmen. Typisch als Tathergang für die Verbreitung im Netz ist, die Beendigung der Beziehung. Einer von beiden fühlt sich verletzt und möchte sich rächen. Anschließend werden diese Bilder im Netz gepostet (Huber et al. 2018). Hinter dieser Variante steht also kein kommerzielles Business-Modell.

Variante 2: unfreiwilliges Posen
Weltweit ist die Bereitschaft gestiegen, Material über missbrauchte Kinder „CAM" (Child abuse material) zu sammeln. Dadurch hat sich auch ein milliardenschwerer Absatzmarkt entwickelt. Die Bilder werden auf verschiedenste Weise erzeugt, z. B. durch Scannen und Hochladen, versteckte Kameras, häuslicher sexueller Missbrauch, kommerzielle Bilder oder Bilder, die selbst von Kindern oder Jugendlichen angefertigt wurden (Aiken et al. 2011). Die Produktion der Inhalte findet oft in Ländern der Dritten Welt statt, der Vertrieb hingegen in den Industrieländern. Häufig agieren die Täter in geschlossenen Tradergruppen, die ein hohes Sicherheitsniveau voraussetzen. Europol definiert dazu zwei typische Tathergänge: Erstens in Form von Peer-to-Peer (P2P)-Netzwerken und zweitens in Form von Live-Streaming.

Im Fall von Peer-to-Peer erfolgt ein anonymisierter Zugriff z. B. über Darknet-Netzwerke (z. B. TOR). Diese Computerumgebungen bilden die wichtigsten Plattformen für den Zugang zu Material über Kindesmissbrauch und sind damit das wichtigste Medium für den nicht-kommerziellen Vertrieb. Diese Plattformen sind für Täter einfach zu bedienen und attraktiv, da sie ein großes Maß an Anonymität gewähren.

Welch erschreckende Dimension dieses Vorgehensmodell angenommen hat, belegt das deutsche BKA anhand der kinderpornografischen Darknet-Site ‚Elysium'. Diese konnte innerhalb von nur sechs Monaten mehr als 87.000 Nutzer weltweit generieren. Mit ihr ist es zu einem enormen Anstieg von Missbrauchsabbildungen gekommen, die jetzt eine Vielzahl von Ermittlungsverfahren gegen die Betreiber und Nutzer nach sich ziehen (BKA 2018).

Als weiteres Geschäftsmodell klassifiziert Europol das Live-Streaming von sexuellem Kindesmissbrauch. Unterstützt durch neue Technologien entstand ein Trend in Richtung gewinnorientierter Missbrauch von Kindern im Ausland. Dabei befinden sich die Täter zumeist in westlichen Ländern. Gegen Bezahlung kann der Missbrauch vor laufender Kamera konsumiert werden (Europol 2019).

9.6 Prävention

Grundsätzlich ist es schwierig von österreichischer Seite her, internationale Präventionsarbeit zu betreiben, um den weltweiten Konsum von Kinderpornografie im Netz zu reduzieren. Tatsache ist, dass vor allem Kinder zu Opfern werden, die armutsgefährdet sind. Dies trifft vor allem auf Länder der Dritten Welt und Schwellenländer zu. Nichtsdestotrotz gibt es auch Konsumenten dieser Inhalte in Österreich, für die eine Präventionsstrategie erarbeitet werden muss.

International gibt es einige Aktivitäten, die dabei helfen können, einen besseren Opferschutz zu gewähren. Interpol hat eine weltweite Initiative geschaffen, um die Rechte der Kinder zu schützen. Mit forensischen Methoden und internationaler Vernetzung wurde die Datenbank ICSE geschaffen. Diese Datenbank ermöglicht es, 54 Ländern Abfragen über Straftäter durchzuführen (Interpol 2019). Das deutsche BKA schreibt auf seiner Website:

> *„Die meisten Hinweise zu Dateien mit kinderpornografischen Inhalten erhält das BKA aktuell von der US-amerikanischen Nichtregierungsorganisation National Centre for Missing and Exploited Children (NCMEC). Diese arbeitet wiederum mit amerikanischen Internetanbietern und Serviceprovidern wie Facebook, Microsoft, Yahoo oder Google zusammen, die ihre Datenbestände und die über ihre Dienste verbreiteten Daten mittels modernster Filtertechnologien permanent nach Missbrauchsabbildungen scannen".* (BKA 2018)

Es gilt daher, ein weltweit einheitliches Vorgehen im Kampf gegen Kinderpornografie im Internet zu schaffen und durch bessere Vernetzung der Behörden kriminelle Netzwerke besser zu zerschlagen. Sollte in Österreich die Vorratsdatenspeicherung eingeführt werden, könnten auch hier bessere Ermittlungserfolge erzielt werden. Darüber hinaus gibt es in Österreich die Möglichkeit, sexuelle Missbrauchsdarstellungen bei der Website https://www.stopline.at/de/ zu melden. Auf ihr sind tagesaktuelle Statistiken über Vorwurfsfälle einzusehen.

Eine andere Art der Prävention stellt die Aufklärungen von Kindern und Jugendlichen im Umgang mit neuen Medien dar. Sie zielt darauf ab, bereits in den Schulen mit didaktischen Mitteln über die Folgen des Internetkonsums aufzuklären. Dazu müssen die Schüler vor den typischen Tathergängen gewarnt werden.

9.7 Zusammenfassung

Unter Kinderpornografie im Internet versteht man „computervermittelte zwischenmenschliche Interaktionen, bei denen die beteiligten Personen offen sexuell motiviert sind, also sexuelle Erregung und Befriedigung suchen, während sie einander digitale Botschaften übermitteln" (Hill et al. 2007) in Zusammenhang mit Kindern.

- *Methoden und Formen*
  Dabei haben sich in den vergangenen Jahren drei Arten von Kinderpornografie im Internet entwickelt: a) das freiwillige Posen, b) das unfreiwillige Posen im Internet sowie c) Cyber-Grooming.
- *Profiling*
  Die Qualität der Opfer- und Täterdaten unterscheidet sich stark.
  Opfer: Grundsätzlich sind laut IWF mehr Mädchen Opfer als Jungen. Davon sind mehr als die Hälfte unter zehn Jahre alt. Zusammenfassend kann man sagen, dass ein Großteil der Opfer aus Ländern kommt, die eine hohe Armutsgefährdung aufweisen. In den westlichen Ländern ist jedoch die Zahl der Opfer ebenso im Steigen begriffen. Grund dafür ist das freiwillige Posen im Internet sowie Cyber-Grooming-Delikte.
  Täter: Die meisten Daten über die Täter beziehen sich auf männliche Sexualstraftäter. Dennoch gibt es auch Frauen, die zu Tätern werden. Man findet die Täter in fast allen Altersgruppen.

- *Business Modell / Vorgehensmodell*
  Man kann Bild- und Videomaterial produzieren, vertreiben und konsumieren. Oft werden dabei Kanäle des Darknets genutzt. Neben dem professionellen Vertriebsweg werden auch Bilder und Videos unter Jugendlichen produziert und verteilt. Dies erfolgt aber aus privaten Gründen.
- *Prävention*
  Neben der Aufklärungsarbeit bei Kinder und Jugendlichen muss die internationale Zusammenarbeit verstärkt werden, um illegale Netzwerke besser enttarnen zu können.

Literatur

Aiken, M., M. Moran, und M.J. Berry. 2011. *Child abuse material and the Internet: Cyberpsychology of online child related sex offending*. In 29th meeting of the INTERPOL specialist group on crimes against children, 22. Lyons. https://www.interpol.int/Crime-areas/Crimes-against-children/Internet-crimes. 26.02.2018.

APA. 2018. Kinderporno-Plattform Elysium: Details über Treffen in Österreich. *Tiroler Tageszeitung*, August 28. https://www.tt.com/panorama/verbrechen/14743953/kinderporno-plattform-elysium-details-ueber-treffen-in-oesterreich.

BKA. 2018. Zahlen und Fakten Zur Bekämpfung der Kinderpornografie. https://www.bka.de/DE/Presse/Listenseite_Pressemitteilungen/2018/Presse2018/180606_KinderpornografieKlarstellung.html;jsessionid=D19E7FB32F248BD2FF65DC9BD9E1BC54.live0601?nn=29858.

Boeringer, Scot B. 1994. Pornography and sexual aggression: Associations of violent and nonviolent depictions with rape and rape proclivity. *Deviant Behavior*. https://doi.org/10.1080/01639625.1994.9967974.

Bundesministerium für Inneres. 2017a. Amtliche Kriminalstatistik. Wien. Hingegen stehen hinter Sexualdelikten im Internet oftmals jugendliche und auch weibliche Täter.

Bundesministerium für Inneres. 2017b. *Kriminalstatistik*. Wien.

„Cyber-Grooming." 2019. http://www.make-it-safe.net/index.php/de/risiken/risiken-cyber-grooming.

Duden. 2018. Pornographie. In Duden. https://www.duden.de/node/679895/revisions/1932776/view.

ECPAT. 2016. *Global study on sexual exploitation of children in travel and tourism – Regional report – Latin America*. Bangkok. http://www.protectingchildrenintourism.org/wp-content/uploads/2018/05/Latin-America-Region.pdf.

Elliott, I., A. Beech, R. Mandeville-Norden, und E. Hayes. 2009. Psychological profiles of Internet sexual offenders: Comparisons with contact sexual offenders. *Sexual Abuse: Journal of Research and Treatment*. https://doi.org/10.1177/1079063208326929.

Europol. 2019. Child sexual exploitation. https://www.europol.europa.eu/crime-areas-and-trends/crime-areas/child-sexual-exploitation.

Franke, I., und M. Graf. 2016. Kinderpornografie. *Forensische Psychiatrie, Psychologie, Kriminologie*. https://doi.org/10.1007/s11757-016-0361-8.

Graf, M., und V. Dittmann. 2009. Konsumenten Illegaler Internet-Pornographie – Psychische Auffälligkeiten Und Risiken Der Straffälligkeit. *Forensische Psychiatrie, Psychologie, Kriminologie* 3(2): 99–106. https://doi.org/10.1007/s11757-009-0130-z.

Hesselbarth, M. C., und T. Haag. 2004. *Kinderpornografie. Interdisziplinäre Polizeiforschung*. Frankfurt a. M.: Verlag für Polizeiwissenschaft.

Hill, A., P. Briken, und W. Berner. 2007. Pornographie und Sexuelle Gewalt im Internet. *Bundesgesundheitsblatt – Gesundheitsforschung – Gesundheitsschutz*. https://doi.org/10.1007/s00103-007-0114-8.

Howitt, D., und K. Sheldon. 2007. The role of cognitive distortions in paedophilic offending: Internet and contact offenders compared. *Psychology, Crime and Law*. https://doi.org/10.1080/10683160601060564.

Huber, E., B. Pospisil, und W. Seböck. 2018. Without a trace – Cybercrime how are the offenders. In *DeepSec*. Wien. https://www.researchgate.net/publication/329321526_Without_a_Trace-Cybercrime_Who_are_the_Offenders.

Interpol. 2019. *Kinderpornographie*. https://www.interpol.int/Crime-areas/Crimes-against-children/Victim-identification.

IWF. 2018. *Internet watch foundation: Annual report 2017*.

Kleine-Zeitung. 2019. Kinderpornografie – Mehr Als 1000 Übergriffe Auf Kinder Auf Campingplatz, January 30. https://www.kleinezeitung.at/international/5571218/Kinderpornografie_Mehr-als-1000-Uebergriffe-auf-Kinder-auf.

Kuhnen, K. 2007. *Kinderpornographie Und Internet – Medium Als Wegbereiter Für Das (Pädo-)Sexuelle Interesse Am Kind?* Göttingen: Hofgrefe.

Merdian, H.L, und R. Egg. 2009. Child pornography and child sexual abuse – An international perspective. *Sexuologie*. https://doi.org/10.1046/j.1528-1157.2001.14901.x.

Mitchell, K.J., D. Finkelhor, und J. Wolak. 2001. Risk factors for and impact of online sexual solicitation of youth. *Journal of the American Medical Association*. https://doi.org/10.1001/jama.285.23.3011.

Moran, M. 2010. Online child abuse material offenders: Are we assigning law enforcement expertise appropriately? Unpublished Manuscript. Dublin.

Rüdiger, T. 2017. Onlinespiele – Ein Kritisches Spielfeld Für Kinder Und Erwachsene? Eine Kriminologische Betrachtung Auf Das Alterslose Zusammenspiel in Onlinespielen. In *Digitale Spiele Im Diskurs*, Hrsg. Thorsten Junge und Dennis Clausen, 1–21. Hagen.

Taylor, M., G. Holland, und E. Quayle. 2001. Typology of paedophile picture collections. *The Police Journal*. https://doi.org/10.1177/0032258X0107400202.

Was Ist Sexueller Missbrauch? o. J. https://www.neurologen-und-psychiater-im-netz.org/kinder-jugend-psychiatrie/risikofaktoren/sexueller-missbrauch/was-ist-sexueller-missbrauch/. Zugegriffen am 30.01.2019.

Wolak, J., D. Finkelhor, K. Mitchell, J. Wolak, D. Finkelhor, und K. Mitchell. 2011. *Child-pornography possessors arrested in Internet-related crimes*. Alexandria: National Center for Missing and Exploited Children. https://doi.org/10.1177/1079063210372143.

Cybercrime in Österreich 2006–2016 – Am Fallbeispiel der Stadt Wien

10.1 Überblick

Im Rahmen eines Forschungsprojektes[1] wurden 2017 die Hellfeldzahlen aus den Bereich Cybercrime von 2006 bis 2016 wissenschaftlich analysiert. In folgendem Kapitel werden die wichtigsten Ergebnisse der Studie zusammengefasst. Die gesamten Forschungsergebnisse sind unter Huber und Pospisil (2017); Huber et al. (2019) publiziert (Huber und Pospisil 2017; Huber et al. 2019).

10.2 Einleitung und methodischer Ansatz

Empirische Befunde über das Hellfeld zu Täter- und Opferzahlen im Bereich Cybercrime gibt es wenige. Es fehlen Längs- und Querschnittstudien, die eine eindeutige repräsentative wissenschaftliche Entwicklung beschreiben. 2017 stellte sich ein österreichisches Forschungsteam die Frage, wie der typische Cyber-Kriminelle aussieht. Wer sind die Opfer? Wie gestaltet sich der Tathergang (Modus Operandi)? Dazu wurde beim Wiener Straflandesgericht ein Antrag auf Akteneinsicht gestellt. Ziel war es, all jene Akten auszuwerten, bei denen die Täter verurteilt wurden und all jene, bei denen es keine Verurteilung gab. In einem ersten Schritt wurden alle Akten, die im Zeitraum von 2006 bis 2016 unter den Sammelbegriff

---

[1] Das Forschungsvorhaben, Projektname „CERT-Komm II" wurde im Rahmen des Österreichischen Sicherheitsforschungs-Förderprogramms KIRAS – einer Initiative des Bundesministeriums für Verkehr, Innovation und Technologie (BMVIT) gefördert.

„Cybercrime"[2] gefallen sind, erhoben. Dabei konnten 5.400 Fälle (N) gezählt werden. Es wurden alle Varianten von Cybercrime, also Delikte im engeren wie auch Delikte im weiteren Sinn analysiert. Delikte der pornografischen Darstellung Minderjähriger sowie der Anbahnung von Sexualkontakten zu Unmündigen fanden keine Berücksichtigung. Von diesen 5.400 Fällen wurden letztendlich nur 399 Fälle durch das Gericht verhandelt. Bei den restlichen Fällen war der Täter unbekannt oder die Staatsanwaltschaft noch in der Ermittlung. Diese Ergebnisse sind wenig ermutigend, da offensichtlich die meisten Täter nicht ermittelt werden konnten. Auf Basis dieser 399 Fälle wurde eine repräsentative Stichprobe von 22 % (n = 89) gezogen und ausgewertet.

In einem zweiten Schritt wurden dann jene Fälle betrachtet, bei denen der Täter unbekannt war und jene, bei denen die Akten ausschließlich bei der Staatsanwaltschaft behandelt wurden. Dabei wurde nochmals eine methodische Eingrenzung durchgeführt, da die neue Grundgesamtheit insofern bereinigt wurde, da nun alle Fälle des Identitätsdiebstahls ausgeschlossen wurden sowie Akten, die ungültig und nicht auffindbar waren. Dies ergab eine Grundgesamtheit von (N = 2.720). Aus den Akten wurde eine Zufallsstichprobe mittels Listenauswahl gezogen. Da es sich hier um eine Art der Wahrscheinlichkeitsauswahl handelt, kann von der Stichprobe auf die Grundgesamtheit geschlossen werden. Aus den Fallakten wurde somit eine repräsentative Stichprobe (n = 20 %) gezogen, was nach Ausschluss ungültiger Fälle eine Stichprobe von (n = 104) Tatverdächtigen ergab.

Als Forschungsmethode zur Analyse der Akten wurde eine quantitative Aktenanalyse nach Döllinger (Döllinger 1984) herangezogen. Dazu wurde zunächst ein Analysebogen erstellt, der alle notwendigen Variablen abfragte. Dabei wurde bei der Datenauswertung auf die Faktorenanalyse, die Clusteranalyse sowie die lineare bzw. logistische Regression zurückgegriffen. Zur Ermittlung des Modus Operandi wurde der Tathergang qualitativ nach Mayring (2010) ausgewertet. Dazu wurden Kategorien ermittelt, die einen Vergleich des Modus Operandi zuließen. Der Zeitraum, in dem die Aktenanalyse durchgeführt wurde, erstreckte sich von Januar bis Juni 2017.

---

[2] Paragraphen unter dem Bereich ‚Cybercrime' im StGB (Strafgesetzbuch) gelistet: §§ 118a: Widerrechtlicher Zugriff auf ein Computersystem, 119: Verletzung des Telekommunikationsgeheimnisses und 119a: Missbräuchliches Abfangen von Daten, 126a: Datenbeschädigung, 126b: Störung der Funktionsfähigkeit eines Computersystems und 126c: Missbrauch von Computerprogrammen, 148a: Betrügerischer Datenverarbeitungsmissbrauch sowie 225a Datenfälschung. In den vergangenen Jahren kamen noch 207a: Kinderpornographie (Pornographische Darstellung Minderjähriger) sowie 208a: Anbahnung von Sexualkontakten zu Unmündigen (seit Jänner 2012) dazu.[3] Im Rahmen des hier vorliegenden Forschungsvorhabens wurden Cybercrime-Delikte im engeren Sinn, also die §§ 118a, 119, 119 a, 126a, 126b, 126c, 148a sowie 225a StGB wissenschaftlich näher untersucht werden.

10.3 Cybercrime-Fälle, bei denen es zu einer Verhandlung vor Gericht kam

10.3.1 Der typische Cyber-Kriminelle

Bei der Betrachtung der demografischen Merkmale der Täter[3] zeigte sich, dass diese meist männlich (81 %) und zwischen 21 und 30 Jahren alt sind (38 %). Dies ist kein neues Phänomen. Ähnliche Zahlen treffen auch auf andere Kriminalitätsdelikte zu. Im Falle von Cybercrime bzw. Delikten im Cyber-Umfeld lässt sich jedoch festhalten, dass Männer häufig eine höhere Technikkompetenz und -affinität aufweisen als Frauen. (Vgl. dazu die Arbeiten von Huber 2012.) Nicht zu vernachlässigen bei der demografischen Betrachtung ist die Anzahl der Jugendlichen und jungen Erwachsenen (bis 20 Jahre), welche Cybercrime-Delikte verübten (13 %). Selten sind die Täter über 51 Jahre alt (5 %). Die Altersentwicklung hat sich in den vergangenen zehn Jahren verändert. Waren es im Jahr 2008 noch vor allem die 30- bis 40-Jährigen, die im Umfeld der Cyber-Delikte aufgefallen sind, werden jetzt die Täter immer jünger. Diese Entwicklung sicher durch die höhere Nutzung und den massiven Einzug der IT in das Alltagsleben sowie besserer Aus- und Weiterbildungsangebote im Informatikbereich zu erklären.

Die meisten Täter sind in Österreich (59 %) oder in einem anderen EU-Land (25 %) geboren. Nur 16 % stammen aus Drittstaaten. Diese Aussage ist mit Vorsicht zu betrachten, denn im Falle der hier durchgeführten Aktenanalyse wurden ausschließlich jene Akten analysiert, bei denen es eine rechtswirksame Verurteilung gab. Das Ergebnis lässt nicht den Umkehrschluss zu, dass es keine Täter aus Drittstaaten gibt. Es ist vielmehr davon auszugehen, dass die meisten Täter aus Drittstaaten kommen, sodass eine Rückverfolgung nicht möglich ist. Daher sind die in Österreich verurteilten Täter in erster Linie in Österreich ansässig, haben keine feste Beziehung (74 %) und auch keine Kinder (63 %). Das Bildungsniveau der Täter ist abhängig von der Komplexität des verübten Delikts.

Allgemein kann man sagen, dass der Bildungsstand zumeist gering ist. 67 % der Täter haben wenig bis keine Ausbildung, rund 19 % besitzen einen Abschluss mit Matura und nur 14 % weisen einen höheren Bildungsabschluss nach. Die These, dass Täter im Cybercrime höher qualifiziert sein müssen als bei anderen Kriminalitätsdelikten, war im gesamten Kontext der untersuchten Cybercrime-Delikte nicht belegbar. Dennoch kann man sagen, je anspruchsvoller die Vorgehensweise und je mehr Programmierkenntnisse notwendig waren, desto höher war auch der Bildungslevel der Täter.

---

[3] Der Täterbegriff wird in diesem Fall nur angewendet, wenn es zu einer Verurteilung durch das Gericht kam. Sonst wird von Tatverdächtigen und/oder Angeklagten gesprochen.

Hinsichtlich des Beschäftigungsstatus ist festzuhalten, dass nur 22 % regulär beschäftigt und nur 7 % der Täter im IT-nahen Umfeld tätig waren.

Anhand einer Clusteranalyse wurde eine Typisierung von Cyber-Kriminellen nach demografischen Merkmalen vorgenommen. Die Clusterqualität liegt mit 0,4 im Durchschnitt, das Modell weist damit eine mittelmäßige Qualität auf. Wird der Prädikatoren-Einfluss betrachtet, ist erkennbar, dass die Variable Geschlecht mit 100 % am stärksten in die Typenbildung miteinbezogen wurde. Danach folgen mit 52 % die Variable Bildung und mit 35 % die Variable Beschäftigungsverhältnis. Die Variable Alter fand mit 10 % am wenigsten Berücksichtigung in der Typenbildung.

10.3.2 Typ 1: Der Business-Man

Dieser Typ an Cyber-Kriminellen stellt rund ein Drittel der Fälle. Die Täter sind zu 100 % männlich. Der Business-Man besitzt unter allen Profilen den höchsten Bildungsabschluss: 42 % haben eine hohe Bildung und 32 % zumindest Matura-Niveau (Abitur). Darüber hinaus gehen 58 % dieses Typs einer regulären Beschäftigung nach und nur 26 % sind nicht beschäftigt. Das Alter dieses Typs liegt meist zwischen 21–30 Jahren (42 %) oder zwischen 41–50 Jahren (32 %).

Der Business-Man hat in den meisten Fällen keine Vorstrafen (79 % der Fälle), und er begeht seine Tat in seinem beruflichen Umfeld. Typisch für dieses Profil sind gute bis sehr gute Kenntnisse im Bereich der IT-Anwendungen, der IT-Security und/oder Informatik. Zwischen Täter und Opfer besteht zu 68,4 % ein berufliches Verhältnis bzw. Bekanntschaftsverhältnis. Der Täter kennt die typischen Schwachstellen (53 %) eines IT-Systems, eines Prozesses oder die mangelnden Sicherheitsvorkehrungen und agiert mutwillig (47 %). Drei Viertel aller Fälle sind extrinsisch durch die Aussicht auf finanziellen Gewinn motiviert. Als intrinsische Motive können beispielsweise das mutwillige Schädigen des Opfers, Hacktivismus oder das Unter-Beweis-Stellen der eigenen Fähigkeiten genannt werden.

10.3.3 Typ 2: Die Hausfrau

Diese Gruppe umfasst rund ein Fünftel aller Fälle und besteht zu 100 % aus Frauen. Der Bildungsstatus ist sehr unterschiedlich. Während 46 % eine geringe Bildung haben, weisen weitere 46 % Matura-Niveau auf. Eine hohe Bildung haben lediglich 8 %. Von diesem Typ sind rund 62 % nicht – und nur 15 % regulär beschäftigt.

Personen dieses Typs sind zumeist zwischen 21–30 Jahren (62 %) oder zwischen 31–40 Jahren (23 %) alt. Typischerweise sind diese Personen zu Hause, also entweder in Karenz (Bildungs- oder Erziehungsauszeit) oder arbeitslos. Täterinnen dieses Typs haben mit einer Wahrscheinlichkeit von 69 % keine Vorstrafen. Betrachtet man den sozialen Hintergrund dieses Typs, so kann man sagen, dass die Täterinnen aus finanziellen Motiven heraus handeln. Es werden Schwachstellen ausgenutzt, beziehungsweise Betrugs- oder Identitätsdiebstahlsdelikte begangen. Die Wahl der Opfererfolgt in der Mehrheit willkürlich. Die Vertreterinnen dieses Typus haben hauptsächlich IT-Anwenderkenntnisse. Darüber hinaus gehende Fähigkeiten in der IT-Security bzw. der Informatik sind nicht vorhanden.

10.3.4 Typ 3: Der Perspektivlose

Der Perspektivlose stellt den dritten Typ und auch die größte Gruppe an Tätern dar (ca. 50 % der Fälle). Er ist zu 100 % männlich. Personen dieses Typs haben in der Regel (100 %) eine geringe Bildung und gehen zu 88 % keiner regulären Beschäftigung nach. In den meisten Fällen liegt das Alter zwischen 21–30 Jahren (38 %) oder 31–40 Jahren (34 %). Im Gegensatz zu den beiden vorher beschriebenen Typen stellen Jugendliche bis 20 Jahre (19 %) fast ein Fünftel dieser Gruppe.

Dieser dritte Typ besitzt mit (53 %) den höchsten Anteil an Vorstrafen. Man kann hier von durchschnittlichen IT-Anwendern ausgehen, die keine speziellen Kenntnisse im IT-Security- oder Informatiksektor haben. Ihr treibendes Motiv ist extrinsischer Natur: finanzielle Bereicherung. Es sind die „Verlierer" der Gesellschaft, die diese Gruppe bilden. Sie haben oft keine Perspektive auf ein geregeltes Arbeitsverhältnis oder soziale Anerkennung. Aus Mangel an Geld nutzen sie Cybercrime als Methode, um an Geld zu kommen.

10.3.5 Weitere Trends und Entwicklungen

Neben den statistischen Eindeutigkeiten der Cluster-Analyse lassen sich weitere Tendenzen erkennen, die zwar nicht statistisch signifikant sind, jedoch eine Häufigkeit aufweisen. Dies sind:

Bildung und Motivation
Es gibt einen Zusammenhang zwischen der Komplexität des Verbrechens und den Kenntnissen in Bezug auf IT-Security bzw. Informatik. Schwierige Hacking-Attacken oder komplexe Delikte des Datendiebstahls werden von Männern begangen, die die

Taten aufwändig und detailreich planen. Neben finanziellen Motiven gibt es immer auch persönliche Motive, wie Hacktivismus oder den Wunsch, jemandem bewusst Schaden zufügen zu wollen. Mit der Komplexität der Delikte nehmen auch die intrinsischen Motive zu.

Beschaffungskriminalität und kriminelle Vergangenheit
Die Ergebnisse der Studie lassen den Schluss zu, dass die Täter ihre Delikte verübten, um eine Sucht zu finanzieren. In 13 Fällen wurde die Spielsucht als häufigste Suchterkrankung genannt, gefolgt von der Alkoholsucht (Zehn Fälle) und weiteren Drogen (Neun Fälle). Bei den meisten Tätern liegt allerdings keine Suchterkrankung vor. In 56 Fällen konnte eine Vorstrafe nachgewiesen werden, in der Regel in den Bereichen Betrugs-, Gewalt- und Drogendelikt.

Formation
Es gibt zwei Möglichkeiten Verbrechen zu begehen: als Einzeltäter oder als Gruppentäter. Die Ergebnisse der Studie zeigen, dass mehr als die Hälfte der Täter (55,9 %) aus einer Gruppe heraus agiert. Die Gruppenstruktur basiert auf familiären und gruppierenden Strukturen, z. B. auf der Basis eines gemeinsamen Herkunftlandes. Es ist davon auszugehen, dass es sich dabei auch um mafiöse Verbindungen handelt. Rund 40 % der Täter sind Einzeltäter.

10.3.6 Wie gestaltet sich der Tathergang (Modus Operandi)?

Die Differenzierung des Tathergangs stellt eine besondere Herausforderung dar, da es je nach Technologieentwicklung und Kreativität der Täter variierende Muster gibt. Im Vergleich zu klassischen Kriminalitätsdelikten ist die Beschreibung eines Modus Operandi im Cybercrime zudem relativ schwierig, da nicht das Delikt, sondern eine Vielzahl von Faktoren und Variablen für seine Klassifizierung verantwortlich ist. Nicht der Paragraf, nach dem Anklage erhoben wird, bestimmt den Modus Operandi, sondern unterschiedliche Facetten des Verbrechens.

Mittels einer qualitativen Analyse der Akten wurden folgende Faktoren zur Beschreibung des Modus Operandi herangezogen:

- Häufigkeit: n = (Anzahl der Akten)
- Cybercrime-Art: Cybercrime im engeren Sinn, Cybercrime im erweiterten Sinn
- Täter : Merkmalsträger
- Opfer: Merkmalsträger

10.3 Cybercrime-Fälle, bei denen es zu einer Verhandlung vor Gericht kam

- Komplexität: leicht – mittel – schwierig
- Motiv: extrinsisch vs. Intrinsisch
- Beziehungsstatus: zwischen Täter und Opfer
- Opferwahl: nicht gerichtet, zielgerichtet, skalpellartig
- Methode: Merkmalsträger
- Technik: Merkmalsträger

Auf dieser Basis konnten sechs Typen eines Tatherganges ermittelt werden.

Typ 1: Technische Hilfsmittel

Fallbeispiel
Die Website eines Bürgermeisters aus einem Wiener Bezirk wurde gehackt. Die Inhalte der Website wurden überschrieben, gelöscht und abgeändert.

Der oben beschriebene Angriff stellt das aufwändigstes Tathergangsmuster dar und kam in der Aktenanalyse nur in sieben Fällen vor. Die Aufklärungs- und Verurteilungsquote dieses Deliktes ist relativ gering, da sich die Täter gut tarnen und über einen hohen Wissensstand über die Funktionsweise von IT-Security verfügen sowie Programmierkenntnisse besitzen. Das kriminelle Potenzial ist sehr hoch und die Komplexität der Tat facettenreich. Die Fälle sind der Kategorisierung Cybercrime im engeren Sinn zuzuordnen. Die Beziehung zwischen Täter und Opfer – die zumeist Firmen oder Institutionen sind – war bei den untersuchten Fällen ein ‚Bekanntschaftsverhältnis'. Diese Aussage unterliegt einem Vorbehalt, der der verwendeten Forschungsmethode geschuldet ist. Bei der Untersuchung wurden nur Akten analysiert, bei denen es zu einer Verurteilung durch ein Gericht kam. Das lässt nicht den Umkehrschluss zu, dass immer ein Bekanntschaftsverhältnis zwischen Täter und Opfer besteht. Vielmehr ist davon auszugehen, dass eben nur jene Täter gefasst wurden, bei denen ein persönliches Verhältnis bestand.

Diese Delikte resultieren extrinsisch auf den Motiven einen möglichst hohen finanziellen Gewinn zu erzielen bzw. zu erpressen, sowie intrinsisch, sich an dem Unternehmen zu rächen. Verbrechen dieser Art erfordern eine erhebliche Planung und Präzision. Die Opfer werden immer zielgerichtet oder skalpellartig ausgewählt. Die Täter suchen eine Schwachstelle im System des Opfers und nutzen diese aus, um Schaden anzurichten. Als Techniken werden dafür Botnetze, Viren, Malware, Spyware und Verschlüsselungstechniken verwendet sowie bewusstes Verschleiern (z. B. über den Browser TOR). Die Täter- und Opferbeschreibungen sind mit denen im Kap. 6 identisch.

Typ 2: Identitätsdiebstahl

Fallbeispiel

Peter ist spielsüchtig. Um auf dem Glücksspielportal seiner Wahl online spielen zu können, loggt er sich mit einer falschen Identität und mit den Kenndaten der Kreditkarte seiner Arbeitskollegin ein, um so seiner Spielsucht nachzugehen.

Der Identitätsdiebstahl ist in Österreich die mit Abstand häufigste Form von Cybercrime. Unter dieser Deliktsart subsumieren sich unterschiedliche Formen, wie ‚illegale Überweisungen' (n = 9), ‚illegale Verwendung von Bank- und Kreditkarten' (n = 26), ‚Verwendung einer illegalen Identität zum Zwecke des Glücksspiels' (n = 5) sowie ‚illegales Online-Shopping' (n = 15). Die Täter finden sich in allen sozialen Schichten, Altersklassen und Geschlechtern. Die Planung von Identitätsdiebstählen ist meist banal und aus finanziellen Motiven heraus motiviert. Er erfordert keine speziellen Kenntnisse der Informatik oder IT-Security. Der Täter verschafft sich Zugang zu den Identitäten und Bezahldaten, dies kann sowohl online, aber zumeist auch offline erfolgen. Oft liegt diesen Fällen keine sorgfältige Planung zugrunde und der Diebstahl wird aus der Möglichkeit heraus begangen. Unachtsamkeit der Opfer ist oft die Ursache, da z. B. die Bezahldaten offen auf dem Schreibtisch liegen. Die Opferwahl ist zielgerichtet, kann aber auch ungerichtet sein, wenn sich eben einfach eine Möglichkeit ergeben hat. Beim Delikt des Identitätsdiebstahls spricht man vor allem vom Cybercrime im erweiterten Sinn. Die Motive dafür sind immer extrinsischer Natur und dienen der finanziellen Bereicherung. Die Täter finden sich in beiden Geschlechtern wieder. Die Täter- und Opferbeschreibungen sind mit denen im Kap. 7 identisch.

Typ 3: Datenmissbrauch in Firmen

Fallbeispiel

Mitarbeiter Maier fühlt sich schlecht bezahlt, ein konkurrenzierendes Unternehmen macht ihm ein Jobangebot. Er stiehlt Daten vom alten Unternehmen und gibt diese an die Konkurrenz weiter.

Für Unternehmen ist dieser Typ sehr gefährlich, kriminologisch ist er zudem schwierig zu erfassen. In zehn Fällen konnte das Vorgehen aber als eindeutiges Muster identifiziert werden. Es handelt sich bei diesem Typ um Personen, die bewusst ihr Wissen oder ihre Berechtigungen in einem Unternehmen missbrauchen, um sich dadurch einen Vorteil zu verschaffen bzw. um das Unternehmen bewusst zu schädigen. Diese Fälle sind komplexer in der Planung und erfordern eine Strategie. Dennoch bedeutet es nicht, dass es sich bei diesen Fällen, um Informatik-Profis

10.3 Cybercrime-Fälle, bei denen es zu einer Verhandlung vor Gericht kam

handelt. Vielmehr kommen Personen als Täter in Frage, die sehr gute Anwenderkenntnisse im IT-Bereich bzw. in dem von ihnen betreuten Bereich besitzen. Sie nutzen zum einen ihr eigenes Wissen über die IT-Systeme oder verschaffen sich Zugang durch Social-Engineering. Typischerweise werden Daten einer Firma gestohlen, gelöscht, verändert oder weitergegeben. Diese Delikte stehen Delikten der Wirtschaftskriminalität sehr nahe. Opfer sind immer Firmen. Als Motiv findet man sowohl intrinsische als auch extrinsische Motive.

Diese kriminellen Handlungen werden vor allem vom Tätertyp ‚Business-Man' ausgeübt. Natürlich gibt es auch Täter, die vom möglichen schnellen Gewinn geleitet werden, aber es spielt auch immer das Motiv der bewussten Schädigung des Unternehmens eine Rolle. Es handelt sich hier um Cybercrime-Delikte im engeren und im erweiterten Sinn. Viele Täter in dieser Typisierung bedienen sich des Social-Engineerings. Die Täter- und Opferbeschreibungen findet man ansatzweise im Kap. 6 wieder. Das Businessmodell entspricht allerdings voll und ganz der Beschreibung in dem Kapitel.

Typ 4: Schwachstellenausnutzung

Fallbeispiel
Der Täter leitet Telefonanrufe an eine Mehrwertnummer im Ausland weiter.

Allgemeines Muster bei Fällen des Typ 4 (n = 4) ist, dass der Täter bei einer Firma eine IT-Schwachstelle erkennt und diese auch ausnutzt. Um solche Taten zu begehen, muss der Täter insoweit IT-Security-Kenntnisse besitzen, als dass er die Schwachstelle erkennen muss und auch weiß, wie er sie nutzen kann. Man muss dazu kein Informatik-Profi sein. Oftmals eignen sich die Täter ihr Wissen mittels der Trial-Error-Methode an. Dennoch sind diese Verbrechen leicht bis mittel komplex. Es handelt sich bei diesen Fällen um Cybercrime im engeren Sinn. Die Komplexität des Vorgehens ist ein wenig höher als bei den Identitätsdiebstahls-Varianten, da man im Fall des Typ 4 natürlich die Schwachstelle verstehen und einen Plan schmieden muss, um sich dadurch einen Vorteil zu verschaffen. Die Motive sind rein finanzieller Natur. Die Täter- und Opferbeschreibungen sind mit denen im Kap. 6 identisch.

Typ 5: Fälschung

Fallbeispiel
Der Täter fälscht Bankunterlagen, Jobdaten usw., um einen Kredit zu bekommen.

Die Fälschung an sich ist ein sehr altes Delikt, mit den Möglichkeiten der digitalen Bildverarbeitung hat es Einzug in die Computerkriminalität (n = 4) gehalten.

Fälschungsdelikte sind mittel bis höher komplex, da man seine eigene oder die Identität eines anderen verändern muss. Dies erfordert Planung und strategisches Denken sowie gute Kenntnisse in Bildverarbeitung. Der typische Fälscher ist männlich und versucht in der Regel, Kredite oder Geld zu erhalten. Seine Opfer sind Firmen, Banken und Behörden. Oft werden ganze Lebensläufe und die dazu gehörigen Dokumente gefälscht, um sich den gewünschten Vorteil zu verschaffen. Eine typische Technik ist die Verwendung von Kopien und Photoshop. Die Täter, die männlich sind, besitzen zwar keine speziellen Informatik-Kenntnisse, sind aber sehr gute IT-Anwender. Es handelt sich um Cybercrime im weiteren Sinn. Die Täter- und Opferbeschreibungen sind mit denen im Kap. 7 identisch.

Typ 6: Rache

Fallbeispiel

Ein Mädchen verlässt ihren Freund. Er verschafft sich aus Rache Zugang zu ihrem Profil. Nacktbilder werden über Social Media-Accounts gepostet.

Unter den Fällen, die eine gerichtliche Verurteilung zur Folge hatten, stellt dieser Typ (n = 4) eine Besonderheit dar, da sich dieser Typ auch aus anderen Typen zusammensetzt. Großes Unterscheidungsmerkmal für die Typisierung ist die bewusste Planung der Tat als Racheakt. Opfer sind immer Privatpersonen, die mittels Identitätsdiebstahl, Kreditkarten-/Bankdatenbetrug oder anderen Formen geschädigt werden sollen. Man kann die Tat auch als eine Ausweitung des Cyberstalkings betrachten. Opfer sind oft ehemalige Beziehungspartner. Es geht um die bewusste Schädigung des Opfers. Die Täter- und Opferbeschreibungen sind mit denen im Kap. 7 und 8 identisch.

Darüber hinaus gab es noch Fälle, die unter die Typen „Sonderfälle" und „Unbekannt" klassifiziert wurden. Allerdings wurden diese Typen nicht gesondert ausgewertet, da die Fallzahlen zu gering waren.

10.4 Cybercrime-Fälle, bei denen es zu keiner Verhandlung vor Gericht kam – die Akten der Staatsanwaltschaft – ungelöste Fälle

Im folgenden Kapitel werden die typischen Tathergangsmuster bzw. -motive der ungelösten Cybercrime-Fälle des Wiener Straflandesgerichts erläutert. Diese geben Aufschluss über das Motiv des Täters, über die Attacke an sich sowie über die Beziehung zwischen Täter und Opfer. Neben einer großen Anzahl an Identitätsdiebstahlsdelikten konnten folgende Muster festgestellt werden.

Revenge-Crime – Rache

> **Fallbeispiel**
>
> *Herr Bauer wird von seinem Arbeitgeber entlassen. In der Folge postet er verleumderische Meldungen über seinen Ex-Chef auf Facebook.*

Rund 43 % aller Fälle sind unter das Tathergangsmuster bzw. -motiv ‚Revenge-Crime' zu subsumieren. Diese Fälle entsprechen dem Typ 6 der verurteilten Fälle. Augenfällig ist, dass es zahlreiche Anzeigen in diesem Bereich gibt, die aber nur zu wenigen Verurteilungen führen. Cybercrime wird in diesem Fall bewusst eingesetzt, um sich an einer Person zu rächen. Typisch für diese Fälle ist, dass die Tatverdächtigen als Einzelpersonen agieren. In rund einem Fünftel aller Fälle bestand eine Liebesbeziehung zwischen Tatverdächtigem und Opfer, die aus unterschiedlichen Gründen gescheitert ist. Einer der beiden Partner verkraftet die Trennung nicht und sucht Möglichkeiten, sich zu rächen. Im Falle dieses Cybercrime-Deliktes entspricht das technische Vorgehen einer sehr einfachen Herangehensweise, der Tatverdächtige verfügt üblicherweise nicht über Informatik- oder spezielle IT-Security-Kenntnisse. Sie setzen kaum Verschleierungsmaßnahmen. Es ist davon auszugehen, dass aufgrund der zunehmenden Digitalisierung der unterschiedlichen Lebensbereiche die Überschneidung des Typs Revenge-Crime mit Delikten des Stalking nach §§ 107a bis c StGB groß ist. Dennoch wurden sie unter den §§ 118a, 126a und 126c StGB zur Anzeige gebracht. Bei den Fällen zum Typ Revenge-Crime ist der Tatverdächtige aufgrund seiner Nähe zum Opfer sowie der fehlenden technischen Versiertheit im Großteil der Fälle bekannt (87 %). Zumeist einigen sich Täter und Opfer außergerichtlich bzw. das Opfer lässt die Anklage fallen. Die Täter- und Opferbeschreibungen sind mit denen im Kap. 7 und 8 identisch.

Financial Crime

> **Fallbeispiel**
>
> *Frau Schuster bekommt eine SPAM-E-Mail, in der sie aufgefordert wird, € 50.000,- auf ein Konto zu überweisen.*

Rund ein Drittel aller Fälle (29 %) ist der Kategorie ‚Financial-Crime' zuzuordnen. Die meist in kleinen kriminellen Organisationen agierenden Tatverdächtigen haben als primäres Ziel, sich finanziell zu bereichern. Typischerweise besteht keine Beziehung zwischen dem Tatverdächtigen und dem Opfer. Bei diesem handelt es sich in den meisten Fällen um Privatpersonen und Firmen. Das Vorgehen ist eher simpel und erfordert keine spezifischen IT-Kenntnisse. Dies zeigt sich im Vorgehen der Tat beim Setzen von Verschleierungsmaßnahmen. Diese werden zwar vereinzelt eingesetzt, haben jedoch keine hohe

Komplexität. Die Tatverdächtigen nutzen immer eine offene Schwachstelle. Dies hängt mit dem Motiv zusammen: Täter dieses Typs wollen mit möglichst wenig Aufwand einen möglichst hohen finanziellen Ertrag erzielen. Die Angriffe passieren häufig über Social-Engineering, die Schwachstelle ist somit die Leichtgläubigkeit bzw. die Unwissenheit des Opfers. Angezeigt werden sie zumeist unter §§ 118a und 126c. Die Täter- und Opferbeschreibungen sind mit denen im Kap. 7 identisch.

Show-Off-Crime

Fallbeispiel

Eine Gruppe von Gleichgesinnten schießt sich zusammen und hackt die Webseiten von Politikern. Dort überschreiben sie die Inhalte.

Der Typ ‚Show-Off Crime' umfasst 13 % der analysierten Fälle. Der Tatverdächtige ist zumeist in Gruppen organisiert, die sich über das gemeinsame Interesse an der Informations- und Kommunikationstechnologie finden. Daraus entsteht das Motiv zu brillieren und der Welt die eigenen Fähigkeiten und Kenntnisse zu demonstrieren. Diese Gruppe an Tatverdächtigen hat meist keine Beziehung zu ihrem Opfer und greift in erster Linie Behörden oder Firmen an. Ihr Ziel ist es immer, eine möglichst große Aufmerksamkeit zu erzielen. Die Tatverdächtigen verfügen im Normalfall über fundiertes Wissen über IT-Technologien, welches sie entweder durch eine Ausbildung erhielten oder sich selbst aneigneten. Sie gehen eher komplex vor und nutzen Verschleierungsmaßnahmen. Ziel sind meist öffentlich bekannte Sicherheitslücken. Von Tool-basierten Angriffsformen bis hin zur Distributed-Denial-of-Service (DDoS-) Attacken werden unterschiedliche Verfahren angewendet. Mehr als die Hälfte der Tatverdächtigen ist bekannt (54 %). Dennoch werden die Fälle des Show-Off Crime meist nicht aufgeklärt, da sich die Tatverdächtigen darauf verstehen, digitale Tatmittel und Beweise zu vernichten. Die Delikte werden meist unter den §§ 126a und 126c StGB angeklagt. Die Täter- und Opferbeschreibungen sind mit denen im Kap. 6 identisch.

Conviction Crime

Fallbeispiel

Eine Gruppe Rechtsradikaler hackt sich auf die Website einer NGO ein und postet Inhalte mit radikalem Gedankengut.

5 % aller Fälle können unter den Typ des ‚Conviction Crime' subsumiert werden. Tatverdächtige dieses Typs haben das Motiv, ihren Glauben bzw. ihre

Ideologie mit Hilfe von cyber-kriminellen Verhalten zu verbreiten. Sie sind vor allem auf der Suche nach geeigneten Plattformen und attackieren diese mit dem Ziel, deren Inhalte so zu verändern, dass ein Reputationsschaden entsteht. Tatverdächtige dieses Typs agieren meist in Gruppierungen mit der gleichen Ideologie. Sie wählen ihre Opfer nach einer offenen Schwachstelle aus. Dabei können sowohl Firmen und Organisationen als auch Privatpersonen Opfer werden. Opfer werden kann eben jeder, der einen Web-Auftritt hat und eine andere Meinung vertritt. In vielen Fällen kommt es zu einem Reputationsschaden des Opfers, durch die von der Gruppierung hochgeladenen, verhetzenden Inhalte. Die Täter- und Opferbeschreibungen sind mit denen im Kap. 6 identisch.

Follower Crime

> **Fallbeispiel**
>
> *Ein Hackerkollektiv veröffentlich Log-in- und Zugangsdaten von der Firma XY im Internet. Täter der Kategorie Follower Crime verwenden diese Daten und steigen illegal mit diesen Zugangsdaten in die IT-Systeme der Firma ein.*
>
> Der Typ des ‚Follower-Crime' tritt häufig in Verbindung mit dem Typ des Show-Off Crime auf. Rund 4 % der Fälle konnten unter diesen Typ zusammengefasst werden. Tatverdächtige des Typs Show-Off Crime veröffentlichen ihre Tat gerne in Sozialen Netzwerken und teilen bzw. geben die widerrechtlich erlangten Zugangsdaten und Informationen zur Straftat weiter. Der Tatverdächtige des Follower Crime ist ein Nachfolgetäter, er begeht aus Neugierde oder aus einem fehlenden Bewusstsein heraus eine Straftat. Diese ist demnach weder zielgerichtet noch komplex und erfordert keine speziellen IT-Security-Kenntnisse. Die Täter- und Opferbeschreibungen sind mit denen im Kap. 6 identisch.

10.5 Zusammenfassung und Fazit

Der Blick auf die Cybercrime-Fälle von 2006 bis 2016 ernüchtert. Trotz stetig steigender Anzeigen ist die Aufklärungsquote relativ gering. Im Vergleich zu anderen Kriminalitätsdelikten kann man keinen eindeutigen Zusammenhang zwischen dem Modus Operandi und den angeklagten Paragrafen feststellen. Am häufigsten kommt es zu Verurteilungen bei Delikten des Identitätsdiebstahls, wobei man einschränkend sagen muss, dass ein Großteil des Delikts offline erfolgt. Es ist aber ein Trend abzulesen. Immer mehr Diebstahlsdelikte weisen in Folge eine

Online-Komponente auf und immer mehr Delikte der Kleinkriminalität wandern ins Internet. Täter und Tatverdächtige benötigen dafür keine speziellen IT-Kenntnisse. Das Wissen um Schwachstellen und IT-Anwender-Kenntnisse reichen, um cyber-kriminell zu werden.

Delikte des High-Tech-Crime, also jene die spezielle Informatikkenntnisse erfordern, wie beispielsweise das Versenden von Malware oder Hacking, werden nur in geringer Zahl aufgeklärt. Ein Grund dafür ist, dass eine Vielzahl der Angriffe nicht rückverfolgt werden kann, da sich die Täter im Ausland befinden.

Es kristallisieren sich zwei Hauptmotive für Delikte im Cybercrime heraus: das Erzielen eines finanziellen Gewinns und die persönliche Rache. Fälle, deren Motiv der Idealismus ist, kommen zwar vereinzelt vor, sind aber nicht die Masse.

Literatur

Döllinger, D. 1984. Probleme Der Aktenanalyse in Der Kriminologie. In *Methodologische Probleme in der Kriminologischen Forschungspraxis*, 265–286. Carl Heymann Verlag. Heidelberg.

Huber, E. 2012. Cyberstalking und Cybercrime – Kriminalsoziologische Untersuchung zum Cyberstalking-Verhalten der Österreicher. Wiesbaden. Springer.

Huber, E., und B. Pospisil. 2017. *Die Cyber-Kriminellen in Wien. Eine Analyse von 2006–2016*. Krems an der Donau/Hamburg: tredition GmbH.

Huber, E., B. Pospisil, W. Hötzendorfer, L. Löschl, G. Quirchmayr, und C. Tschohl. 2019. Without a trace – die ungeklärten Cybercrime-Fälle des Straflandesgerichts Wien. Salzburg. https://www.slideshare.net/DrEdithHuber/without-a-trace. 18.05.2018.

Mayring, P. 2010. Qualitative Inhaltsanalyse. In *Handbuch Qualitative Forschung in der Psychologie*, 601–613. https://doi.org/10.1007/978-3-531-92052-8_42.

The manufacturer's authorised representative in the EU is Springer Nature Customer Service Centre GmbH, Europaplatz 3, 69115 Heidelberg, Germany. If you have any concerns regarding our products, please contact ProductSafety@springernature.com

Printed and bound by CPI Group (UK) Ltd, Croydon, CR0 4YY

25/03/2026

02078190-0008